I0046371

# L'OCCUPATION DES TERRITOIRES
# SANS MAITRE

## ÉTUDE DE DROIT INTERNATIONAL

LA CONFÉRENCE DE BERLIN. — LA QUESTION AFRICAINE. — COLONIES ET PROTECTORATS
DROITS DES INDIGÈNES ET DROITS DE LA CIVILISATION
TRAITÉS PASSÉS AVEC LES INDIGÈNES. — CHARTES COLONIALES, LETTRES DE PROTECTION
COMPAGNIES DE COMMERCE ET SOCIÉTÉS DE COLONISATION.

PAR

**CH. SALOMON**
DOCTEUR EN DROIT

PARIS
A. GIARD, LIBRAIRE-ÉDITEUR
**16, rue Soufflot, 16**
1889

# L'OCCUPATION DES TERRITOIRES SANS MAITRE

---

ÉTUDE DE DROIT INTERNATIONAL

# L'OCCUPATION DES TERRITOIRES
# SANS MAITRE

---

## ÉTUDE DE DROIT INTERNATIONAL

---

LA CONFÉRENCE DE BERLIN. — LA QUESTION AFRICAINE. — COLONIES ET PROTECTORATS
DROITS DES INDIGÈNES ET DROITS DE LA CIVILISATION
TRAITÉS PASSÉS AVEC LES INDIGÈNES. — CHARTES COLONIALES, LETTRES DE PROTECTION
COMPAGNIES DE COMMERCE ET SOCIÉTÉS DE COLONISATION.



PAR

**CH. SALOMON**

DOCTEUR EN DROIT

PARIS
A. GIARD, LIBRAIRE-ÉDITEUR
**16, rue Soufflot, 16**

1889

# PRINCIPAUX AUTEURS A CONSULTER

Ceci n'est pas une bibliographie du sujet, mais a pour but de faciliter l'indication des sources au cours de l'ouvrage.


Ahrens. — Cours de droit naturel, 5e édition 1860.

Annuaire de l'Institut de droit international, T. VIII et IX. Le tome X contiendra les délibérations de l'Institut, session de Lausanne, sur l'occupation.

Banning. — Le partage politique de l'Afrique, d'après les transactions internationales les plus récentes (1885 à 1888). Bruxelles, juin 1888.

Blüntschli. — Le droit international codifié. Traduction de M. C. Lardy, 4e édition, Paris, 1886.

Calvo. — Droit international, 4e édition, Paris, 1888.

Catellani. — Le colonie e la Conferenza di Berlino. Torino, 1885. — Revue de droit international, T. XVII, n° 3, la politique coloniale de l'Italie.

Creasy. — The imperial and colonial constitutions of the Britannic Empire. Londres, 1872.

Engelhardt. — Rapport adressé au Ministre des affaires étrangères. Livre jaune 1885. — Projet de déclaration relatif aux occupations. Annuaire, T. IX. — Etude sur la déclaration de la Conférence de Berlin. (Revue de Droit international. T. XVIII, nos 5 et 6).

Gourd. — Les chartes coloniales, etc. Paris, 1885.

Grotius. — Le droit de la guerre et de la paix, édition de Pradier-Fodéré. Paris, 1867.

Heffter. — Le droit international de l'Europe, édition Geffken. Paris, 1883.

Heimburger. — Der Erwerb des Gebietshoheit. La première partie seule a paru. Karlsruhe, 1888.

Klüber. — Droit des gens moderne de l'Europe, édition Ott. Paris, 1874.

Leroy-Beaulieu. — De la colonisation chez les peuples modernes. Paris, 1886.

Livre Bleu. — Africa, n$^{os}$ 7 et 8 (1884); n$^{os}$ 2 et 3 (1885) ; n° 10 (1888).

Livre Jaune. — 1885. Affaires du Congo et de l'Afrique occidentale.

Martens (F. de). — Traité de droit international, Paris, 1886. — La Conférence du Congo à Berlin et la politique coloniale des Etats modernes. (Revue de Droit international-XVIII, n$^{os}$ 2 et 3).

Martens (G.-F. de). — Précis du droit des gens. Paris, 1864.

Martitz (de). — Rapport et projet de déclaration sur l'occupation des territoires. (Annuaire, T. IX, p .244 et suivantes).

Meyer (Georg). — Die staatsrechtliche Stellung der deutschen Schustzgebiete.

Moynier (Gustave). — La question du Congo devant l'Institut de droit international. Genève, 1883. — La fondation de l'Etat indépendant du Congo au point de vue juridique. Paris, 1887.

Ortolan. — Des moyens d'acquérir le domaine international. Paris, 1851.

Poore. — Charters and Constitutions, 1878.

Pradier-Fodéré. — Droit international, 1885.

Phillimore (Sir. R ). — Commentaries upon international law. Londres, 1873.

Revue de droit international et de législation comparée. Nous la désignons par les lettres R. D. I.

Revue de géographie. = R. D. G. — Paris, Delagrave.

Seeley. — Expansion de l'Angleterre. Paris, traduction Rambaud.

Stengel (Von). — Die staats = und völkerrechtliche Stellung der deutschen Kolonien, etc., Berlin, 1886.

Twiss (Sir Travers). — The law of nations considered as independent communities. — On the Oregon. — La neutralité du Congo. R. D. I. XV. — La Conférence de Vienne et la Conférence de Berlin, R. D. I. XVII, n° 3.

Vattel. — Le droit des gens, édition Pradier-Fodéré, avec le notes de Pinheiro-Ferreira.

Victoria. — De Indis. Lyon, 1587.

# PREMIÈRE PARTIE

# INTRODUCTION

## SECTION I

## NOTIONS PRÉLIMINAIRES

SOMMAIRE

1. Généralités. — 2. Nature du droit que fait acquérir l'occupation ; confusion des idées de souveraineté et de propriété. — 3. Distinction de l'occupation du droit privé, qui fait acquérir la propriété, et de l'occupation du droit international, mode d'acquisition de la souveraineté territoriale. — 4. Importance du droit romain pour cette étude. — 5. L'occupation en droit romain. — 6. L'occupation en droit international. Plan.

1. — On entend par droit international public, l'ensemble des principes de droit qui règlent ou qui devraient régler les relations des différents Etats les uns avec les autres. La communauté internationale est formée d'un certain nombre de personnes juridiques internationales (et cette qualité, ainsi que les avantages qui en découlent, n'est reconnue qu'aux Etats) qui seules peuvent être le sujet de rapports juridiques internationaux. Déterminer

les droits et les devoirs des Etats, telle est la principale préoccupation du droit international.

Mais une tâche non moins importante et délicate lui incombe aussi : qui pourra se prévaloir des règles par lui posées ? contre qui pourront-elles être invoquées ? Quand devra-t-on reconnaître à un groupement d'hommes sur un territoire déterminé, la qualité de membre de la communauté internationale, ce qui revient à constater son avènement à la capacité juridique, son existence en tant qu'Etat ?

Le droit des gens a soumis à une analyse rigoureuse les éléments constitutifs de l'Etat. Il exige, entre autres conditions, l'existence d'une puissance souveraine s'exerçant sur une portion déterminée du globe, c'est-à-dire une organisation politique pleinement indépendante et un territoire. Les trois idées d'Etat, de souveraineté et de territoire, sont intimement et comme indissolublement liées entre elles : il n'y a pas d'Etat qui n'exerce des droits de souveraineté; il n'y a pas de souveraineté qui ne constitue un Etat ; il n'y a ni souveraineté, ni Etat, s'il n'y a pas un lieu déterminé et habité, un territoire avec tout ce qui y existe, soumis à leur action.

L'Etat, une fois constitué et reconnu, ne saurait sous peine de déchéance rester stationnaire. Comme une personne physique, il faut qu'il se développe, il faut qu'il grandisse.

Il est légitime qu'il cherche à augmenter la sphère où s'exerce son influence, pourvu qu'il ne lèse pas, en le faisant, le droit égal des autres Etats. Le droit international a donc eu aussi à déterminer les règles de la croissance des Etats. L'occupation, sujet de notre travail, est un des modes d'acquisition de la souveraineté territoriale qu'il reconnaît. Notre premier soin doit donc être de nous poser les questions suivantes : quelle est la nature du droit acquis ? que doit-on entendre par souveraineté? que doit-on entendre par territoire ?

2. — Pendant des siècles, ces deux notions importantes ont été obscurcies par des idées fausses dont beaucoup de publicistes contemporains n'ont pas encore réussi à se dégager complètement : on a cru longtemps, et le langage employé par les auteurs les plus récents est de nature à prolonger l'équivoque, que la souveraineté était un droit de propriété ; que le territoire, objet sur lequel elle s'exerce, était soumis à une sorte de droit réel immobilier.

Cette conception dangereuse, issue du moyen-âge, adoptée par la monarchie absolue, a été définitivement écartée du droit public des Etats modernes par la Révolution française, bien que la législation de certains d'entre eux, celle de l'Angleterre par exemple, en offre encore quelques traces. Elle a trouvé son dernier refuge, par une fortune singulière, dans le droit international. Il est cependant évident que la distinction généralement faite entre la souveraineté intérieure, dont l'étude appartient au droit public, et la souveraineté extérieure, dont l'étude appartient au droit international, n'a que la valeur d'une classification commode. Qu'elle se manifeste à l'intérieur, sur le territoire d'un Etat déterminé, ou à l'extérieur, dans les rapports que l'Etat entretient avec les autres Etats, elle ne saurait varier ni dans son essence, ni dans ses caractères : la souveraineté est une et indivisible. Il est donc parfaitement légitime de rechercher quelle est la notion de la souveraineté en droit public pour la transporter en droit international.

Mais ce qui nous intéresse ici, ce n'est pas la souveraineté en général et dans toutes ses manifestations : c'est la souveraineté en tant qu'elle s'exerce sur un point déterminé du globe, c'est la souveraineté territoriale. Quelle est la nature de ce droit ? telle est la question que nous devons brièvement examiner. Pour arriver à la résoudre, un rappel rapide de quelques notions historiques est nécessaire.

L'un des traits caractéristiques de la période féodale est la complète confusion de l'idée de propriété et de celle de souveraineté. La qualité de propriétaire implique celle de souverain et la qualité de souverain, celle de propriétaire. Le seigneur est *dominus* de toute la seigneurie.

Il l'était pleinement et directement à l'origine, disait-on ; sans doute, au cours des siècles, les nécessités d'argent le pressant, ou encore dans le but de récompenser les services de ses guerriers, il a pu consentir à aliéner une portion de son patrimoine. Mais il ne l'a jamais fait sans garder par devers lui un droit éminent, un droit supérieur appelé la directe seigneuriale. Ainsi, s'il faut distinguer deux portions dans le patrimoine du seigneur, il est cependant propriétaire, à des degrés différents, il est vrai, de toute la seigneurie ; il en est aussi le souverain, c'est-à-dire le maître incontesté, absolu, qui ne se reconnaît aucun supérieur.

Cette conception ne disparut pas avec l'avènement de la

monarchie absolue. Une seule souveraineté absorbant les souverainetés multiples des siècles précédents, tel est le spectacle qui se présente à nous. Les légistes, conseillers du roi dans la lutte qu'il eut à soutenir contre la féodalité, n'eurent garde de se priver du secours que pouvait leur apporter la théorie du domaine directe et du domaine utile : la victoire obtenue, les rois n'y renoncèrent pas. La véritable nature du droit de propriété et de la souveraineté continua à être méconnue.

Le roi possède seul le domaine direct de tout le royaume : il a pu concéder le domaine utile à certains de ses sujets. Mais il est maître absolu du territoire ; il peut en disposer comme d'un immeuble. Il a la pleine et libre disposition de tous les biens de ses sujets. Il est à la fois *imperator* et *dominus* : ses droits les plus importants sont une conséquence de sa qualité de propriétaire du sol. Telle est la théorie que Louis XIV expose dans ses instructions au Dauphin (1).

Il s'est toujours trouvé quelques esprits supérieurs pour protester contre cette doctrine dangereuse. Au dire de Loisel, le chancelier Juvénal des Ursins disait déjà à son roi Charles VII : « Vous ne pouvez prétendre le mien ; « ce qui est mien n'est point vôtre... Vous avez votre do- « maine et chaque particulier a le sien. » Et Loyseau professera dans son traité des seigneuries « que la puissance publique ne s'étend qu'au commandement et autorité et non pas à entreprendre la seigneurie privée des particuliers ».

1. *Œuvres*. T. 1, p. 93.

Mais c'étaient là des voix isolées. Jusqu'à la Révolution française, jusqu'au Code civil, la doctrine régnante, professée avec quelques atténuations par certains jurisconsultes, est celle de Louis XIV. Grotius lui-même n'est pas plus avancé que ses contemporains sur ce point. Il enseigne à la vérité que la souveraineté et la propriété sont deux choses distinctes (1) ; mais il admet l'existence de souverainetés possédées en pleine propriété qui se trouvent dans le patrimoine de ceux qui gouvernent (2) ; et dans plus d'un passage, il confond les deux idées qu'il a déclaré être distinctes (3).

Il faut attendre les travaux préparatoires du Code civil pour trouver nettement établie la distinction entre la souveraineté, l'*imperium*, qui consiste uniquement dans la puissance de gouverner et qui est une notion de droit public, et la propriété, le *dominium*, notion de droit privé. L'Empire est le lot du souverain, il ne renferme aucune idée de domaine proprement dit. Le droit de domaine éminent ne suppose aucun droit de propriété. Telles sont les idées développées par Portalis dans son exposé des motifs de la loi relative à la propriété (4).

Tels sont encore aujourd'hui les principes universellement admis en droit public interne.

En est-il de même en droit international ? On pourrait en douter si l'on prenait à la lettre le langage employé

1. *Droit de la guerre.* L. II, ch. III, IV, 2.
2. *Ib.* L. 1, ch. III, XII, 1.
3. *Ib.* L. II, ch. III. 19, 2.
4. Séance du 26 nivôse an XII.

par les auteurs (1). On parle couramment de propriété internationale, de domaine international, de propriété d'Etat à Etat. Les anglais disent ; « *domain* », « *dominion* » « *property, national proprietary right* » ; » les allemands : « *Völkerrechtiches Staatseigenthum.* »

Le mal ne serait pas grand, si à cette terminologie inexacte ne correspondait pas une conception elle-même inexacte. Mais, malheureusement, fort peu d'auteurs se sont dégagés complètement de la théorie de l'Etat propriétaire, exerçant sur le territoire un droit réel immobilier. Le véritable principe a été posé par Blüntschli. « La souveraineté territoriale n'implique point la propriété du sol » dit-il. (2) Il ne faut pas perdre de vue un seul instant que le rapport juridique qui existe entre l'Etat et le territoire est un rapport de droit public et non pas de droit privé. (3)

On comprend du reste à merveille que la conception de l'Etat propriétaire de son territoire ait subsisté plus longtemps dans le droit international que dans le droit public. Il y a en effet, lorsque l'on considère les relations des Etats entre eux à propos de leur territoire respectif, une incontestable analogie entre le territoire et

1. Pour citer l'un des plus nouveaux, voyez l'ouvrage de M. Pradier-Fodéré.

2. *Op. cit.*, § 277.

3. C. f. Nüger. Thèse. Paris 1887, p. 136, n. 1, très complète à ce sujet. Presque tous les auteurs admettent cette idée fausse que la souveraineté implique la propriété du sol dans une certaine mesure. En ce sens Fiore, Martens, Klüber, Heffter, Wheaton, Pradier-Fodéré entre autres, § 609 et s. Ce dernier auteur intitule l'un des livres de son ouvrage : du droit de propriété. Voyez Ortolan, *op. cit.* p. 11 et suiv.

un immeuble, entre les droits de souveraineté et le droit de propriété immobilière. Le droit de souveraineté territoriale est un droit absolu et exclusif comme le droit de propriété; c'est la relation juridique qui s'établit entre une personne et un fonds. Le territoire de l'Etat doit être respecté par les autres Etats, comme les propriétés foncières d'un particulier par ses voisins. L'Etat peut seul, dans les limites de son territoire, à l'exclusion de tous autres Etats, exercer l'*usus*, le *fructus* et l'*abusus*, c'est-à-dire que son droit de souveraineté lui permet de se servir du territoire, d'y lever des impôts, d'en aliéner une portion au profit d'une autre personne du droit international. En un mot, si le droit de propriété est le droit le plus absolu qu'un homme puisse posséder à l'égard d'une chose, le droit de souveraineté territoriale est le droit le plus absolu qu'un Etat puisse posséder à l'égard d'une portion du globe terrestre. Mais il ne faut pas voir là autre chose qu'une analogie.

Nous entendrons donc par souveraineté, le droit et la puissance de gouverner; par souveraineté territoriale, cette puissance en tant qu'elle s'exerce dans un endroit déterminé. Le territoire d'un État est toute l'étendue de pays sur laquelle un État peut agir en sa qualité d'État, qui est soumis avec tout ce qu'il contient à ses lois et à sa juridiction.

Il reste donc bien entendu que si, par mégarde, des expressions impliquant l'idée de l'État propriétaire du territoire en sa qualité d'État venaient à nous échapper, il ne faudrait voir là qu'une inadvertance ou un entraînement qu'il est souvent assez difficile d'éviter. Nous ne voyons pas, pour notre part, d'inconvénient sérieux, toutes réserves une fois faites sur le fond, à l'emploi d'expressions, comme celles de propriété d'État à État et de domaine international, qui peuvent faciliter l'exposition des idées. (1)

3. — A cette première cause de confusion et d'embarras viennent s'en ajouter d'autres. L'État peut être propriétaire, comme un simple particulier, soit dans les limites de son propre territoire, soit en dehors de ces limites. D'autre part, l'occupation est à la fois un mode d'acquisition de la souveraineté et un mode d'acquisition de la propriété. En sorte que l'État, étant à la fois une personne du droit international et une personne du droit privé, peut acquérir par occupation, suivant les cas, soit la souveraineté, soit la propriété.

Plusieurs pays reconnaissent encore l'occupation comme fondant des droits de propriété immobilière. En France, il est vrai, il est impossible qu'il en soit ainsi en fait, mais le principe n'en subsiste pas moins. Il se trouve seulement que, en vertu de l'art. 713 du Code civil, aucune portion du sol français ne saurait se trouver inappropriée. (2) Tous les biens sans maître appartiennent en effet à l'État. Mais l'occupation est encore un mode d'acquisition de la propriété foncière soit dans les pays qui en

1. Voyez pour tout ceci l'ouvrage de Heimburger, dont nous nous sommes beaucoup servi et auquel nous devrions renvoyer constamment. Cf. la préface et la première partie ; entre autres, p. 26 et 27, et p. 79, pour la définition de la souveraineté territoriale et du territoire.

2. Fenet, II, p. 212.

consacrent formellement le principe, (1) soit dans les régions désertes qui, ayant jusqu'ici échappé à l'application de toute loi, ne sauraient être soumises qu'à ces prescriptions générales que dicte la raison.

4. — Il faut signaler une autre cause d'erreur: l'importance exagérée accordée par les auteurs au droit romain pour la construction de la théorie de l'acquisition de la souveraineté. Grotius a ouvert la voie et a été depuis lors imité sur ce point par tous ceux qui ont traité la question. Certains d'entre eux appuient encore de nos jours tous leurs raisonnements en cette matière de citations empruntées au Digeste. (2)

Le droit international admet un certain nombre de modes d'acquisition de la souveraineté, qui portent les mêmes noms et qui sont soumis aux mêmes règles géné-

1. Ahrens. *Droit naturel*, II, p. 127, n. 2. Le Code autrichien, § 381, admet le principe de l'occupation ; le Code prussien aussi dans une certaine mesure. Quant à la législation anglaise, elle décide que l'île née dans la mer n'appartient pas au premier occupant mais à son souverain. Elle prévoit cependant un cas d'occupation fort compliqué et sans intérêt pour nous : il s'agit de l'acquisition par occupation de l'usufruit d'un immeuble. Il faut supposer que l'usufruit a pour durée la vie d'un tiers et non pas celle de l'usufruitier. Celui-ci meurt avant le tiers. L'usufruit ne fait pas retour au nu-propriétaire, ni aux héritiers de l'usufruitier : il est vacant, susceptible d'occupation. (Stephens, *Commentaries*, t. 1, p. 448).

2. Phillimore par exemple consacre de nombreuses pages au droit romain et ne se lasse pas de citer le Digeste. La même tendance se trouve chez d'autres auteurs anglais. Cf. Twiss, *Peace*, § 107, n. 4. Voyez aussi F. de Martens, tome 1, p. 460. « Les principes du droit romain, dit-il, sont totalement ou partiellement applicables » qu'il s'agisse des modes originaires ou des modes dérivés d'acquérir la souveraineté.

rales que les modes d'acquisition de la propriété en droit romain. La théorie de l'occupation est dans ce cas.

Il est facile de comprendre du reste, si l'on se reporte au moment où s'est posée la question de savoir quelles règles on appliquerait à l'acquisition de territoires sans maître, qu'on se soit adressé aux vieux textes des Institutes et des Pandectes pour en trouver la solution. La question à résoudre était une question internationale ; c'est dire qu'on ne pouvait y chercher une réponse dans le droit spécial de tel ou tel peuple. Quoi de plus simple dès lors que d'invoquer les principes rationnels et justes, l'autorité reconnue par tous les peuples civilisés du droit romain, qui a le caractère d'un droit universel, commun à tous les chrétiens ?

Serait-on arrêté par l'idée qu'une théorie de droit privé, faite pour le droit de propriété, ne saurait convenir à la construction d'une théorie de droit public relative à la souveraineté ? Aucun scrupule ne devait s'élever à cet égard : nous avons cherché à montrer la liaison intime que l'on établissait à cette époque entre la souveraineté et la propriété, l'impossibilité de distinguer, avec un peu de rigueur, les domaines respectifs du droit public et du droit privé. Les royaumes faisaient alors l'objet de constitutions de dot, de ventes, d'échanges, de dispositions testamentaires, sans qu'on y fît la moindre objection : c'était un bien patrimonial que la couronne ; pourquoi ne pas appliquer à l'accroissement de son domaine, en dehors de l'Europe, les théories de droit privé en usage pour sa dévolution (1).

1. Heimburger, *op. cit.*, p. 117, 118, 135, n. 1, etc.

Encore aujourd'hui, même pour ceux qui n'admettent pas que l'idée de souveraineté territoriale implique celle de propriété, la théorie du droit romain offre la plus grande importance. Sa connaissance, superficielle tout au moins, est nécessaire. Sans elle, bien des termes restent obscurs, bien des idées manquent de précision. La terminologie romaine est d'un usage universel et simplifie beaucoup l'expression des idées. L'exposé de la théorie du droit international moderne en matière d'occupation ne peut que gagner en clarté, si l'on adopte l'ordre suivi par le droit romain privé pour la théorie correspondante. Ce rapprochement présente aussi l'avantage d'être la méthode employée sans exception par les auteurs. Mais il faut, dans l'application, y apporter une certaine prudence, et prendre la précaution de toujours se demander si le changement dans l'objet de l'acquisition, qui est la souveraineté et non plus la propriété, n'entraîne pas de modifications nécessaires des règles du droit romain. En un mot, nous n'admettons en aucune façon que l'on cherche la solution de toutes les questions qui peuvent se présenter dans un texte du Digeste ou des Institutes ; c'est pourtant là la tendance de certains auteurs. Nous ne méconnaissons pas la valeur d'un rapprochement de ce genre : les lois romaines fournissent souvent de précieux arguments d'analogie. Elles peuvent servir de guide, d'indication pour arriver à la solution désirée ; elle ne sauraient fournir la solution elle-même (1).

1. Cf. sur l'emploi abusif du droit romain, Heimburger, p. 6, p. 41 et suiv., et surtout p. 103-105.

Faisons donc un rapide exposé de la théorie de l'occupation en droit romain ; nous nous bornerons à un rappel de notions élémentaires et familières à tous les juristes.

5. — En droit romain, l'occupation est un mode d'acquisition de la propriété qui résulte de l'appréhension d'un objet quelconque, susceptible de propriété et non approprié, par une personne capable d'être propriétaire (1). Comme la tradition, elle offre cette particularité d'être accessible à tous, sans distinction de nationalité (Gaius, II, 1, § 11), aussi dit-on qu'elle appartient au droit naturel et au droit des gens. L'acquisition qui en résulte se fait à titre particulier et non pas à titre universel : c'est dire qu'elle porte sur un objet particulier et non pas sur le patrimoine ou sur une quote-part du patrimoine.

Enfin, et ce point de vue est de beaucoup le plus important, l'occupation, seule entre les sept modes d'acquisition reconnus par le droit romain, implique une acquisition que n'a pas précédé une aliénation : aussi la qualifie-t-on de mode originaire, par opposition aux modes dérivés. Celui qui est propriétaire en vertu de ce principe n'a pas d'auteur: la chose entre, par conséquent, libre et franche de tous droits dans son patrimoine.

La base nécessaire de toute occupation est la possession : l'occupation n'est en effet qu'une prise de possession qui se transforme instantanément, lorsque certai-

1. *Occupatio est apprehensio rei corporalis, quæ aut nullius, aut hostium sit, cum animo eam sibi habendi* (Pothier, Pandectes).

nes conditions sont réunies, en une acquisition de propriété.

L'idée de possession implique deux éléments : l'un matériel, que les jurisconsultes désignent sous le nom de *corpus* ou de *factum*, et qui consiste dans le fait d'avoir la chose à sa disposition physique ; l'autre intellectuel, l'*animus remsibi habendi*, c'est-à-dire la volonté de traiter la chose comme vous appartenant.

Cela posé, nous pouvons nous demander si, toutes les fois qu'une personne aura une chose à sa disposition physique, cette chose deviendra sienne par occupation ? Non ; la réunion de certaines conditions est nécessaire pour arriver à ce résultat.

Nous venons de le dire, il faut premièrement une prise de possession faite dans l'intention d'acquérir la propriété ; l'occupation exige à la fois le *corpus* et l'*animus*. Il faut donc nécessairement que la personne qui éprouve l'*animus*, en fait, soit susceptible, en droit, de l'éprouver ; il faut, en d'autres termes, que l'occupant soit capable de posséder et d'être propriétaire.

Il faut en second lieu que la chose soit susceptible d'être possédée et d'être appropriée. Il existait, en droit romain, toute une série de choses qui ne l'étaient pas. Il faut, enfin, qu'il s'agisse d'une *res nullius*, c'est-à-dire d'une chose qui n'est point appropriée au moment où le fait de l'occupation se produit.

Il serait inutile d'étudier ici ces conditions en détail. On le voit, elles se rapportent soit au sujet de l'occupation, soit à son objet, soit à la personne, soit à la chose.

Rappelons brièvement que l'*animus* devait être personnel, mais que l'on pouvait emprunter le *corpus* d'autrui. Ce principe fondamental souffre cependant quelques exceptions. Signalons-en deux qui pourront présenter de l'intérêt dans la suite de notre travail :

1° Le mandataire rend le mandant propriétaire dès le moment de l'exécution du mandat et avant que ce dernier ait eu connaissance de l'occupation (Inst., § 5, II, 9) ;

2° Ceux qui administrent les affaires d'autrui en vertu d'un pouvoir légal rendent possesseurs, et par conséquent propriétaires par occupation, ceux au nom de qui ils agissent (l. 1, § 20, *de acq. vel amitt. poss.).*

Nous n'insisterons pas non plus sur l'idée qu'il faut que la chose soit susceptible de propriété pour être l'objet de l'occupation : ceci écarte de son domaine les *res divini juris,* ou plus généralement tout ce qui est *extra commercium nostrum.*

Laissant aussi de côté l'occupation dans ses applications aux choses mobilières, animées ou inanimées, disons quelques mots de l'*occupatio* proprement dite, c'est-à-dire de celle qui a pour objet les immeubles. Elle joue, en droit romain, un rôle assez modeste. On connaît l'espèce présentée par Justinien (1). Il prévoit le cas d'une île qui sort des flots; l'*insula quæ in mari nata est* appartiendra au premier occupant. Il faut donner la même solution pour toute île, pour tout immeuble, non appropriés. La raison de décider est la même: *nullius enim esse credi-*

1. Inst. II, 1, § 22. Gaius, 7, § 3, *de acq. rer. dom.*

*tur*. L'île déserte est, pour celui qui y aborde, dans la même situation juridique que celle qui vient de sortir des eaux. L'histoire nous a conservé le souvenir de quelques occupations de ce genre : l'île Pontia, située dans la mer Toscane, fut l'objet d'une prise de possession sous la République. Il paraît même que c'était l'habitude du peuple romain de rechercher les îles désertes, de s'en emparer et d'en distribuer les terres aux colons (1).

Nous nous trouverons encore dans deux hypothèses où l'occupation a un rôle à jouer, si nous supposons qu'une île se forme dans un fleuve borné par des propriétés dont l'étendue a été solennellement déterminée, ou que le fleuve qui coule entre des *agri limitati* a abandonné son cours : l'île ou l'ancien lit seront des *res nullius*.

Signalons enfin le cas assurément bien rare de la *derelictio*. Elle suppose : 1° que l'ancien propriétaire a abandonné en fait son immeuble ; 2° qu'il a éprouvé l'*animus* contraire à l'*animus domini*, l'*animus rem sibi non habendi*. Dans l'opinion des Sabiniens (2), qui est aussi celle de Justinien, l'immeuble ainsi abandonné est une chose *nullius*, susceptible par conséquent d'occupation. Les historiens fournissent un exemple intéressant d'occupation succédant à la *derelictio* : Marius et Sylla repeu-

1. Merlin, *Rép.* V. *Occupation*.

2. *Si res pro derelicto habita sit, statim nostra esse desinit, et occupantis fit.* (Ulp. D. 41, 7, 1). — Certains auteurs pensent que Justinien, et même l'école sabinienne, rattachaient l'acquisition de la propriété, en cas de *derelictio*, à une *traditio incertæ personæ*. Cf. Nuger, Thèse Paris, 1887, p. 59 et s.

plèrent de colons la Corse abandonnée de ses habitants.

Il semble que, en cas de guerre juste, l'occupation aurait dû trouver à Rome un vaste champ d'application relativement aux immeubles appartenant aux ennemis, et en tous temps relativement aux biens des *barbari*, c'est-à-dire de ceux avec lesquels Rome n'entretient pas de relations diplomatiques. Ce sont là, en effet, des *res nullius* pour les Romains (1), et ils reconnaissent que les barbares ont le droit de professer le même principe à leur égard.

La propriété, qui a pour origine la violence et la conquête, est la plus sacrée pour les peuples anciens. Le jurisconsulte Paul assimile les choses prises à la guerre à l'île née dans la mer et à la perle trouvée sur le rivage : *ejus fiunt qui primus eorum possessionem nanctus est* (2).

Mais, si tel était le principe général, on conçoit qu'au moment de la conquête une seule personne fût en état d'occuper et de posséder : l'Etat seul, le peuple romain, acquéraient ainsi par l'entremise des généraux et des armées, *corpore alieno*, de vastes territoires qui tombaient dans l'*ager publicus* (3). Il en abandonnait une partie aux vaincus, aux soldats, aux colons ; mais se réservait toujours un droit supérieur, gardant ainsi, sinon la réalité, du moins l'apparence du droit de propriété. Le titre d'acquisition des terres conquises est bien l'occupation, mais par la force des choses l'Etat est toujours le premier occupant.

1. Inst., II, § 17.
2. Dig. 41, 2, 1.
3. Dig. 49, 13, 20, § 1.

Les parties incultes étaient du reste laissées à la disposition de ceux qui voulaient les défricher : ce sont les *agri occupatorii*, qui peuvent être l'objet d'une sorte d'occupation en sous-ordre qui, du reste, ne conférera pas le *dominium* quiritaire ; le droit supérieur de l'Etat sera ainsi sauvegardé.

On peut résumer le sentiment romain à l'égard de l'occupation de la manière suivante :

1° Il n'y a ni propriété ni souveraineté reconnues par Rome en dehors des siennes propres et de celles de ses alliés ; il faut donc considérer comme *res nullius* tout ce qui est en dehors de la sphère d'influence romaine, tout ce qui ne fait pas partie de l'*orbis romanus*.

2° L'Etat seul peut profiter de ce vaste champ ouvert à l'occupation : lui seul se trouve sur les lieux au moment de la conquête, lui seul peut réaliser à temps le *corpus* et l'*animus*.

3° Le domaine de l'occupation ouvert à des particuliers est très restreint et offre peu d'importance pratique. Les principales hypothèses qui se présentent sont : *a.* l'*insula nata*, ou plus généralement tout immeuble qui n'a jamais été soumis à un droit de propriété ; *b.* le *fundus derelictus*, dans l'opinion sabinienne; *c.* les *agri occupatorii*, qui peuvent être l'objet d'une sorte de sous-occupation.

6. — La communauté internationale reconnaît un certain nombre de modes d'acquisition de la souveraineté territoriale qui, nous avons eu l'occasion de le dire, sont tous tirés du droit romain. On les distingue encore au-

jourd'hui en deux catégories : les modes originaires et les modes dérivés.

Dans le premier cas, l'Etat acquiert la souveraineté d'un territoire qui jusque-là n'en a connu aucune ; dans le second cas, l'Etat, successeur d'une autre personne du droit international, substitue sa propre souveraineté à celle qui existait auparavant sur le territoire.

Parmi les modes originaires, il faut compter l'occupation et l'accession ; parmi les modes dérivés, la cession qui suppose un traité : on comprend sous ce nom diverses hypothèses comme l'échange, la vente, la donation, le traité de paix.

On emploie le mot d'occupation en droit international dans plusieurs sens différents. Il faut en effet distinguer dès l'abord, l'occupation proprement dite, seul objet de notre étude, qui est un mode originaire d'acquérir des droits de souveraineté sur un pays qui a été jusqu'alors sans souverain, de l'*occupatio bellica* et de l'occupation à titre de gage.

*Occupatio bellica.* — Pendant longtemps on a considéré que, dès la déclaration de guerre, tout ce qui appartenait à l'ennemi était sans maître et que l'ennemi lui-même était sans droit, dans une situation assimilable à celle des *res nullius*. Tout ce qui tombait entre les mains du vainqueur lui était acquis en vertu du droit du premier occupant sur ce qui n'appartient à personne ; il en était ainsi du territoire comme de tout le reste. On regardait la conquête comme une sorte d'occupation ; on y voyait un mode originaire d'acquisition de la souveraineté et de la propriété tout à la fois : on sait que ces deux idées étaient mal définies l'une à l'égard de l'autre.

C'était là le point de vue romain ; cette conception a été celle de beaucoup d'Etats modernes, mais n'est plus admise aujourd'hui. On pense de nos jours que l'*occupatio bellica* ne confère au belligérant qu'un pouvoir de fait purement provisoire. Malgré l'envahissement des troupes ennemies, la souveraineté de l'Etat subsiste, son exercice seul est suspendu momentanément. Ce n'est pas la conquête qui est un mode d'acquisition de la souveraineté territoriale, mais bien le traité de paix qui mettra fin aux hostilités : le titre d'acquisition du vainqueur sera un titre dérivé et non pas originaire (1).

*Occupation à titre de gage.* — C'est là une seconde hypothèse d'occupation que nous devons mentionner en passant, mais dont l'étude n'appartient pas à notre sujet. Un Etat, voulant assurer l'exécution d'un traité, obtient du gouvernement vaincu l'autorisation d'occuper une partie du territoire jusqu'au moment où le traité aura été définitivement exécuté. Tant que dure cette situation, il est bien clair qu'il ne saurait être question d'acquisition de droits souverains au profit de l'Etat occupant.

Certains auteurs admettent, il est vrai, que « s'il n'est « plus possible de prévoir l'exécution du traité, le droit « d'occuper provisoirement le territoire se transforme « en souveraineté définitive (2). » Nous n'avons pas à nous prononcer sur l'exactitude de cette opinion. Ad-

1. Cf., Heimburger, p. 122-125.
2. Bluntschli, *op. cit.*, § 428.

mettons-la sans autre discussion. Il est évident que le titre d'acquisition de la souveraineté n'est pas originaire, mais dérivé. Elle n'est pas la conséquence de la prise de possession, mais de l'inexécution d'un traité qu'accompagnait, on le suppose, une clause pénale.

La guerre peut cependant entraîner une acquisition de la souveraineté à titre originaire ; il suffira de signaler ce cas rare, dont l'examen ne rentre pas dans le plan de notre travail. L'hypothèse que nous avons en vue est celle de la *debellatio*.

Deux Etats sont en guerre ; la lutte se prolonge ; elle ne se termine que par l'anéantissement complet de l'un des deux combattants. L'un des deux Etats ayant ainsi disparu, le vainqueur ne trouve devant lui aucun pouvoir organisé avec lequel il puisse traiter. Dans ces circonstances, l'*occupatio bellica* se transformera en une occupation proprement dite. Pendant un instant de raison le territoire a été soustrait à l'action d'une souveraineté quelconque, il a été sans maître au point de vue du droit international. La possession de fait du vainqueur s'est transformée en une possession de droit ; son pouvoir provisoire en un droit de souveraineté définitif. Son titre est originaire : nous sommes en face d'une forme spéciale de l'occupation (1).

Le sujet de notre travail est l'occupation, mode originaire d'acquisition de la souveraineté reconnu par le droit international : elle suppose la prise de possession

1. Heimburger, *op. cit.*, p. 68, 121, 127, 130, n. 1, 131.

d'un territoire sans maître, accomplie sous de certaines conditions; elle a pour effet de faire passer sous la souveraineté d'un Etat déterminé une portion du globe qui,à ce moment là, n'était soumise à l'action d'aucun gouvernement (1).

Nous ne nous attarderons pas à rechercher comment on peut justifier le droit d'occupation. Il suffira d'indiquer seulement deux points de vue auxquels on peut se placer pour le défendre.

Le droit international ne reconnaît l'existence juridique d'une association en tant qu'Etat, que si cette association dispose d'un territoire. Cette condition *sine qua non* de son existence ne peut être remplie par l'Etat en formation que s'il prend possession des portions du globe encore disponibles. On ne comprendrait pas que, l'Etat une fois né, un acte qui a été nécessaire à sa formation lui devînt interdit quand il s'agit de son développement: de l'obligation d'avoir un territoire, c'est-à-dire d'occuper, nous concluons à la légitimité d'augmenter ce territoire par les moyens qui ne lèsent aucune autre personne du droit international.

D'autre part, il résulte de l'idée même de souveraineté que tout acte accompli par un Etat est légitime, s'il ne s'est pas engagé à s'en abstenir, pourvu qu'il ne porte pas atteinte au droit égal des autres Etats : l'occupation

1. Pradier-Fodéré dit (édit. de 1885, § 785) : l'occupation est la prise de possession de territoires qui n'ont jamais appartenu à personne, ou qui ont cessé d'appartenir à leurs anciens maîtres antérieurement à la nouvelle prise de possession et qui actuellement n'appartiennent à aucun peuple. Cf. Wolff, *Institutions de la nature*, § 210.

est donc légitime, puisque, par définition, elle ne saurait avoir pour objet que des territoires sans maître (1).

Notre plan sera simple. Avant de nous engager dans l'étude de la théorie juridique et de la pratique actuelles, il nous faut donner une idée de la façon dont on a conçu l'occupation dans les siècles qui ont précédé le nôtre : un historique d'une certaine étendue terminera donc la première des quatre parties dont se compose ce travail. Dans la seconde partie, intitulée : du sujet de l'occupation, nous nous demanderons : qui peut occuper ; dans la troisième, nous traiterons de l'objet de l'occupation, c'est-à-dire de ce que l'on entend en droit international par la *res nullius*. Puis nous examinerons à quelles conditions il faut qu'une occupation se conforme pour être considérée comme effective ; enfin nous dirons quels sont les effets produits par l'occupation. Ce sera la tâche que nous essaierons de remplir dans la quatrième partie.

Nous exposerons les principes, nous dirons comme

1. Cf. Grotius, II, 2, 2, qui trouve le fondement du droit d'occupation dans une prétendue communauté originaire des choses. Vattel le justifie par cette considération que tous les Etats ont un droit égal à s'établir sur les territoires non soumis à une souveraineté (I, § 207). Voyez les notes de Pradier-Fodéré sur ces deux passages. Klüber (*Droit des gens moderne de l'Europe*), divise les droits de l'Etat en deux catégories, les droits absolus et les droits conditionnels (§ 36) ; il range parmi ces derniers le droit d'indépendance, c'est-à-dire « le droit de subsister par et pour soi-même » (§ 45) ; et il en fait découler le droit de s'approprier les choses qui n'appartenant à personne sont cependant par leur nature susceptibles d'appartenir à quelqu'un (§ 47). — Twiss fait aussi dériver le droit d'occupation de ce qu'il appelle « *Right of Independence and Right of Self-Preservation* » (*Peace*, § 105). — (Voyez plus bas, § 128).

quoi les faits y répondent peu ; en finissant, nous chercherons en quelques lignes à indiquer quel est, selon nous, le progrès à accomplir, dans quel sens doit se faire l'évolution du droit.

## SECTION II

# HISTORIQUE

### DISTINCTION DE TROIS PÉRIODES

7. — Il ne nous appartient pas de faire ici, même dans ses traits les plus généraux, l'histoire des grandes phases de la découverte du globe et de la fondation des colonies ; rappeler seulement quelques faits et quelques dates. chercher quels principes de droit ont présidé à l'extension du domaine territorial des États de civilisation chrétienne, à l'envahissement des autres continents par l'Europe, aux différentes époques et jusqu'à nos jours, telle est la tâche que nous devons remplir tout d'abord.

On peut à cet égard distinguer trois phases successives dans l'évolution du droit. Dans la première période, que l'on pourrait appeler période des bulles, le trait caractéristique est la faculté reconnue au souverain pontife d'attribuer à qui bon lui semble et à titre de privilége le droit de découvrir et d'occuper certains territoires. L'acquisition territoriale, l'augmentation du domaine, a pour cause un acte gracieux du pape considéré comme souverain du globe tout entier. La seconde période est celle du droit de découverte proprement dit ; les prétentions du pape paraissent exorbitantes, soit aux puissances hérétiques, soit même à celles des puissances catholiques en faveur desquelles des bulles papales n'ont pas été rendues. L'acquisition du domaine territorial a pour cause la priorité de la découverte ou de l'occupation : il suffit qu'une puissance européenne ait été, par l'intermédiaire de ses officiers et de ses navigateurs, la première à planter son drapeau sur un rivage désert, il suffit même que la longue vue d'un capitaine de navire lui ait fait apercevoir les contours encore indistincts d'une terre lointaine pour que cette portion du globe soit considérée comme appropriée et soustraite à l'action d'une autre puissance. Une pareille théorie devait soulever les protestations de tous les Etats, suivant qu'ils y seraient intéressés. Aussi de cette seconde période passe-t-on lentement à une troisième, dans laquelle nous sommes actuellement, sans qu'on puisse dire cependant que le principe qui la caractérise ait obtenu complètement gain de cause autrement qu'en théorie : la période de l'occupation effective. Le principe de l'*effectivité*, c'est-à-dire, en définitive, l'idée que le travail est en droit international comme en droit privé, la seule cause légitime d'acquisition d'une terre qui n'appartient à personne, proclamé depuis longtemps par certains jurisconsultes, a été définitivement admis pour une portion du globe seulement, il est vrai, à la Conférence de Berlin de 1884 à 1885.

# CHAPITRE Ier

## PÉRIODE DES BULLES. (1)

SOMMAIRE

8. Epoque des grandes découvertes. — 9. Les bulles. — 10. Bulle d'Alexandre VI. — 11. Traité de Tordesillas. — 12. Principes appliqués durant cette période. — 13. Les droits des indigènes. Victoria. — 14. Analyse de la dissertation de Victoria. Première partie : les Indiens étaient propriétaires et souverains du sol qu'ils occupaient. — 15. Deuxième partie : analyse des titres invoqués par les Espagnols pour établir la validité de leur prise de possession. — 16. Troisième partie : quels sont les titres qui peuvent justifier de semblables prises de possession.

8. — Jusqu'à la fin du quatorzième siècle, bien que l'idée de se rendre aux Indes par mer se fût déjà fait jour dans les conseils de certaines villes de commerce et que les perfectionnements apportés à la boussole dès l'an 1302 par un certain Flavio Gioia rendissent possible l'exécution de ce projet, la Méditerranée était restée, comme dans l'antiquité, le centre de la navigation et de la civilisation. On peut cependant citer quelques expéditions qui remontent à cette époque reculée : en l'an 1300, plus d'un siècle avant Jean de Béthencourt, des marins espagnols trouvent les Canaries qu'on désignait alors sous le nom d'îles Fortunées ; en 1361 des français abordent en Guinée. C'est ainsi que l'Afrique a été la première attaquée par la civilisation européenne et chrétienne : ce sera le continent noir cependant qui

1. Voir le chapitre de Montesquieu intitulé : « Découverte de deux nouveaux mondes. Etat de l'Europe à cet égard. » *Esprit des lois*, XXI. 21.

offrira les plus longues et les plus vigoureuses résistances à cette œuvre, commmencée il y a cinq siècles, et que le siècle prochain verra peut-être s'achever.

Mais ce fut au cours du XV^e siècle et particulièrement sous l'influence de Jean II de Portugal, qui peut être considéré comme le promoteur des grandes découvertes maritimes qui ont suivi, que se développa l'esprit d'aventures et l'amour des expéditions longues et hasardeuses. Beaucoup, comme Jean de Béthencourt partant pour la conquête des Canaries, « s'avançaient sur la mer Océane pour s'enquérir des pays nouveaux ».

En 1420 déjà, les îles Madères sont cultivées ; en 1486, les Portugais avec B. Diaz découvrent l'extrémité sud de l'Afrique, le cap des Tempêtes, le doublent en 1497 avec Vasco de Gama et se rendent aux Indes par mer. A la même époque l'Espagne ne reste pas inactive : Colomb part le 3 août 1492 et, au bout de trente jours, lui et ses compagnons débarquent dans le Nouveau-Monde, gloire que partagent avec lui les Cabots pour l'Amérique du Nord et Terre-Neuve, (1) Cabral et Améric Vespuce pour l'Amérique du Sud et le Brésil. (2)

Au XVI^e siècle, enfin, Magellan pénètre dans le Pacifique, après avoir contourné le sud de l'Amérique, et son vaisseau achève sans lui le premier tour du monde en revenant par le cap des Tempêtes (3) et le long de la côte occidentale d'Afrique.

Avec ce grand navigateur et avec le XV^e siècle, les ex-

1. 1497.
2. 1501.
3. Cap de Bonne-Espérance, 1521.

péditions maritimes changent de caractère : la délimitation des contours des nouveaux continents et la reconnaissance superficielle de leurs côtes est une œuvre à peu près achevée. Le XVIe siècle sera marqué par les expéditions à l'intérieur : Cortez, Pizarre et la foule des aventuriers espagnols s'abattent sur les Etats civilisés et florissants du centre de l'Amérique.

Trois mobiles principaux ont favorisé ce mouvement d'expansion au dehors. La curiosité, l'esprit d'aventures, ce qu'un publiciste contemporain (1) appelait récemment, avec éloquence, la passion de la planète ; cette première cause qui a eu son importance à l'origine s'atténua dans la suite, les deux autres ne firent que grandir. Ce sont : le désir, sincère et ardent chez la plupart, de convertir les idolâtres, et un très grand appétit du bien d'autrui. La passion d'amener au Christ les peuplades païennes remplissait, aussi bien que la passion de l'or, le cœur des rois d'Espagne : convertir et baptiser était une de leurs grandes préoccupations. Le traité de Grenade stipulait même formellement que tous les peuples que l'on découvrirait seraient amenés au catholicisme.

9. — Pendant toute cette première période de l'histoire des découvertes, l'idée religieuse a joué un rôle prépondérant. Deux États seulement, tous deux dévoués à la religion et à la Cour de Rome, étaient à la tête du mouvement maritime : le Portugal et l'Espagne. Jusqu'à la fameuse bulle d'Alexandre VI, ils s'entendirent assez bien sur les principes qui devaient décider de la propriété des

1. M. M. de Vogüé.

territoires découverts par l'un d'eux. En Espagne comme à Lisbonne, le pape était considéré comme souverain de tous les territoires non occupés par un prince chrétien. Il pouvait en disposer comme il voulait, mais, en fait, il en attribuait la souveraineté au pays auquel appartenait le navigateur qui le premier en avait fait la découverte. C'est ainsi que dès le XIVe siècle nous trouvons un rescrit de Clément VI, du 13 novembre 1344, attribuant à l'Espagne la souveraineté des îles Canaries découvertes un demi-siècle auparavant par les marins de ce pays.

Dès cette époque les navigateurs avaient l'habitude d'élever sur le rivage un monument destiné à servir de titre à leur pays et à prouver leur passage avant tout autre en ces lieux. C'est ce que les Portugais désignaient sous le nom de *padrao*. Ils en élevèrent un à l'embouchure du Congo en 1484; de là vient le nom de Padrao par lequel on désignait primitivement ce fleuve.

C'était là un usage que connaissaient aussi les Espagnols. Dans les lettres-patentes par lesquelles Christophe Colomb reçut la mission « de découvrir et de soumettre des îles et un continent dans l'Océan, » au profit de la couronne d'Espagne, on trouve les instructions suivantes: lorsqu'il aura soumis les dites îles, s'il se conforme aux ordres donnés par Ferdinand et par Isabelle, Colomb doit accomplir en personne ou par un mandataire « le serment et les solennités d'usage en pareil cas ». (1)

Mais l'acquisition de la souveraineté ne résultait ni de

1. Lettres patentes du 30 avril 1492. Gourd. *op. cit.*, 1. p. 194.

la découverte, ni de l'accomplissement de ces formalités: elles permettaient de solliciter une bulle et en rendaient l'obtention probable. On connait plusieurs cas de ces bulles comportant attribution de souveraineté sur des territoires déjà découverts. Citons par exemple celle rendue par Martin V en faveur des Portugais, celle de Nicolas V, par laquelle le pape donnait au même peuple, à l'exclusion de tout autre, la côte de Guinée. Elle est datée du VI^e^ des Ides de janvier 1454. (1) Nous trouvons encore une bulle de Sixte IV en 1481.

Une autre catégorie de bulles est celle qui conférait la souveraineté non seulement sur des territoires découverts, mais sur des territoires à découvrir. Eugène IV en avait déjà rendu une de ce genre, lorsqu'Alexandre VI publia, le 4 mars 1493, la bulle célèbre désignée souvent sous le nom de bulle de partage, qui fut confirmée en 1509 par Jules II, et qui est encore de nos jours invoquée dans les discussions diplomatiques. Ce document curieux et souvent cité est assez mal connu : peu de personnes l'ont lu dans le texte original. (2) Il ne sera pas inutile d'en donner l'analyse.

10. — Christophe Colomb venait de découvrir l'Amérique : à qui tomberaient en partage les immenses territoires dont on pressentait l'existence, et ceux, moins considérables, que le hardi navigateur avait entrevus ? Le

1. Dumont. Corpus III, p. 1, p. 200.
2. Dumont. Corpus, III, p. 3, p. 302. — Texte français dans Gourd, les Chartes coloniales. T. 1. L'ouvrage le plus considérable sur la bulle et les traités qui en furent la conséquence est celui de Navarete. Collecion, t. IV, p. 298-406.

Portugal semblait vouloir élever certaines prétentions contraires à celles de l'Espagne. Le Saint-Père fut chargé de trancher le différend dans le passé et de trouver le moyen d'en éviter le retour à l'avenir : il rendit à cet effet la bulle « *Inter cætera* » dont les conséquences furent si importantes. Le pape agit comme vicaire de Jésus-Christ, comme successeur de Saint Pierre, comme représentant de Celui de qui procèdent les empires, les dominations et tous les biens. Il est le juge naturel d'un conflit né entre deux princes et deux pays fidèles à la foi catholique : le pape est donc compétent *ratione personæ*. Il l'est aussi *ratione materiæ*. Ne s'agit-il pas en effet d'une question de propriété et de souveraineté qui relève essentiellement du Saint-Siège?

C'est au prix de dangers, de fatigues et de dépenses considérables, que des îles très éloignées, habitées, il est vrai, par des gens pacifiques, mais non encore découvertes par des princes chrétiens, ont été occupées par des marins espagnols. Il importe de favoriser des voyages accomplis dans le but de propager au loin la foi chrétienne: c'est là, pour le Saint-Père, l'objet capital à poursuivre. Il est juste de récompenser les efforts de ceux qui s'y sont employés. Aussi, pour encourager ce mouvement, de son plein gré (*motu proprio*), par un acte de pure libéralité de sa part (*sed de nostra mera liberalitate*), sans qu'il en ait été sollicité et en vertu de sa toute puissance apostolique, le Souverain Pontife donne, concède et assigne toutes les îles et terres fermes, trouvées et à trouver, découvertes et à découvrir à l'ouest d'une ligne idéale, à Ferdinand et à Isabelle, ainsi qu'à leurs héritiers. La ligne de démarcation courait d'un pôle à l'autre, en passant à 100 lieues à l'ouest des îles du Cap Vert. Mais ce privilège accordé aux couronnes de Castille et d'Aragon ne va pas sans des charges correspondantes : le pape n'oublie pas que ces pays inconnus sont habités par des peuples ignorants des vérités de la foi. Le souci du bien religieux et du salut des âmes paraît en plusieurs endroits de la bulle. Le roi d'Espagne lui a promis (et sa grande dévotion aussi bien que sa royale magnanimité lui sont un sûr garant que cette promesse sera tenue) d'envoyer dans les îles découvertes des hommes craignant Dieu qui instruiront les indigènes. Du reste, aucun souci de leur bien temporel : la bulle ne fait mention ni de leur droit de propriété, ni de leur droit de souveraineté sur ces pays où ils sont établis depuis des siècles. Certains droits, il est vrai, devront être respectés par les rois d'Espagne : mais ce sont uniquement et exclusivement les droits des princes *chrétiens* pourvu qu'ils soient appuyés par une possession actuelle (*actualiter possessæ*), c'est-à-dire établie avant le jour de Noël de l'année 1492. Jusqu'à cette date, par conséquent, l'occupation a pu conférer des droits de souveraineté et de propriété à tous les princes chrétiens. A partir de cette date, à l'Espagne seule appartiendra, dans une certaine portion du globe, le droit d'occuper et de découvrir.

Mais il faut ici faire deux remarques.

En premier lieu, il ne faut pas se méprendre sur la portée des mots *actualiter possessæ*. Cela ne signifie pas du tout « effectivement possédées » comme traduit M. Gourd (1). Cela signifie actuellement possédées. Or, à cette date, la possession résulte d'un simple signe,

1. *Op. cit.*, I, p. 202.

d'un écrit, d'une inscription commémorative. La notion de l'*effectivité* est tout à fait étrangère à cette époque.

Enfin, il ne faut pas s'y tromper, dans un cas comme dans l'autre, le titre qui légitime l'acquisition, ce n'est pas l'occupation ni la découverte, c'est la volonté libérale d'Alexandre VI qui veut bien reconnaître les situations de fait acquises un certain temps avant l'émission de la bulle. Le pape ne reconnaissait pas ainsi les droits du premier occupant : il ne répudiait pas la doctrine en vertu de laquelle toute souveraineté et toute propriété découlaient de lui. La preuve en est facile à fournir : en effet, les prises de possession accomplies dans les jours qui séparent Noël 1492 du 4 mai 1493, étaient considérées comme nulles et non avenues si elles ne l'avaient pas été au profit de l'Espagne. Que tel fût bien le point de vue de la Cour de Rome, la suite des événements se chargea de le montrer.

11. — Les droits acquis réservés par la bulle *Inter cætera* étaient dans la généralité des termes employés ceux de tous les princes chrétiens ; en fait il ne s'agissait guère que de ceux de la couronne de Portugal. Or, ces droits ne tardèrent pas à être gravement lésés. Deux nouvelles bulles furent, en effet, publiées avant la fin de l'année 1493. La première ne faisait guère que confirmer celle du 4 mai et conférer à la couronne d'Espagne certains privilèges accordés précédemment à la couronne de Portugal. La seconde lésait directement le roi Jean II et lui enlevait des droits qui lui avait été antérieurement reconnus par le Saint-Siège. Ce prince protesta, mais inuti-

lement ; il prit alors le parti de s'entendre avec le roi d'Espagne. On décida de reporter de 270 lieues plus à l'ouest la ligne de démarcation. Le traité fut signé le 3 juin 1494 à Tordesillas et mit fin pour un temps à toute contestation.

Ce traité laissait place, cependant, à de nouvelles discussions : il réglait l'état de possession des deux puissances maritimes au moment où il avait été signé. Mais il ne prévoyait pas les questions que pouvaient faire naître de nouvelles découvertes. Dès 1524, les délégués espagnols et portugais se rencontraient derechef à la Conférence de Badajoz et reprenaient d'interminables controverses géographiques (1). Ce ne fut point pour la dernière fois.

Nous n'avons pas à porter un jugement sur les différentes bulles et sur les traités qui opérèrent ainsi le partage du monde entre le Portugal et l'Espagne. Les principes qui les inspiraient ne trouveraient plus guère aujourd'hui de partisan et nous partageons sur ce point l'opinion de Cauchy (2) : il faut, si l'on veut en comprendre l'esprit et en apprécier la valeur, se garder d'apporter à leur examen les conceptions modernes. Au point de vue pratique, la bulle d'Alexandre VI a trouvé encore de nos jours des défenseurs. Bentham, frappé des inconvénients que présentait la théorie de la découverte et de l'occupation telle qu'on la comprenait à l'époque où il écrivait, en fait un éloge qui parait sincère. Sumner-Maine (3),

1. Lettre de Pierre Martyr Angichra du 12 juilllet 1524. *Revue de Géographie*, 1885. — Navarete, *op. cit.*, IV, 326. — On sait que le Brésil devint portugais, par suite d'une erreur géographique, comme étant situé à l'est de la ligne Alexandrine.

2. T. I, p. 380, *op. cit.*

3. Ancien droit, p. 235.

n'est pas éloigné de partager son avis. « Il n'est pas certain, dit-il, que l'arrangement du pape Alexandre fût plus absurde en principe que la règle du droit public qui donnait un demi continent au monarque dont les serviteurs avaient rempli les conditions exigées par le droit romain pour acquérir la propriété d'un objet que l'on pouvait couvrir avec la main. » Cette critique du principe de l'occupation nous paraît aussi peu justifiée que l'éloge des bulles de partage auquel elle sert de base. Nous aurons l'occasion de revenir sur ce point (1).

Il paraîtra inutile d'étudier l'état de possession géographique qui fut le résultat des divers documents cités plus haut ; un seul point offre de l'intérêt pour nous, ce serait d'arriver à préciser les principes qui les ont inspirés, principes universellement admis au XVe siècle, puisque aucune protestation quelconque ne s'éleva ni de la part des contemporains, ni de celle des intéressés. Nous entendons par là Ferdinand de Castille et Jean II de Portugal : les malheureux Indiens n'avaient pas voix au chapitre.

12. — On peut ramener aux quatre propositions suivantes la doctrine de la période qui nous occupe : *a*. Le pape a le droit de disposer en faveur de qui bon lui semble de toutes les terres situées en dehors du monde civilisé, découvertes ou non découvertes ; toute propriété, comme toute souveraineté, procèdent de lui (2). Ces deux idées

1. Cf. § 128.
2. D'après l'Église, à Dieu seul appartient la propriété en son entier : l'homme n'a que le domaine utile (Augustin, *Cité de Dieu*, 12, 17 ; Tertullien, *de patientia*, 7, etc.).

sont, du reste, confondues ; *b*. L'acquisition de ces territoires immenses inconnus jusqu'alors, n'est la conséquence ni de la découverte ni de l'occupation, mais d'un don gracieux consenti par le pape. Le titre de possession est donc dérivé et non pas originaire. La donation est toujours révocable si les conditions sous lesquelles elle a été faite ne sont pas observées ;

*c*. Le chrétien seul peut posséder et être propriétaire ; l'État chrétien seul jouit des droits de souveraineté ;

*d*. Les indigènes païens sont sans droit.

13. — Sans doute la morale comme les sentiments d'humanité commandent de les traiter avec douceur : mais leur bien spirituel, le salut de leurs âmes, peut justifier à leur égard des mesures de rigueur. (1) La bulle de 1493 ne s'occupe nulle part de garantir leurs droits temporels : la question ne se posait pas de savoir si on respecterait les droits de souveraineté et de propriété des Indiens et de leurs chefs, mais de savoir si leur liberté même serait reconnue, si on ne les réduirait pas en esclavage. C'est ce que nous apprend un contemporain, Pierre Martyr Angichra, qui passait auprès des gens de son temps, pour être admirablement au courant des affaires indiennes. Il écrivait aux plus grands personnages de son époque de nombreuses lettres ; nous en possédons quarante-trois qui sont relatives à ce sujet. (2) On discuta

1. Le sort des Indiens s'adoucit une fois la conquête terminée. Voyez Leroy-Beaulieu, *op. cit.*, p. 11 et 12.

2. La correspondance de Martyr est très considérable : les lettres relatives aux découvertes maritimes des Espagnols et des Portugais ont été traduites et publiées dans la *Revue de Géographie* (1885) par MM. Gaffarel et Louvot.

longtemps au conseil des Indes, nous apprend-il dans sa lettre du 7 mars 1525, sur le degré de liberté qu'il fallait laisser aux Indiens. Le droit naturel et le droit canon condamnent l'esclavage, mais le droit romain et l'usage dès longtemps établi légitiment cette institution. Enfin une longue expérience n'a-t-elle pas démontré que ceux qui sont « enclins à des vices abominables » et qui « retournent à leurs impudiques erreurs, » s'ils sont livrés à eux-mêmes, doivent nécessairement être soumis à l'esclavage ?

On ne pouvait invoquer contre les malheureux les droits de la guerre et les traiter en ennemis cruels et traitres. Tous les documents contemporains (1) rendent justice à la douceur et à l'humanité avec laquelle ils reçurent les premiers Européens.

Disons-le pourtant, les Indiens trouvèrent de puissants et d'éloquents défenseurs : la reine Isabelle, elle-même, les prit sous sa protection. Las Casas, le missionnaire dominicain, consacra toute sa vie à cette noble cause. Tout le monde connaît ses efforts généreux et inutiles et son traité intitulé « *Brievissima Relacion de la destruccion de las Indias.* » (2) Mais le traité le plus intéressant, au point de vue juridique, consacré à ce sujet, est certainement la quatrième dissertation « *De Indis* » des « *Relectiones Theologicæ* » de Francisco Victoria, casuiste et théologien de l'Université de Salamanque. (3)

1. Voyez le texte des bulles, les lettres de Martyr, les œuvres de Las Casas, etc.

2. Séville 1552.

3. On peut citer aussi comme ayant défendu les mêmes idées, Sotto et Suarez : mais leurs écrits sont beaucoup moins importants sur ce point que ceux de Victoria.

L'œuvre de Victoria est assez peu connue : on en cite généralement le compte-rendu assez bref qu'en a donné Wheaton ; (1) son livre est devenu rare et manque dans bien des bibliothèques. Le procédé de discussion du théologien espagnol, qui expose longuement les opinions de ceux qu'il combat, a l'avantage de nous donner l'exposé le plus consciencieux et le plus authentique de la doctrine du XV$^{e}$ siècle, défendue encore au XVI$^{e}$ siècle. Enfin, cet écrit offre un véritable intérêt par la noblesse des sentiments qu'il révèle chez son auteur. Toutes ces raisons réunies nous engagent à en donner l'analyse ; on y trouvera la confirmation des idées que nous avons émises précédemment et l'exposé d'une doctrine généreuse dont les Etats du XIX$^{e}$ siècle pourraient faire, sur bien des points, leur profit, bien quelle soit la conception d'un théologien espagnol du XVI$^{e}$ siècle. (2)

14. — La quatrième « *Relectio Theologica* » est intitulée « *de Indis, sive de titulis legitimis (vel non legitimis) quibus Barbari potuerunt venire in ditionem Hispanorum.* » Elle est divisée en trois parties : dans la première, l'auteur établit que les Indiens étaient propriétaires et souverains du sol qu'ils occupaient ; il examine, dans la seconde, les titres que les Espagnols invoquent pour établir la légitimité de leur prise de possession et en conteste la validité ; il recherche, dans la troisième, quelles sont les raisons qui

1. *Hist.*, I, p. 33.
2. Nous avons consulté l'édition de Lyon 1587, (la première édition est de 1557). La dissertation « *de Indis* » y occupe quarante-cinq pages d'une impression assez fine.

pouvaient être invoquées par les Espagnols ou par tout autre peuple pour justifier de semblables acquisitions de territoires.

*Première partie.* — Victoria commence par se demander si, avant l'arrivée des Espagnols en Amérique, les Indiens qu'il désigne sous le nom de *barbari*, étaient véritablement propriétaires du sol au point de vue du droit privé, si leurs chefs en étaient réellement les souverains au point de vue du droit public.

On dit, pour leur refuser cette double qualité : ne sont-ils pas des esclaves ? et les esclaves, on le sait, sont incapables en droit romain d'acquérir et de posséder pour d'autres que leurs maîtres.

Si donc ce point de vue est exact, les Espagnols avaient le droit d'occuper ces terres, d'y établir leur souveraineté, car tout le territoire découvert était *res nullius*, était inapproprié. Victoria repousse sans peine ce raisonnement qui repose sur une assimilation injustifiée. La propriété existait, chez les Indiens, comme la souveraineté : leur possession était tranquille et pacifique.

On dit encore : toute propriété et toute souveraineté procèdent de Dieu qui en est le seul dispensateur sur la terre. Or, comment Dieu accorderait-il cette faveur à ceux qui désobéissent à ses ordres ? Voit-on un prince livrant ses villes et ses forteresses à la garde de rebelles ? Que si sa confiance a été mal placée, ne la retirerait-il pas au serviteur infidèle pour la donner à celui qui en est digne ? Nos premiers parents n'ont-ils pas dû abandonner le paradis après le premier péché ? En un mot, celui qui est en état de péché mortel ne saurait être ni souverain ni propriétaire légitime.

Victoria en réponse à cet argument, démontre par des exemples historiques (tâche peu difficile à remplir et pour laquelle les faits se pressent sous sa plume), que bien des princes sont restés princes, quoiqu'ils fussent de grands pécheurs, et qu'il en a été ainsi de beaucoup de propriétaires. On nous permettra de passer sous silence cet exposé qui n'a rien de juridique et qui repose surtout sur des considérations théologiques et sur des citations tirées des Écritures Saintes. L'implacable logicien mène sa discussion comme une bataille ; les arguments se présentent en rangs serrés ; en citer un sera donner une idée suffisante de tous les autres : « De même que Dieu fait lever « son soleil sur les bons et sur les méchants et qu'il fait « pleuvoir sur les justes et sur les injustes, de même il « donne ses biens aux bons comme aux méchants (1) ».

Soit, disait-on, mais les Indiens sont des infidèles ; ne peut-on pas comparer leur situation à celle des hérétiques dont les biens sont confisqués ? Ils ont donc perdu *ratione infidelitatis* leurs droits de souveraineté et de propriété. Assimilation inexacte, répond encore le casuiste ; en en admettant du reste la justesse, il résulte des décisions des conciles et de la pratique constante, à cette époque, que les biens de l'hérétique ne peuvent être occupés par le fisc avant que condamnation ait été prononcée.

Que pouvaient encore alléguer ceux qui voulaient à

1. *Relec.* 4, *de Indis.* n° 6, huitième argument.

toute force justifier la domination espagnole ? Ils en étaient réduits à prétendre que les Indiens étaient comparables à des enfants encore dépourvus de raison, à des gens insensés (1).

Comparaison imprudente : dépouille-t-on un fou ? vole-t-on les biens d'un enfant ? Ils ne peuvent, ni l'un ni l'autre, posséder et acquérir, cela est vrai. Mais, l'un n'a-t-il pas un curateur, et l'autre un tuteur ? Comparaison inexacte aussi : ce n'est pas là ce qui empêcherait les Indiens d'être de véritables propriétaires et leurs chefs des souverains légitimes. Et cela « parce que selon la vérité des choses ils ne sont point insensés, mais qu'ils ont dans une certaine mesure l'usage de la raison ». Cela résulte de ce qu'ils ont une certaine organisation (*ordo in suis rebus*). Ils ont des cités, des chefs, des magistrats et des lois. Ils connaissent l'échange, le mariage ; ils ont une sorte de religion qui n'est pas, il est vrai, la véritable religion. Que conclure contre eux de ce que pendant des milliers d'années ils ont vécu en dehors du salut ? Cela n'est pas leur faute ; ils n'en sont pas responsables. Cet état de péché est une conséquence de leur naissance et de l'absence de baptême.

Le professeur de l'Université de Salamanque déclare que ni les princes indiens ni les simples particuliers n'ont pu être dépouillés de ce qui leur appartenait sous le prétexte qu'ils n'étaient pas de véritables propriétaires et de véritables souverains : ces deux qualités, ils les possédaient

1. Voyez Grotius. *De jure belli*. II, ch. III, 6.

*comme s'ils avaient été des chrétiens.* Pourquoi refuser à des gens qui n'ont jamais fait de mal ce que nous concédons aux Sarazins et aux Juifs, ces ennemis perpétuels de la religion chrétienne, dont nous reconnaissons les droits sur ce qui leur appartient, pourvu qu'ils n'occupent pas les terres des chrétiens ? Et Victoria termine cette partie de son éloquent plaidoyer en posant en principe et comme une conclusion certaine « *quod antequam Hispani ad illos venissent illi erant veri domini, et publice et privatim.* (1)

15. — *Deuxième partie.* — Le bien fondé du droit des Indiens étant ainsi démontré, nous nous trouvons en présence de ce fait : les Espagnols les ont soumis à leur domination. Quelles sont les raisons justificatives de cette conduite ? Quels sont les titres par eux invoqués comme fondant leur droit ? Victoria examine en premier lieu ce qu'il appelle les *tituli non legitimi* : il en énumère sept.

1° Sans doute les Indiens étaient souverains et propriétaires des territoires occupés par eux. Cela n'empêche pas qu'ils n'eussent au-dessus d'eux un souverain et propriétaire d'ordre supérieur, investi d'un droit de domaine éminent : ce souverain, selon les uns est l'Empereur, selon les autres le Pape.

Bartole et l'école de Bologne s'étaient prononcés en faveur du premier. L'Empereur, d'après cette doctrine, était souverain du globe tout entier (par conséquent des terres occupées par les Indiens comme des autres) en sa qualité

1. Pour Victoria comme pour ses contemporains l'idée de souveraineté ne se dégage pas de celle de propriété : le souverain est un *dominus publicus.*

d'héritier du peuple et des empereurs romains, auxquels Dieu avait remis l'empire du monde en récompense de leur esprit de justice, de leur amour pour la patrie, de leurs lois excellentes ; en sa qualité aussi d'héritier du Christ qui a prononcé ces paroles : « Toute puissance m'est donnée dans le ciel et sur la terre. » (1)

Victoria s'élève avec force contre cette idée de l'omnipotence de l'Empereur et contre ce prétendu droit de domaine éminent. Il oppose argument théologique à argument théologique et s'appuie sur les Saintes Écritures elles-mêmes, sur les nombreuses déclarations du Sauveur qui a proclamé en plusieurs occasions que son royaume n'était pas de ce monde. (2) Admettant même pour un instant que l'Empereur fût investi de ce droit supérieur, il ne s'en suivrait pas du tout qu'il eût le droit d'occuper les territoires indiens, d'y établir de nouveaux chefs après avoir déposé les anciens, d'y lever des impôts. Dans la doctrine de l'école de Bologne en effet, ce droit ne confère aucune prérogative de ce genre. Le titre d'occupation des Espagnols n'émane pas de l'Empereur.

2° Serait-ce donc le Pape qui jouirait de cette qualité de dispensateur suprême de la souveraineté et de la propriété ? Dans sa seconde « *relectio* » sur la puissance ecclésiastique notre auteur a longuement établi que le Souverain Pontife ne saurait être considéré comme le propriétaire et le souverain temporel du globe entier. La puissance du Christ a été purement spirituelle de sa nature : com-

1. Matthieu, XXVIII, 28.
2. Jean, XVIII, 36.

ment aurait-elle pu se transformer, dans son essence, en passant du Christ à son représentant sur la terre ? Quand bien même du reste le pape serait investi de cette toute-puissance, ce serait là une qualité attachée à sa personne et dont il ne saurait se dépouiller pour en revêtir d'autres souverains, le roi d'Espagne ou le roi de Portugal par exemple. Enfin le pape ne possède aucun droit de ce genre sur les barbares et sur les Indiens, car ce sont là des infidèles qui échappant à sa juridiction spirituelle, sont à plus forte raison soustraits à sa juridiction temporelle. Et Victoria tire de ces principes une conclusion remarquable : les Indiens, nous dit-il, avaient le droit de ne pas reconnaître cette espèce de droit supérieur du pape (*dominium aliquod*), puisqu'il n'existait pas, et on ne pouvait leur déclarer une guerre juste, ni par suite occuper leurs territoires en se fondant sur cette méconnaissance d'un droit prétendu, comme on avait essayé de le soutenir.

On pourrait croire que Victoria trouvait dans le principe que nous venons d'exposer la condamnation des bulles de partage : il n'en est rien cependant ; nous verrons comment, dans la troisième partie de sa dissertation, il réussit à justifier, en droit, la bulle d'Alexandre VI.

3° Certains ont dit : « le droit des gens comme le droit naturel s'accorde à reconnaître que les territoires déserts deviennent la propriété du premier occupant et tombent sous sa souveraineté. » Victoria a établi, dans sa première partie, l'inanité de cette argumentation : les territoires dont il s'agit n'étaient pas *res nullius* et l'occupation, mode originaire d'acquisition de la propriété et de la souveraineté, ne peut pas être invoquée avec plus de raison comme titre de possession par l'Espagne contre les Indiens, que si c'était les Indiens qui avaient découvert l'Espagne (*plus quam si illi invenissent nos*).(1) Doctrine remarquable sous la plume d'un écrivain du XVIe siècle et que l'on serait heureux, à l'heure actuelle, de voir mise en pratique par tous les États et professée par tous les publicistes.

4° et 5° Nous passerons rapidement sur le quatrième et le cinquième argument invoqués par les défenseurs des droits des Espagnols : ils sont d'ordre théologique. Le premier se résume à cette considération : les Indiens ont refusé de recevoir la bonne nouvelle du Christ ; ils se sont mis ainsi en état de péché mortel. Toutes les mesures de rigueur devenaient légitimes à leur égard, car ils ont péché contre la loi divine positive.

Notre auteur répond simplement que l'ignorance n'est pas un péché, que la bonne nouvelle n'a pas été annoncée aux Indiens depuis assez longtemps pour qu'ils puissent être accusés d'avoir sciemment repoussé le Christ. L'eussent-ils fait, ce refus n'aurait pas constitué l'injure grave requise pour qu'il y ait une guerre juste et, par suite, une appropriation légitime des biens de ses ennemis. L'indifférence n'est pas un crime ; le refus seul de laisser les Espagnols annoncer la vraie religion aurait constitué une injure suffisante.

Mais au moins, disait-on, si les Indiens doivent être absous sur ce chef, leurs péchés contre la loi naturelle sont innombrables : ils mangent de la chair humaine, ils

1. P. 193.

prennent pour femmes leurs sœurs et jusqu'à leur mère. Leur faire la guerre devient un devoir sacré afin de les empêcher d'offenser Dieu par leurs actions.

Victoria n'est pas de ce sentiment : les Indiens sont en dehors de la juridiction du pape parce qu'ils ne sont pas chrétiens. Celui-ci n'a donc pas mission de les châtier. Et puis, si graves que soient ces péchés, sont-ils seuls à les commettre ? Les chrétiens ne s'en rendent-ils pas souvent coupables et leur responsabilité n'est elle-même pas plus lourde puisque eux, du moins, savent qu'ils pèchent ?

6° Avec le sixième titre justificatif mis en avant, nous rentrons dans un ordre d'idées plus juridique. Les Espagnols sont établis en Amérique en vertu de conventions librement consenties, par le choix volontaire des indigènes. Ils n'ont fait qu'exposer aux Indiens les avantages qu'il y aurait pour eux à accepter la souveraineté du roi d'Espagne. Leur démonstration a été si convaincante que ceux-ci n'ont pu y résister.

La réponse du théologien de Salamanque est intéressante à tous les points de vue. L'ignorance et la crainte vicient les conventions. Les Barbares ne pouvaient comprendre les Espagnols, ils ne pouvaient leur opposer un refus, entourés qu'ils étaient de tout un appareil de guerre. Enfin, Victoria développe cette idée, et il est assez piquant de la rencontrer dans un livre de théologie casuistique vieux de plus de trois siècles, que, pour opérer ce changement de souveraineté au profit de la couronne d'Espagne, l'accord des volontés des navigateurs espagnols, agissant pour le compte de leur roi, et des chefs indiens ne suffisait pas, qu'il y fallait encore celle des tribus indigènes. Les peuples soumis légitimement à leurs princes ne peuvent, sans cause raisonnable, accepter de passer sous la domination d'autres souverains, pas plus du reste que les souverains ne sont en droit de soumettre leur peuple à un nouveau maître sans son assentiment (*sicut nec contrario ipsi domini possunt novum dominum principem creare sine assensu populi*).

7° Victoria fait assez bon marché d'une considération qui n'est, au fond, que la reproduction de l'idée exposée sous le numéro 5 et qui n'apporte aucun élément nouveau à la discussion : un décret spécial de la divinité aurait livré les Indiens aux Espagnols à cause de leurs abominables actions, comme autrefois les Cananéens aux Juifs.

Les instruments de la justice de Dieu ont souvent été de grands pécheurs, s'écrie-t-il. Plût à Dieu que les mœurs de certains chrétiens ne constituent pas des péchés plus grands que ceux de ces barbares ! Et il termine l'examen des « *tituli non legitimi* » par cette citation sévère qui révèle bien le fonds de sa pensée et le sentiment de réprobation avec lequel il jugeait la conduite de ses compatriotes: «Et que sert-il à un homme de gagner tout le monde, s'il se détruit lui-même et se perd lui-même ?» (1).

16. — *Troisième partie*. La troisième partie est consacrée à l'examen des titres légitimes en vertu desquelles les Espagnols peuvent avoir établi leur souveraineté dans le Nouveau Monde. Victoria en énumère huit, mais il est

1. Luc. IX, 25.

à remarquer que jamais il ne se prononce sur la question de savoir si les Espagnols sont en mesure de les invoquer. On le sent assez sceptique sur ce point, et son but n'est pas de justifier son pays, mais de rechercher dans quelles circonstances un Etat chrétien peut, en respectant le droit, étendre sa souveraineté sur des peuples sauvages.

1° Le droit de commercer avec les autres nations et de naviguer sur leurs côtes est un droit absolu que les Espagnols avaient vis-à-vis des Indiens *comme vis-à-vis des Chrétiens* (1). Si donc on mettait obstacle à l'exercice de ce droit, il était licite d'opposer la force à la force, après avoir essayé tout d'abord de la douceur et de la persuasion. Mais le refus d'une nation d'entretenir des relations de commerce avec une autre nation est une juste cause de guerre, qui peut avoir pour conséquence l'appropriation légitime des territoires du peuple récalcitrant.

2° et 3°. La propagation de la foi chrétienne et la protection des nouveaux convertis sont pour Victoria les deux autres titres légitimes dont on peut se prévaloir. Mais il fait quelques réserves. Si les barbares laissent aux missionnaires toute la liberté nécessaire pour prêcher l'Evangile et ne répondent que par l'indifférence et le dédain à leurs exhortations, ils sont dans leur droit. S'ils usent de la violence vis-à-vis des religieux, s'ils tuent les néophytes, s'ils emploient la force pour les ramener aux idoles, il y a là une injure grave qui est une *justa causa belli.*

Il ne faut pas perdre de vue, du reste, que l'intérêt de la re-

1. P. 213.

ligion seul justifie ce recours aux armes. Les considérations pécuniaires, l'esprit de lucre, la convoitise du bien d'autrui sont des mobiles dont il faut se garder avec soin. Il faut en outre que les moyens employés soient justifiés par la fin poursuivie : c'est ainsi qu'on ne dépossédera un prince indigène que si c'est le seul moyen d'assurer la sécurité des convertis. Et l'auteur ajoute mélancoliquement : « Je crains que les Espagnols aient dépassé cette mesure ! ».

C'est à l'occasion de ce principe que Victoria expose ingénieusement sa théorie sur les bulles de partage. On pourrait croire à première vue que, puisque selon lui le pape n'est pas le souverain temporel de tout le globe, il n'admet pas leur légitimité. Il n'en est rien cependant. Le devoir de tous les chrétiens, dit-il, est de concourir à la diffusion dans le monde de la foi chrétienne : chacun d'eux peut et doit se consacrer à cette tâche. Cependant, le pape a le droit de charger exclusivement une nation de cette grande mission et d'en refuser l'exercice à toutes les autres. Le Saint-Père n'est pas le souverain temporel de tout le globe (1), mais il l'est en tant que cela est nécessaire à l'accomplissement de son œuvre spirituelle et par conséquent à la diffusion de l'Evangile sur la terre. Si le pape juge que cette tâche sera mieux exécutée par un seul, il peut la confier aux rois d'Espagne et s'opposer à ce qu'aucun autre prince y participe. Il peut même aller jusqu'à refuser aux autres nation, si cela est nécessaire à la cause

1. Dominique Soto, disciple de Victoria a défendu les mêmes idées que son maître, sur le pape et le droit des Indiens, dans son traité de *Justitia et jure*, 1560.

de l'Evangile, le droit de commerce avec les pays qu'il s'agit de convertir. N'est-ce pas exactement là la situation? Que de jalousies, de luttes, de mutuels embarras ne naîtraient-ils pas du concours dans les nouvelles terres de marchands des différents pays chrétiens? « En outre, « les rois d'Espagne ayant été les premiers à favoriser la « navigation, à faire des dépenses dans ce but et à dé« couvrir, avec tant de bonheur, un monde nouveau, il est « juste que ce voyage » (entre l'Europe et l'Amérique) « soit interdit aux autres et ne profite qu'à ceux qui en « ont fait la découverte ».

On le voit, ce que Victoria reconnaît à l'Espagne, c'est le droit exclusif d'évangéliser les pays qu'Alexandre VI a désignés dans sa bulle, et, comme corrolaire, le droit de naviguer et de commercer dans ces parages à titre de privilége. Mais le pape n'a pu dépouiller les Indiens de ce qui leur appartenait, et les Espagnols n'ont pu en conséquence de la bulle de 1493 acquérir de nouveaux territoires, en Amérique, que dans les circonstances décrites sous les n° 2 et 3.

4° Si le travail des missionnaires est couronné de succès et que des indigènes soient devenus chrétiens en grand nombre, par le fait de leur conversion même, ils tombent sous la juridiction du pape qui peut, sur leur demande, ou même sans qu'ils le désirent, déposer les rois barbares et leur donner un prince chrétien, comme le roi d'Espagne. Car le pape jouit du privilége de déposer les princes et de les établir, lorsqu'il s'agit des intérêts de la foi et de peuples chrétiens.

5° Les Espagnols sont encore dans leur droit s'ils ont

eu pour but de défendre des opprimés et des innocents, de les délivrer de tyrans odieux, de mettre fin à des usages barbares comme l'anthropophagie. Ce sont là de justes causes de guerre.

6° Des traités et des conventions formeraient aussi un titre légitime pourvu qu'ils fussent sincères et volontairement consentis. Les Indiens ont le droit de passer des traités valables. Il suffirait même de la simple majorité pour assurer la validité de la décision par laquelle une peuplade consentirait à se soumettre à un prince chrétien (1).

7° En qualité d'amis et d'alliés de certains peuples américains, les Espagnols ont pu faire une guerre juste à d'autres peuplades, d'où est résultée une *occupatio bellica justa*.

8° Victoria revient sur une idée qu'il a repoussée dans sa première partie et qu'il expose à nouveau, sans l'adopter tout à fait. S'il a soutenu plus haut que les barbares n'étaient pas dépourvus de raison, il faut avouer que beaucoup d'entre eux ne sont pas très loin de l'être. Ils sont, au dire de certains voyageurs, incapables de former un Etat; ils ne possèdent pas de lois convenables et ne connaissent ni les arts mécaniques ni les art libéraux. Au fonds, le huitième titre légitime qu'hésite à admettre Victoria n'est autre que ce qu'on appelle aujourd'hui du nom de droit de la civilisation. Qu'on écoute plutôt notre auteur: « On pourrait donc dire que, ayant en vue l'utilité même des indigènes, les rois d'Espagne pouvaient accep-

1. P. 217.

ter de les gouverner. Cela pourrait se soutenir, dis-je, parce que s'ils étaient complètement déments (*amens*) cela serait non seulement une chose permise, mais cela serait une mesure tout à fait justifiée ». Les chrétiens plus instruits et plus sages devraient agir vis-à-vis des nations peu civilisées comme des tuteurs vis-à-vis de mineurs, dans un esprit de charité et non dans un but de profit personnel.

Il est superflu de dire que Victoria ne prétend pas que la conduite de ses compatriotes ait été conforme à ces principes : il a proclamé que les droits des indigènes étaient égaux à ceux des chrétiens, il a énuméré les titres illégimes et les titres légitimes qu'une nation civilisée peut avoir pour justifier la domination qu'elle exerce sur une nation moins avancée ; il a posé des principes, il appartient à chacun d'en faire l'application aux faits.

# CHAPITRE II

## PÉRIODE DU DROIT DE DÉCOUVERTE ET DE L'OCCUPATION FICTIVE.

SOMMAIRE :

17. La validité des bulles conférées à l'Espagne et au Portugal est contestée par les autres puissances.— 18. Etendue de cette seconde période. — 19. Sujets traités dans ce chapitre. — 20. Les navigateurs français et anglais du XVIe et du XVIIe siècle ; mobiles qui les poussaient à entreprendre leurs voyages. — 21. Dispositions humaines vis-à-vis des indigènes en France et en Angleterre ; Guillaume Penn. — 22. Principes appliqués durant cette période : 1° le Roi dispose des territoires comme le faisait le Pape à l'époque précédente. — 23. 2° Qu'entendait-on par un *territorium nullius ?* Droits des indigènes. — 24. 3° Comment s'effectuait la prise de possession ? — 25. 4° Nature du droit que faisait acquérir l'occupation.— 26. Différents cas internationaux où les principes de l'occupation ont été en jeu.

17. — Au milieu du XVIe siècle, le pouvoir de l'Espagne, en dehors de l'Europe, était presque partout un pouvoir nominal : elle revendiquait bien comme sienne toute la côte orientale de l'Amérique du Nord, du Canada au Mexique, mais elle n'exerçait véritablement son autorité que sur ce dernier pays. La validité de droits aussi mal sauvegardés ne pouvait manquer d'être contestée par les autres puissances dès qu'elles y auraient intérêt. Le

partage d'Alexandre VI ne pouvait plaire qu'aux deux copartageants : l'Espagne, qui n'a point encore renoncé à s'en prévaloir ; le Portugal qui, bien qu'il se fût trouvé gravement lésé dans ses intérêts, se résigna et finit par comprendre que la part qui lui était faite était encore assez belle.

Mais d'autres puissances se préparaient alors à entrer dans la voie des grandes expéditions maritimes. Les objections abondaient : toute la place était prise ; il ne restait plus un coin de terre, ni la plus insignifiante petite île qui ne fût appropriée. Et quand la France, l'Angleterre ou la Hollande demandaient en vertu de quel principe on prétendait les exclure, le cabinet de Madrid ou celui de Lisbonne répondait en leur communiquant la bulle *Inter cætera*. Aussi les nouvelles puissances colonisatrices ne reconnurent-elle jamais l'autorité de ce titre. Un intérêt primordial s'y opposait et le vent de réforme, qui passait alors sur l'Angleterre, sur la France et sur la Hollande, n'était pas favorable aux prétentions de la cour de Rome (1). Grotius considère les bulles de partage comme ayant le caractère d'une sorte de transaction entre les deux couronnes et non pas précisément comme comportant une attribution de domaine (2). Vattel, au siècle suivant, en fait assez bon marché. Quant aux gouvernements, ils ne s'en sont jamais beaucoup préoccupés.

1. Cf. la réponse d'Elisabeth d'Angleterre à l'ambassadeur d'Espagne. Twiss. *Peace*, § 118.
2. *Mare liberum*, ch. VI, *in fine*. — *Droit des gens*, l. I, § 208.

18. — Au XVIe siècle, la France a pris déjà une part très importante dans le grand mouvement d'exploration et de découverte commencé au siècle précédent. Avec Henri IV, Richelieu, Mazarin et Colbert, son rôle deviendra prépondérant malgré les efforts rivaux de la Hollande et l'activité déjà considérable que déploie l'Angleterre sous l'impulsion de Cromwell. Le XVIIIe siècle est rempli par la lutte et les rivalités des marins anglais et français : lutte glorieuse et sanglante en matière de politique coloniale et dont l'Angleterre sortira victorieuse au traité de Paris ; rivalités pacifiques et scientifiques qui illustrent les noms des Cook et des Bougainville et font partie du patrimoine de gloire des pays auxquels ces marins appartiennent. Le XIXe siècle, enfin, pourrait être appelé le siècle de l'Afrique : depuis quatre-vingts ans, de nombreux et hardis explorateurs consacrent leur vie et leur fortune à parcourir le continent noir avec un égal dévouement. Cependant, à l'activité purement désintéressée et privée, scientifique et philanthropique des Livingstone et des Caillé, notre fin de siècle voit succéder l'activité plus gouvernementale, plus fiévreuse et moins exempte de calcul politique d'un Stanley, d'un Brazza ou d'un Nachtigal.

Si nous groupons ensemble ces quatre siècles si différents à tous égards, c'est qu'un trait commun, et essentiel à notre point de vue, les réunit : ils ont tous connu et appliqué la théorie du droit de découverte et de l'occupation fictive. De nos jours encore, et bien que la science du droit international ait fait depuis longtemps justice de pareilles prétentions, les Etats (1) n'ont pas complètement renoncé à invoquer ces deux titres dans les discussions diplomatiques pour légitimer leurs droits à tel ou tel territoire contesté.

19.—Ce serait dépasser les bornes assignées à ce travail et se condamner à rester dans les généralités, on le comprendra sans peine, que d'essayer de tracer, même dans ses traits les plus généraux, l'histoire de l'expansion coloniale des différents Etats pendant cette période si étendue. Nous chercherons seulement à déterminer, avec quelque exactitude, les mobiles et les principes juridiques auxquels obéirent les navigateurs et les gouvernements dans leurs relations avec les indigènes et en matière d'occupation de territoires sans maître. Nous n'avons pas, pour nous aider dans ce travail, de documents à analyser présentant l'importance de la bulle d'Alexandre VI ou de la dissertation de Victoria. Nous nous bornerons à quelques citations empruntées soit aux auteurs du XVIe et du XVIIe siècle, soit aux documents officiels de la même époque. Puis nous énumérerons les différents cas dans lesquels se sont posées en pratique les questions relatives au droit de découverte et de première occupation. Nous ne nous y arrêterons pas : la plupart d'entre eux ne présentent pas d'autre intérêt qu'un intérêt historique assez médiocre, et la discussion ne porte que sur des points de fait : les principes n'étaient pas contestés. Quant aux rares occasions où il en est autre-

1. Par exemple, les Etats-Unis en 1813, la Hollande, l'Espagne. Cf. Moser's Beiträge, T. V; Klüber, *op. cit.*, p. 176.

ment, la suite de notre travail nous permettra de revenir avec avantage sur les points que nous aurons volontairement laissés dans l'ombre.

20.— Ce qui attire au loin les hardis navigateurs français du XVIe siècle, ce qui les fait s'exposer sur de mauvais vaisseaux à des dangers de toute sorte, c'est tout d'abord l'esprit d'aventure et d'entreprise, c'est aussi la curiosité scientifique, c'est enfin et surtout, pour beaucoup des marins de ce temps-là qui sont aussi de grands chrétiens, l'intérêt religieux.

Au siècle suivant, l'esprit de propagande ira se développant de plus en plus : beaucoup de gens s'accoutumeront à considérer à ce point de vue unique les entreprises coloniales. Presque toutes les publications de l'époque ont ce caractère : il faut citer en première ligne les relations des pères jésuites dont les premières ont paru en 1594.

Le but poursuivi par Jacques Cartier est certainement de faire des découvertes, mais il est tout autant celui de convertir des païens. C'est une mission divine qu'il remplit et c'est sur un ton d'enthousiasme mystique qu'il en parle dans sa lettre à François Ier. Ces préoccupations élevées se retrouvent chez les souverains comme chez les sujets : c'est ainsi que dans les lettres patentes accordées le 6 février 1540 à Roberval (1), le roi indique parmi les motifs qui l'ont décidé à rendre cet acte « la communication de notre sainte foy catholique et doctrine chres-

1. Cf. les textes dans Gourd, *op. cit.* I, p. 208 et p. 217.

tienne. » Dans la commission que reçut Jacques Cartier le 17 octobre 1540, le même esprit de curiosité scientifique et de propagande religieuse se fait sentir.

L'esprit qui règne dans les documents analogues émanés des rois d'Angleterre à la même époque est certainement beaucoup plus positif (1).

On remarquera, par exemple, que la préoccupation religieuse et humanitaire est totalement absente des lettres patentes accordées à Cabot par Henri VII ou de la patente octroyée par Elisabeth à sir Humphrey Gilbert (2). Elle reparaît, il est vrai, au siècle suivant avec les Stuart : on peut voir, par exemple, les motifs de la Charte du Maryland (2) concédée le 20 juin 1632 par Charles Ier à Cæcilius Calvert, Baron de Baltimore. On y lit que le baron « brûle du louable et pieux désir d'étendre tout ensemble la religion chrétienne et les territoires de notre empire. » La charte du Rhode-Island (3) nous a conservé le souvenir des sentiments de Charles II à l'égard « des pauvres et ignorants indigènes Indiens. »

Le double but à la fois temporel et spirituel de Jacques Cartier est aussi celui de ses successeurs. Voici comment s'exprime Isaac de Razilly, brillant officier de la

1. Leroy-Beaulieu (*op. cit.*, p. 111) dit que la conversion des Indiens, but principal pour l'Espagne, est un accessoire dans la colonisation anglaise.

2. Cf. les textes de ces documents, datés le premier du 5 mars 1495, le second du 11 juin 1578, en original dans Hazard, I, p. 9-10 ; en traduction dans Gourd, *op. cit.*, I, p. 205 et s. ; p. 241.

3. En date du 8 juillet 1663. Gourd, *op. cit.*, I, p. 262. Voyez aussi la Charte du Massachusset (1529) et celle du Conneticut (1662).

marine française, mort en 1637 en Acadie, dans un mémoire qu'il adresse à Richelieu pour l'engager à armer de nombreux vaisseaux et à donner un plus grand déve loppement à l'expansion de la France au dehors : « Et d'aultant que les dits vaisseaulx pourront faire de grandes conquestes pour le temporel, il convient travailler principallement pour le spirituel, quy est dans l'Affricque et l'Américque, où il y a plusieurs millers d'âmes qui ne respirent, sinon d'estre instruites de la vraye loy divyne... » Fouquet exprime la même idée avec plus de brièveté : faire de nouvelles découvertes est un devoir pour les rois, « c'est à la fois veiller au bien de leurs peuples et aux intérêts de Dieu (1). »

21. — Si sincère et si ardent que fût chez les explorateurs français ou anglais le désir d'amener à l'Évangile les malheureux indigènes qui vivaient hors du salut, il n'entraîna point en général les déplorables excès qui souillent l'histoire de la colonisation espagnole.

La littérature contemporaine a gardé les traces du mouvement de profonde réprobation qu'avaient soulevé en France les cruautés d'un Pizarre ou d'un Cortez. Montaigne (2) et Brantôme flétrissent ceux qui ont l'audace

1. L'intéressant mémoire de Razilly est daté du 26 novembre 1626. Il a été publié dans la *Revue de géographie*, n[os] de nov. et déc. 1886. — Cf. La question coloniale en France au temps de Richelieu et de Mazarin, *Revue de géographie*, nov. 1885. Cet article de M. Deschamps contient le passage cité au texte des lettres de provision données par Fouquet à M. de Feuquières qui partait pour l'Amérique et plusieurs autres citations que nous faisons dans les pages suivantes.

2. *Essais*, III, 6.

de se vanter de pareilles actions. Rabelais, dans un chapitre qui est certainement une protestation contre les horreurs dont il a entendu parler, raconte « comment Pantagruel transporta une colonie d'Utopiens en Dipsodie » ; et il y expose comme quoi quand on veut « entretenir et retenir pays nouvellement conquestés », il les faut « allaicter, bercer, esjouir (1). » Lescarbot, l'historien des découvertes françaises, l'auteur de l'*Histoire de la Nouvelle France* (2), remarque, dans sa dédicace à la France, qu'il ne faut pas être cruel : « c'est ce qui souille sa gloire » (de l'Hespagnol) dit-il, « laquelle autrement serait digne d'immortalité. » Les voyageurs français du XVIe siècle (et l'on peut ajouter qu'ils furent imités par leurs successeurs) étaient animés d'un esprit de douceur et de bienveillance à l'égard des peuples sauvages qui forme le plus heureux contraste avec la conduite de leurs émules et de leurs devanciers (3). Ils y étaient encouragés non seulement par l'esprit et le sentiment publics mais aussi par les prescriptions positives de leur gouvernement. Les lettres patentes concédées à des particuliers, les chartes octroyées à des Compagnies contenaient très généralement des instructions relatives à la façon de traiter les indigènes. François Ier recommande à Roberval d'agir s'il le peut « par voye d'amittié » sinon « par voye d'hostilité » (4).

1. L. II, ch. 1.
2. Parue en 1612.
3. On lira pour s'en convaincre les *Relations de Verrazani, de Cartier, de Roberval*. Cf. *Rev. de Géog*. Mars et avril 1887.
4. Lettres patentes citées plus haut.

La commission de Cartier est conçue dans le même esprit. Henri III fait un devoir à leurs continuateurs, Nouël et la Jaunaye, d'employer la douceur vis-à-vis des Indiens afin de les attirer à la religion. De Monts doit, s'il se conforme à la charte d'Acadie qu'il a obtenue de Henri IV (1), veiller à la conversion des peuples païens avec lesquels il entrera en relation, et respecter soigneusement les traités conclus avec eux. Le roi n'a qu'un désir, celui de « trafiquer amiablement et paisiblement » avec les Indiens et de leur conférer à l'occasion des grâces, des priviléges, des charges et des honneurs.

L'esprit de tolérance perceptible au XVIe siècle s'affirme de plus en plus : un seul exemple suffira, mais on pourrait facilement en citer plusieurs. Par une disposition remarquable Richelieu décide dès 1627 que les Indiens d'Amérique qui auront reçu le baptême seront assimilés légalement aux Français (2).

Si nous consultons les documents anglais de la même époque, nous arriverons aux mêmes constatations : plusieurs d'entre eux montrent que sur bien des points les droits des indigènes ont été respectés et efficacement protégés. C'est en vertu d'achats et de traités que les colons anglais sont établis dans le Rhode-Island (3) et en Pensylvanie (4). Plusieurs chartes reconnaissaient les droits de propriété des Indiens sur les terres par eux occupées, d'au-

1. Elle est du 8 novembre 1603. Cf. Gourd, *op. cit.*, 1, p. 230.
2. Cf. art. 17 de la Compagnie du Canada.
3. Charte du 8 juillet 1663.
4. Charte du 4 mars 1681.

tres, moins libérales, voulaient au moins qu'une dépossession ne pût être faite sans indemnité (1). Certaines lois assimilaient le meurtre de l'Indien à celui dont le blanc était la victime (2).

On ne peut en pareille matière se dispenser de rappeler le nom de Guillaume Penn et de rendre un hommage à la secte à laquelle il appartenait. Guillaume Penn, malgré ses opinions religieuses et sa qualité de quaker, était fort bien vu à la cour de Charles II. Il obtint de ce prince, en échange d'une créance de 16,000 L. qu'il possédait contre la couronne d'Angleterre, la charte du 4 mars 1681 (3). Par cet acte le roi conférait à Penn la propriété et la suzeraineté du pays connu plus tard sous le nom de Pensylvanie et qui était alors presque désert; quelques colons européens seulement l'occupaient. Le reste de la population était composé d'Indiens.

Le 11 juillet 1681, Penn signait avec quinze d'entre les principaux colons une convention qui renfermait (c'était là l'une des préoccupations constantes de son esprit) des dispositions de nature à assurer aux indigènes sécurité pour leur personne et respect pour leurs droits (4). Il acheta leurs terres et les relations les plus cordiales s'établirent rapidement entre le nouveau souverain et ses sujets indiens : l'harmonie finit par régner aussi entre ceux-ci et les colons.

1. Charte de New-Jersey.
2. Gourd, *op. cit.*, II, p. 228.
3. Poore, *op. cit.*, II, 1509.
4. Poore, *op. cit.*, II, 1516-1517.

Les paroles que prononça Guillaume Penn, à son débarquement devant les principaux chefs du pays réunis sur le rivage pour lui souhaiter la bienvenue méritent d'être reproduites : « Nous nous rencontrons, » leur dit-il, « sur la grande voie de la bonne foi et de la bonne vo- « lonté. Aucun parti ne cherchera son profit au détri- « ment de l'autre; tout sera ouverture et amour. Je ne « vous appellerai pas mes enfants, car les parents trai- « tent parfois leurs enfants trop sévèrement, ni seule- « ment mes frères, car les frères sont parfois divisés. Je « ne comparerai pas à une chaîne l'amitié qui nous unit, « car les pluies pourraient la rouiller ou la chute d'un « arbre la briser. Nous sommes comme les deux par- « ties d'un même corps, la même chair et le même « sang (1). »

Il faut se garder de toute exagération : si les origines du domaine colonial français et anglais sont sensiblement meilleures que celles d'autres pays, elles n'en diffèrent pas essentiellement. Les écrivains anglais peuvent se glorifier de l'histoire de Penn et des quakers, les Français du généreux esprit qui animait leurs premiers explorateurs, mais en fait on peut dire que l'histoire de toutes les colonies commence par la violence, l'injustice et le sang répandu. Le résultat est partout le même : la disparition des races sauvages au contact des races civilisées. Ce sera l'œuvre de quelques années dans les colonies portugaises et espagnoles; il faudra un temps un peu plus long dans les colonies anglaises. Partout,

1. Bancroft, *History of the United States*, II, 382. Traduction dans Gourd, l. c., p. 176.

sauf aux Indes, en Nouvelle Angleterre comme en Australie, à Van Diémen comme en Nouvelle Zélande, la race anglo-saxonne, que sir Charles Dilke appelle la seule race exterminatrice a fait disparaître devant elle lentement et comme méthodiquement les races indigènes (1). Aucun peuple ne peut faire de reproches à un autre à ce sujet : les intentions ont pu être meilleures ici ou là ; les procédés de certains moins révoltants que ceux employés par d'autres ; mais tous ont des torts à reconnaître, des crimes à déplorer, de généreuses résolutions pour l'avenir à prendre.

22. — Quels étaient les principes juridiques qui prévalaient pendant cette période en matière de prise de possession des territoires situés hors de l'Europe ? Telle est la question à laquelle nous devons chercher une réponse dans les documents cités plus haut.

1° Le Roi remplace le Pape dans le rôle que celui-ci remplissait à l'époque précédente. C'est lui qui en France et en Angleterre confère à qui il veut, à l'un de ses sujets comme à un étranger, à titre de privilége royal, le droit de découvrir, d'occuper, de peupler et d'habiter les terres lointaines. C'est ainsi que Cabot, citoyen de Venise, a obtenu le droit de naviguer sous le pavillon d'Angleterre, le Florentin Verrazani sous le pavillon de France. Roberval est « autorisé à descendre en pays estranges » et « à les mettre en la main » de François Ier, son maître.

1. *The only extirpating race.* Ch. Dilke, *Great Britain, a record of travel*, etc. Londres, 1868, p. 308-309. Cf. Seeley, *op. cit.*, p. 161 et s.

Mais, il faut le remarquer, le rôle du prince n'est plus tout à fait celui du Pape : à la différence du Souverain Pontife, le Roi accorde le droit de découvrir et d'acquérir des droits de souveraineté et de propriété sur certains territoires au moyen de certains actes, et non plus la souveraineté et la propriété même de ces territoires, le *dominium tam privatum quam publicum* tel qu'il résultait des bulles papales. On ne saurait en effet conférer plus de droit qu'on n'en a, et les rois et autres princes n'ont jamais prétendu être comme le Saint Père et l'Empereur, les maîtres souverains du globe tout entier. Il arrive souvent, il est vrai, que la commission ou le brevet nomme le titulaire vice-roy, lieutenant général ou gouverneur de terres qui ne sont pas encore découvertes (1). Mais cet acte de souveraineté anticipé n'implique pas, dans la pensée du souverain, l'existence d'un droit antérieur à la découverte. Le titulaire de la charte ou des lettres patentes peut être, soit un simple particulier, soit une Compagnie. Les Compagnies de commerce ont joué un rôle prépondérant au XVIIe siècle et au XVIIIe siècle, en Hollande, en France et en Angleterre. Juridiquement il n'y a pas lieu de distinguer les deux cas : comme un simple particulier, les Compagnies, n'exercent leurs droits de propriété et de souveraineté qu'en vertu d'une délégation du souverain.

1. On peut voir comme exemple d'une formule de ce genre les lettres patentes par lesquelles Louis XIV nomma en août 1660 le marquis de Feuquière vice-roy et lieutenant général « dans toutes les rivières, ports, havres, isles, costes, et terre ferme de l'Amérique tant méridionale que septentrionale, découvertes et à découvrir par nos subjects. » *Revue de Géographie*, février 1885. p. 135.

Le rôle des Compagnies de commerce ayant depuis quelques années pris une importance nouvelle, ce sera là un point que nous réservons et sur lequel nous aurons l'occasion de revenir.

23. — 2° Quels sont les territoires que l'on considère comme susceptibles d'occupation ?

Sur ce point la théorie et la pratique n'ont fait aucun progrès et les généreuses idées de Victoria n'ont point trouvé d'adhérent. Cabot peut s'emparer de « toutes les îles et terres inconnues à tous les chrétiens. » Voilà la seule réserve que fait le roi d'Angleterre. La même idée se retrouve dans les lettres patentes de sir H. Gilbert. Sir Humphrey n'a pas le droit d'occuper et de découvrir les territoires possédés par un peuple et par un prince chrétiens mais bien ceux qui le sont par des païens et des barbares. François Ier spécifie aussi que Roberval n'est pas autorisé à agir partout de la même façon : il ne peut découvrir et occuper que les pays « inhabitez ou non, possédez et donnez par aucuns princes chrétiens. » Les droits des princes amis sont aussi sauvegardés. Certaines chartes cependant semblent être plus respectueuses des droits des indigènes et de leurs princes. La charte d'Acadie, par exemple, parait bien reconnaître qu'ils peuvent posséder des droits de souveraineté, car elle confère au sieur de Monts le droit « de traiter et contracter avec les dits peuples et leurs princes ou autres ayans pouvoir et commandement sur eux. »

Quelques esprits se posèrent cependant la question de

savoir si l'on pouvait avec justice dépouiller les habitants de leurs terres, les princes de leurs droits de souveraineté. Nous retrouvons sous la plume de Lescarbot (1) les mêmes arguments et les mêmes conclusions que Victoria met dans la bouche de ses adversaires et que nous avons reproduits plus haut. « Comme ainsi soit que Dieu le créateur eût donné la terre à l'homme pour la posséder, il est bien certain que le premier titre de possession doit appartenir aux enfants qui obéissent à leur père et le reconnaissent.... » et non pas « aux enfants désobéissants, qui ont esté chassez de la maison comme indignes de l'héritage de ce qui en dépend. »

On ne retrouve pas dans les publications du XVIIe siècle, qui se placent surtout au point de vue religieux, de question de principes soulevée et discutée au sujet de la légitimité de la prise de possessions des territoires déjà habités par les Indiens. On n'en trouve aucune trace dans les chartes et dans les lettres patentes. Dans son intéressant mémoire adressé à Richelieu, Isaac de Razilly, qui certes était disposé à la douceur vis-à-vis des indigènes, ne se préoccupe point des droits des habitants non chrétiens sur le territoire. Pour lui comme pour tous ses contemporains, est susceptible d'occupation toute terre sur laquelle une nation chrétienne n'est pas encore établie. Razilly passe en revue les lieux les plus propices, encore disponibles, pour fonder des colonies. Il recommande « la terre d'Eldoradde, » la Guyane actuelle, au cardinal de Richelieu. « Il s'y rencontre, dit-il, deux cents lieues de costes, esquelles ne sont encore habitées de chrestiens... »

1. L. c., *op. cit.*

Et plus loin il ajoute : « Il n'y a encore aulcuns chrestiens sinon ung nombre infiny d'habittants nuds quy vivent dans l'innocence, touttefoix dans l'erreur et hors de l'Église, n'estant baptisés. » (1)

Sans doute on peut citer de nombreux cas où les droits de souveraineté et de propriété (surtout ces derniers) des indigènes ont été respectés, et où des traités ont été conclus avec eux et religieusement observés. Mais ce sont là des exceptions : l'histoire de la colonisation compte peu de Guillaume Penn. Pendant des siècles on a considéré (et cette idée reparaît encore de nos jours sous l'équivoque du mot de civilisation), que le chrétien seul était capable d'être souverain et d'être propriétaire.

24. — 3° Les actes, signes extérieurs de la prise de possession, varient beaucoup : ce sera le déploiement de l'étendard ou d'autres insignes royaux, parfois une inscription gravée dans un rocher, souvent l'érection d'une croix.

C'est ainsi que Cartier nous raconte dans sa relation comment en 1534, lorsque, quittant les terres par lui découvertes, et sur le point de retourner en France, il voulut comme tous les navigateurs d'alors laisser une marque de son passage, une preuve de la prise de possession, il éleva une croix de trente pieds et y grava un écusson avec trois fleurs de lis. On y lisait aussi les mots : Vive le Roy de France. Puis l'équipage se prosterna et pria. Détail curieux, la valeur et la signification de cette cérémo-

1. Mémoire publié dans la *Revue de Géog.*, novembre et décembre 1886.

nie furent comprises par le cacique de l'endroit : il s'approcha avec d'autres Indiens fit « une longue harangue montrant cette croix... » Puis il montrait toute la terre des environs, voulant indiquer par là qu'elle lui appartenait.

D'immenses territoires étaient ainsi acquis à la couronne. Veut-on savoir comment la baie d'Hudson est tombée sous la souveraineté de Louis XIV ? On n'a qu'à lire la pièce suivante :

« Déclaration faite au greffe du conseil souverain de « Québec par le capitaine Jean Bourdon, commandant le « *S[t] François Xavier*.

« Le 26 août de l'année 1656... lequel a dit et déclaré « qu'... il aurait parcouru toute la coste de l'Abrador et « ayant trouvé par le soixante-troisième degré un pas- « sage ou destroit, il y serait entré et aurait trouvé par « delà ledit passage une grande baye avec plusieurs ports « et havres, en plusieurs desquels il a mouillé prenant « possession au nom de ladite Compagnie de Canada de « tous les lieux où il touchait. » (1)

Le capitaine Bourdon et la Compagnie du Canada se créaient ainsi un titre ayant date certaine qu'ils pouvaient opposer aux prétentions d'explorateurs postérieurs. La croix ou le drapeau servent de preuve à la fois de la priorité de la découverte et de la volonté chez le navigateur d'acquérir pour son Roi la souveraineté du territoire environnant. Ce n'est point une condition de cette acquisition : certains pays réclamaient en effet la souve-

1. Aff. Etr. Amérique, t. I. p. 453. Pièce reproduite dans la *Revue de Géographie*, mars 1885.

raineté de contrées où leurs navires n'avaient point abordé et qui par conséquent n'avait pu être acquise qu'*oculis et affectu.* (1)

Ce ne devait point toujours être une chose facile que de se rendre compte des territoires acquis par occupation fictive, d'en déterminer les limites et l'étendue. Des contestations sans cesse renaissantes devaient résulter du caractère vague et du manque de manifestation extérieure de ces possessions. On cherchait à remédier à ces inconvénients au moyen de bornages et de cartes que l'on dressait aussi exactes que possible. Nous possédons un document intéressant, les additions au mémoire présenté par Franquelin au marquis de Seignelay, dans lequel « l'hydrographe du Roy à Québec » attire l'attention du Vice-Roy « sur l'importance qu'il y a à planter des bor-
« nes, arborer les armes du Roy et tirer des lignes sur
» les limites des terres qui appartiennent à Sa Majesté
« dans la Nouvelle-France. » On pourra profiter de l'opération pour agrandir quelque peu le domaine du Roi de France. C'est pourquoi il est opportun de la commencer vers la « Baye du Nord », car les « Anglais n'ayant point
« encore pénétré dans les terres qui sont au couchant de
« cette baye, il serait à propos avant qu'ils y pénétras-
« sent, d'en aller prendre possession, en y plantant des
« bornes et y arborant les armes de Sa Majesté. (2) »

Ainsi, pendant notre seconde période, comme pendant

1. L'Angleterre, par exemple, prétendait avoir droit à l'Amérique du Nord parce que Caboto avait navigué le long de la côte, du 56° au 38° de latitude, dès 1496.

2. Cf. *Revue de Géog.*, avril 1885.

la première, nous ne trouvons nul souci de l'*effectivité* chez les gouvernements. Comme l'Espagne, moins grande colonisatrice qu'exploratrice hardie, la France s'établit fictivement au XVIIe siècle sur plusieurs points de l'Amérique du Nord. La Salle en 1682 suit le cours du Mississipi à partir de ses sources jusqu'au golfe du Mexique, et prend officiellement possession au nom du Roi de l'immense bassin arrosé par ce fleuve. Mais la France n'a été réellement établie qu'en Nouvelle Ecosse et au Canada.

Du reste si les gouvernements invoquaient facilement en leur faveur le principe de la découverte et du droit de première occupation, de tout temps ils ont été facilement amenés à en contester la valeur lorsque ce principe était mis en avant par autrui et à leur détriment. Dans un mémoire anonyme qui porte la date de 1626, l'auteur inconnu qui expose ses vues sur la politique coloniale émet l'idée que l'on peut se servir pour fonder des colonies soit de pays nouveaux que l'on découvrira soi-même, soit de pays qui sont déjà découverts. (1) Voilà qui ne témoigne pas d'un grand respect du droit de souveraineté qui résulte de la découverte !

25. — 4° Quelle est la nature du droit acquis et à qui profite-t-il ?

Il n'y a aucun doute à cet égard ; comme à l'époque précédente, la notion de la souveraineté ne s'est pas dégagée de l'idée de propriété. Le Roi acquiert par ses man-

1. *Arch. des Affaires Etrangères*, fond de France, n° 783, folio 154, s. q. reproduit dans la *Revue de Géog.*, novembre 1885, article de M. Deschamps.

dataires, dûment commissionnés à cet effet, la souveraineté pleine et entière des pays par eux occupés, souveraineté qui comporte à la fois le domaine direct et le domaine utile ; il devient donc *dominus tam publice quam privatim* du territoire découvert. La couronne royale se réserve toujours le domaine direct, ce que nous appellerions aujourd'hui les droits de souveraineté ; elle abandonne en général, à titre de récompense, au titulaire des lettres patentes de la charte ou de la commission le domaine utile, les droits de propriété privée. Nous nous trouvons donc en présence d'une seule occupation accomplie au profit unique du Roi par un seul et même acte de son mandataire (1). Mais celui-là renonce par avance au profit de ce dernier à en recueillir tout le bénéfice. Le titre d'acquisition est originaire pour le souverain, mais il est dérivé pour le sujet.

Cette théorie nous paraît résulter des documents que nous avons cités plus haut. Henri VII se réserve la souveraineté et même la propriété des terres découvertes. Il faut entendre ce dernier terme dans le sens de domaine éminent : les Cabot, en effet, conserveront les terres en question eux et leurs descendants, en qualité de vassaux de la couronne d'Angleterre. Sir Humphrey Gilbert (et ses héritiers après lui), tiendra à charge d'hommage et moyennant une redevance de 1/5 les territoires qu'il découvrira ; la couronne se réserve la souveraineté et un droit de domaine éminent. Roberval pourra faire des concessions de terres à ses compagnons, mais en principe

1. Vattel, I, 204, *Grotius, op. cit.* L. II, C. III, § 19, n° 2.

la souveraineté comme la propriété appartiennent au roi de France. Citons encore la charte du Maryland : le baron de Baltimore obtient les pays désignés dans l'acte en toute propriété ; il en sera le seigneur véritable et absolu ; sa tenure sera du genre des tenures libres et communes. Elle comporte quelques charges : la couronne conserve le domaine direct ; il lui devra fidélité. Et ce rapport de subordination s'exprimera dans les faits par un prélèvement d'un cinquième sur l'or et l'argent trouvés et par la remise solennelle de deux flèches indiennes, chaque mardi de la semaine de Pâques, à Windsor.

26. — Il ne sera pas inutile, croyons-nous, de passer rapidement en revue les différents cas internationaux où les principes de l'acquisition de la souveraineté par voie d'occupation ont été mis en jeu. On l'a remarqué peut-être, nous n'avons pas su assigner à notre seconde période de limites bien déterminées. C'est qu'en effet si dans la théorie et dans les ouvrages de droit international la doctrine qui la caractérise est de plus en plus abandonnée, elle reparaît dans la pratique journalière des gouvernements et dans les discussions diplomatiques les plus récentes. L'étude de certains litiges pendants depuis plus d'un siècle, le cas des îles Malouines par exemple, est singulièrement instructif à cet égard. Nous ne croyons pas cependant devoir nous engager dans un pareil travail : l'énumération forcément un peu sèche et volontairement incomplète que nous allons donner aura l'avantage de faciliter les recherches de ceux qu'intéressent ces questions de droit colonial.

Il est tout un premier groupe de questions et de litiges internationaux qui se rattachent à la découverte du Nouveau Monde, à la bulle d'Alexandre VI et au traité de Tordesillas, sur lequel nous ne reviendrons pas. (1)

Il faut citer la discussion qui n'est point encore terminée et dont l'origine remonte à 1744 ou tout au moins à 1764 à laquelle a donné lieu la question de la souveraineté des îles Malouines. Commencé entre la France et l'Espagne, le litige est pendant à l'heure actuelle entre l'Angleterre et la République Argentine : l'importance matérielle n'en est pas grande ; mais l'intérêt juridique qu'il présente est réel. En 1774 les officiers de la marine anglaise croyaient qu'une simple inscription suffisait pour mettre hors de contestation les droits de la couronne sur une île qu'ils abandonnaient. On y voit que pendant tout le siècle dernier et dans notre siècle encore le droit de découverte et de première occupation ont été invoqués par les gouvernements. La question des Malouines est une question ouverte. Le 20 janvier 1888 M. Quirno Costa a adressé à M. Pakenham, ministre anglais à Buenos-Ayres, une note par laquelle le gouvernement de la République Argentine proteste à nouveau contre l'occupation illégitime de ces îles par l'Angleterre. On a parlé de soumettre ce différend à un arbitrage (2).

1. Les documents les plus complets à ce sujet se trouvent dans l'ouvrage de Navarete que nous avons déjà cité.

2. On trouvera les détails les plus circonstanciés dans Phillimore, I, p. 263 ; surtout dans Calvo, § 286, qui donne une bibliographie de la question ; enfin dans un article de Pradier-Fodéré, *Rev. de Dr. Int.*, 1888, n° 2, p. 163-173.

L'importante discussion qui s'éleva entre les Etats-Unis et l'Espagne au sujet du territoire de la Louisiane est surtout intéressante pour la solution de la question relative à l'étendue du territoire occupé. (1)

Citons les démêlés de l'Angleterre et des Etats-Unis au sujet du territoire de l'Orégon. (2)

Il faut mentionner aussi le différend né à l'occasion de l'oukase publié par Alexandre Ier, le 4-16 septembre 1821, qui proclamait territoire russe, d'immenses régions situées au Nord-Ouest de l'Amérique du Nord. L'Angleterre et les Etats-Unis protestèrent contre ce décret. Le cabinet de St-Pétersbourg s'appuyait à la fois sur le droit de première découverte, de première occupation, et de possession constante. La possession invoquée par la Russie sur des terres situées au delà du 55e degré ne pouvait être qu'une possession fictive comme le fit observer le gouvernement américain qui refusa d'en reconnaître la validité. La discussion fut terminée en avril 1824 entre les Etats-Unis et la Russie par la conclusion d'une convention spéciale. Un traité de démarcation régla en février 1825 l'état de possession de l'Angleterre et de la Russie. (3)

Mentionnons encore les démêlés relatifs à la passe de Nootka Sound et à l'île de Van Couver, qui mirent aux prises l'Espagne et l'Angleterre; (4) l'affaire des Carolines et celle de Massaouah sur lesquelles nous aurons l'occasion

1. Phillimore, I, 237 ; Blüntschli, 282.
2. Phillimore, I, 226 et s. Twiss, *Peace*, § 108 et s.
3. Martens, § 89 ; Calvo, § 285.
4. Calvo, § 284.

de donner quelques détails dans les pages qui vont suivre. Il faut se garder aussi de passer sous silence la sentence arbitrale rendue par le maréchal de Mac-Mahon, président de la République Française le 24 juillet 1875 et qui trancha en faveur du Portugal et contre l'Angleterre la question de la souveraineté de certains territoires situés sur la côte orientale d'Afrique (1). L'arbitre considérait les droits de la couronne de Portugal comme « dûment prouvés et établis, » droits qui étaient fondés sur la priorité de la découverte, de l'occupation et de la colonisation. Et cependant l'occupation du Portugal, effective pendant un temps, était devenue en 1823 purement nominale : la sentence reconnaît en effet qu'à ce moment, à raison de « l'impuissance passagère de l'autorité portugaise, » le commandant anglais avait pu de bonne foi considérer ces territoires comme indépendants. (2)

1. Affaire de la baie de Delagoa.

2. Calvo, § 1720. On trouvera de nombreux exemples empruntés à l'histoire du siècle dernier dans les *Beiträge* de Moser, tome IV

# CHAPITRE III

## PÉRIODE DE L'OCCUPATION EFFECTIVE.

SOMMAIRE :

27. Etendue de cette troisième période. — 28. Principes nouveaux. — 29. La Conférence de Berlin. Ses origines. — 30. Disposition des Puissances en s'y rendant ; hésitation de l'Angleterre. — 31. Ouverture de la Conférence, le 15 novembre 1884. — 32. Déclaration des plénipotentiaires. — 33. La doctrine et la question de l'occupation ; M. Moynier ; l'Institut de droit international. — 34. Session de Lausanne. — 35. Les Carolines. — 36. Débuts de la politique coloniale italienne. — 37. Massaouah.

27. — Nous avons désigné notre troisième période sous le nom de période de l'occupation effective. Quel en est le point de départ ? Si nous nous mettons au point de vue théorique, si nous consultons les auteurs et même les actes diplomatiques, il faut le placer très haut. Presque tous les publicistes ont reconnu depuis Grotius que le fait de la découverte ne fondait qu'un titre imparfait et incomplet (1) que l'occupation, pour fonder un droit de souveraineté que les autres puissances soient obligées de respecter, devait être non pas une occupation sur le papier, nominale, se manifestant par une inscription ou un drapeau, mais une occupation

1. *Inchoate title* disent les jurisconsultes anglais.

réelle, effective, apparente à tous les yeux par la présence de l'État occupant sur le territoire occupé. Cette idée est nettement exposée par Vattel : il soutient que le prétendu droit de découverte ne suffit pas à fonder la propriété ou la souveraineté ; il attribue autant d'influence aux poteaux, aux croix et aux inscriptions qu'aux bulles papales. C'est dire qu'il les traite avec assez de dédain : ce sont pour lui de vaines cérémonies. Pour que le droit de la nation qui a fait la découverte soit respecté, il faut que celle-ci soit suivie de près par une possession réelle, par une occupation effective (1). Depuis lors ces principes ont été soutenus par l'unanimité des auteurs, et même par les gouvernements et les diplomates lorsqu'ils y avaient intérêt.

Mais si nous consultons l'histoire et les faits contemporains, nous constaterons que c'est à peine si, depuis quelques années, quelques-uns des vrais principes de la matière ont été admis par le *consensus gentium* à prendre place parmi les règles du droit international positif. La doctrine de l'occupation est une doctrine en voie de formation : la Conférence de Berlin lui a fait faire de grands, d'incontestables progrès. Mais les règles qu'elle a posées n'ont pas peut-être produit tous les effets qu'on était en droit d'en attendre. Les signataires de l'Acte général de la Conférence africaine ont trop souvent oublié l'esprit qui a inspiré les articles dont il se compose pour s'en tenir à la lettre et à l'interprétation exacte de ce texte. On ne peut pas dire que l'histoire de la colonisation

1. Vattel, I, § 207 et 208.

de ces cinq dernières années présente un tableau plus moral que celle du reste du siècle.

28. — La Conférence africaine marque le commencement d'une nouvelle période dans l'histoire de l'occupation : elle a consacré en théorie quelques-uns des principes juridiques qui en seront le trait caractéristique et qui peuvent se ramener aux formules suivantes :

1° L'occupation du droit international public ne fonde que des droits de souveraineté ;

2° Les indigènes, en tant qu'indigènes, ne sont pas incapables d'avoir des droits de souveraineté ; leurs droits de propriété privée doivent être respectés ;

3° La *res nullius*, au point de vue du droit international public, est le territoire qui n'est soumis à aucune souveraineté quelconque ;

4° L'occupation, pour être opposable aux tiers, doit être effective et suivie d'une notification.

Les principaux faits relatifs à l'histoire et à la doctrine de l'occupation qui se placent dans cette troisième période sont la Conférence de Berlin, la session de l'Institut de droit international à Lausanne, les incidents des îles Carolines et de Massaouah.

29. — *La Conférence de Berlin.* — Il faut chercher l'origine de la Conférence de Berlin dans l'opposition que rencontra en France le traité anglo-portugais du 26 février 1884.

Le Portugal revendiquait depuis des siècles, en se fondant sur la priorité de la découverte et de l'occupation, sur la possession prolongée et sur la reconnaissance de ses titres par de nombreux traités, la souveraineté d'immenses territoires situés sur la côte ouest de l'Afrique, dans la région du Congo. L'exposé des titres, historiquement très fondés, de la maison de Bragance nous entraînerait trop loin (1). L'Angleterre qui s'était crue autorisée en 1846 à contester les droits du Portugal pour obéir à ses vues antiesclavagistes, et à s'opposer par la force à l'occupation par ce gouvernement de territoires délaissés depuis longtemps, reconnaissant enfin la validité de titres vieux de quatre cents ans, signa le traité du 26 février 1884 qui lui conférait des avantages considérables (2). Ce repentir tardif cachait des vues intéressées et peut-être aussi le désir de mettre un terme au rapide développement territorial des colonies allemandes et des possessions de la France, comme de celles de l'Association belge, dans la région du Congo.

La France et l'Allemagne refusèrent de reconnaître aucune valeur à ce traité qui ne fut pas ratifié : un échange de vues eut lieu entre le quai d'Orsay et la Wilhelmstrasse. Le Portugal proposa la réunion d'une conférence pour régler les questions soulevées par le traité anglo-portugais. Cette suggestion fut accueillie avec faveur à Berlin : le programme sommairement arrêté entre le gouvernement allemand et le gouvernement français comprenait comme troisième point à discuter la définition des formalités à observer pour que des occupations nouvelles sur les côtes d'Afrique soient considérées comme effectives. La Confé-

1. Voyez Calvo, § 267 à 272.
2. Lord Granville. Séance des Lords, du 3 mai 1884.

rence convoquée « au nom de l'Allemagne d'accord avec la France » se réunit le 15 novembre 1884.

30. — Dans quelles dispositions les puissances directement intéressées s'y rendaient-elles ? Quelle allait être leur attitude en présence de la question de l'occupation ?

L'Allemagne, nouvelle débutante dans la carrière coloniale, n'avait pas alors de précédents qui pussent la gêner, de situations acquises à sauvegarder : libre de ses mouvements, aspirant à se créer un domaine colonial, et n'ayant pas à redouter de voir les hommes lui manquer pour cette tâche, elle avait tout intérêt à se montrer exigeante sur les conditions de validité de l'occupation et n'avait pas la préoccupation de se réserver la possibilité de faire des acquisitions faciles.

Quelles étaient les vues de la France à ce sujet ? M. Jules Ferry les indiquait avec beaucoup de précision dans les instructions qu'il adressait en date du 8 novembre 1884 à M. le baron de Courcel, notre représentant à Berlin. La France dans la formation de son domaine africain s'est toujours conformée aux principes de l'*effectivité* de l'occupation tel qu'il est enseigné par les auteurs. Elle a toujours refusé de reconnaître la validité des prises de possession qui ne se manifestent que par le simple fait de planter un drapeau. Au Bénin comme au Gabon et dans les rivières du sud du Sénégal, dans le royaume de Dahomey comme dans le Haut-Congo un commencement d'organisation militaire et judiciaire a accompagné les occupations. M. de Courcel recevait en conséquence pour mission de faire prévaloir les principes mis en pratique par la France. Bien que considérable, notre domaine colonial ne présentait pas à cette époque une étendue telle que nous eussions à redouter de ne plus pouvoir remplir les conditions d'*effectivité* auxquelles nous nous étions soumis jusque là. (1)

Tout autres étaient les dispositions de l'Angleterre. Cette puissance s'aperçut bien vite que le traité particulier signé par elle avec le Portugal ne serait pas reconnu par les autres États européens. Aussi n'était-il pas encore ratifié que la Grande-Bretagne proposait de le modifier sur des points importants afin de le rendre plus acceptable aux autres gouvernements. (2) Malgré ces concessions, l'opposition du cabinet de Berlin se manifesta très vivement. Aussi lorsque s'emparant de l'idée mise en avant par le Portugal, le prince de Bismarck, après s'être entendu avec la France, proposa la réunion d'une Conférence, l'Angleterre ne dissimula pas sa mauvaise humeur (3). Le cabinet de Saint-James ne pouvait se faire à l'idée de l'entente préalable intervenue entre Paris et Berlin ; et Sir Edward Malet exprimait au Dr Busch la pensée qu'il pouvait bien y avoir quelque crainte à Londres sur le rôle réservé à l'Angleterre à la Conférence. Ne l'invitait-on pas à donner seulement son assentiment à un ensemble

1. Livre jaune, n° 4.

2. Livre bleu, *Africa* (n° 7, 1884), n° 1. Lord Granville à Lord Ampthill, 26 mai 1884.

3. Livre bleu, *Africa* (n° 7, 1884), n° 1. Lord Granville à Lord Ampthill, 26 mai 1884.

de résolutions d'ores et déjà arrêtées entre M. Jules Ferry et le Chancelier ? (1)

Lord Granville acceptait bien l'invitation en principe, mais il aurait voulu, avant de l'accepter officiellement, obtenir quelques éclaircissements supplémentaires. Le troisième sujet indiqué comme devant être soumis à l'étude des diplomates réunis à Berlin préoccupait le ministre des affaires étrangères de la Reine. Lord Granville exprimait en ces termes son sentiment dans une note adressée au baron Plessen : (2) « Quant à la question, « question encore plus vaste que les autres, des principes « qui devraient servir de base en matière d'annexion de « territoires inoccupés, le gouvernement de Sa Majesté « serait heureux aussi d'être mis au courant du principe « général dont le gouvernement allemand se propose de « faire la base de l'accord à intervenir. »

Sans doute le cabinet de Saint-James approuvait le but général que l'on poursuivait et était aussi désireux qu'un autre de concourir à écarter « bien des causes inutiles de conflits internationaux ; (3) » mais il prenait difficilement son parti d'avoir été invité si tard à la Conférence (4) et surtout demandait avec insistance que l'on définît les termes employés. Qu'était-ce particulièrement qu'une occupation nouvelle ? La Conférence allait-elle s'arroger le droit de discuter les titres coloniaux des différents États ? L'Angleterre pour son propre compte ne consentirait ja-

1. *Ib.*, n° 14. *Sir E. Malet to Lord Granville.*

2. *Ib.*, n° 11, 8 octobre 1884. L'original est en anglais.

3. *Ib.*, n° 15. *Earl Granville to Viscount Lyons, October* 15, 1884. « *Many causes of unnecessary international friction.*

4. *Ib.*, n° 18.

mais à un pareil examen. Aussi Lord Granville recommandait-il à Sir E. Malet de s'informer si on entendait, par l'expression occupation nouvelle, limiter la discussion aux territoires qui à l'époque de la réunion de la Conférence ne seraient pas sous la protection d'une puissance européenne. (1)

Le prince de Bismarck, impatienté, ne voyait dans ces réserves que le désir de créer de nouveaux délais ; le comte de Münster ne le cacha pas à son retour à Londres le 19 octobre 1884 (2). L'ambassadeur allemand était cependant chargé de donner satisfaction à Lord Granville et de lui fournir les explications et les définitions demandées. Il le fit en ces termes : « En dernier lieu, en ce qui concerne les formalités à observer pour les occupations futures, le gouvernement impérial considérera comme son devoir de faire prévaloir et de faire passer dans l'application pratique les principes manifestement professés en cette matière par les juristes et les juges de tous les pays, y compris l'Angleterre » (3). Tel était le principe directeur que devait suivre l'Allemagne, et l'ambassadeur calmait complètement les scrupules de l'Angleterre en assurant que son gouvernement entendait comme le cabinet anglais l'expression d'occupations nouvelles (4).

1. *Ib.*, n° 18.
2. *Ib.*, n° 23.
3. *Ib.*, n° 25. Le comte de Münster au comte Granville, 22 octobre 1884. Le texte anglais que nous traduisons est déjà une traduction.
4. *Ib.* n° 30, 2 novembre 1884.

Sir E. Malet, ambassadeur de la Reine à Berlin, fut chargé de représenter à la Conférence son pays qui, on le voit, avait eu quelque peine à accepter de s'y rendre. Il reçut, pour le guider dans sa mission, des instructions détaillées du ministre anglais : Lord Granville lui indiquait le bien des indigènes comme l'un des sujets auquel Sa Majesté Britannique attribuait de l'importance, et lui rappelait en terminant dans quelles strictes limites devait se tenir la discussion en ce qui concernait les occupations (1).

31. — Le 15 novembre 1884, le prince de Bismarck inaugurait, par un discours, les séances de la Conférence africaine à laquelle treize puissances européennes et les États-Unis se trouvaient représentés. Faciliter à toutes les nations commerçantes l'accès de l'intérieur de l'Afrique, disait le Chancelier, telle était l'idée fondamentale du programme soumis aux délibérations des diplomates. Le développement du commerce en Afrique devait avoir pour conséquence forcée de nouvelles occupations. Aussi la France et l'Allemagne ont-elles pensé qu'il serait utile de prévenir les contestations qui pouraient naître de ce fait en déterminant d'avance quelles seraient les « formalités à observer pour que des occupations nouvelles sur les côtes de l'Afrique soient considérées comme effectives » (2). Le prince indiquait que la

1. Livre bleu, *Africa* (n° 8, 1834), n° 1. *Earl Granville to Sir E. Malet, nov.* 7, 1884.
2. Livre jaune, protocole n° 1.

question de la validité des prises de possession antérieures ne rentrait pas dans les attributions de la Conférence. Dans son opinion, deux conditions devraient être remplies par l'occupant : 1° une notification simultanée ; 2° la manifestation chez l'acquéreur, par la création d'institutions positives, de la volonté et du pouvoir d'exercer ses droits et de remplir ses devoirs (1).

32. — L'ambassadeur d'Angleterre se leva et lut une déclaration : il prit dès l'abord une attitude pleine de réserves à l'égard de l'ensemble des questions qui allaient être traitées, particulièrement à l'égard de celle de l'occupation. Son gouvernement n'avait pu lui donner d'instructions nettes sur ce point, grâce au peu de précision des données qui avaient été fournies à l'avance au cabinet anglais (2).

A la seconde séance, le marquis de Pinafiel, au nom du Portugal, exprima des sentiments très différents : c'était, disait-il, avec la plus vive satisfaction que le Portugal prendrait part aux différentes discussions qui allaient avoir lieu, notamment sur le troisième point qui mettait en jeu des principes d'un si haut intérêt (3). Quant à l'Italie, comme le faisait observer le comte de Launay, elle n'avait pas d'intérêts immédiats engagés. Elle ne possédait pas de possessions territoriales sur la côte occidentale d'Afrique. Mais il pouvait venir un moment où il lui conviendrait de s'établir sur des territoires

1. *Ibid.*, p. 60.
2. *Ibid.*, p. 63.
3. *Ibid.*, p. 68.

« inexplorés, inexploités ou abandonnés à l'incurie de tribus barbares ou nomades. » Aussi l'établissement de règles relatives aux occupations ultérieures serait-il vu avec faveur par le gouvernement italien (1).

M. Kasson exposa que le plus sérieux désir des États-Unis était que des mesures fussent prises pour empêcher que des rivalités et des conflits internationaux ne naquissent du grand mouvement de découvertes et d'explorations africaines (2). Autant l'Angleterre devait chercher à contenir les discussions dans les plus étroites limites, autant les États-Unis allaient faire d'efforts pour en étendre les bornes.

Tels étaient les sentiments des puissances les plus intéressées à la question, qui ne fut abordée que dans la séance du 7 janvier 1885. Le projet de déclaration sur les occupations soumis à la Conférence par le gouververnement allemand fut renvoyé à une commission qui reçut mission de l'examiner (3). M. de Courcel en fut nommé président ; le baron Lambermont fut chargé des délicates fonctions de rapporteur. La commission se réunit les 15 et 16 janvier ; la plupart des diplomates accrédités assistèrent à ses séances ; trois d'entre eux prirent une part prépondérante à ses travaux. Nous avons nommé MM. de Courcel, Engelhardt et Lambermont. Ce dernier déposa son remarquable travail dans la séance de la Conférence proprement dite du 31 janvier 1885. Les conclusions du rapporteur furent adoptées et

1. *Ibid.*, p. 69.
2. *Ibid.*, p. 73.
3. *Ibid.*, Protocole, n° 7.

forment aujourd'hui les articles 34 et 35 de l'Acte général de la Conférence africaine (1). L'examen que nous en ferons trouvera sa place dans la seconde partie de notre travail où nous aurons à rechercher à propos de chaque question quelle est la doctrine de la Conférence de Berlin.

33. — Il est certains noms dont l'absence dans les protocoles et les documents diplomatiques relatifs à la Conférence peut causer quelque surprise : nulle part on n'y trouve mentionnés les noms de MM. Moynier, de Laveleye et de Sir Travers Twiss, nulle part il n'y est fait d'allusion aux travaux de l'Institut de droit international. (2)

Dès le 5 septembre 1878, M. Moynier, avec une prévoyance et une clairvoyance politiques bien remarquables, invitait cette association savante à se préoccuper de la question du Congo. (3) Prévoyant la possibilité de conflits sanglants et d'âpres compétitions entre les puissances civilisées, il demandait que l'on se préoccupât de chercher le moyen de prévenir de pareilles éventualités. M. Emile de Laveleye et Sir Travers Twiss firent un examen approfondi de la question dont M. Gustave Moynier faisait de nouveau ressortir l'importance dans la lettre-circulaire qu'il adressait à ses collègues quelques mois avant l'ouverture des séances de l'Institut à Munich au mois de septembre 1883. Il indiquait de nouveau que le

1. Protocole n° 8 et annexe au protocole.
2. Cf. M. de Martens, *Revue de D. I.*, 1886, p. 245 à 248.
3. *Annuaire* de 1879-1880, t. I, p. 155.

mouvement de découvertes géographiques, la formation d'associations commerciales nombreuses et rivales, la délimitation imparfaite des territoires occupés et les contestations auxquelles pouvaient donner lieu des droits de souveraineté mal définis, formaient autant de causes de conflits dans ces régions lointaines. L'éminent président du conseil international de la Croix Rouge développait sa pensée dans un mémoire qui fut lu à Munich, le 4 septembre 1883. Une commission fut nommée et reçut la mission d'en étudier de plus près les conclusions : le temps manquant pour examiner dans ses détails le projet de convention présenté par M. Moynier, l'Institut dut se borner à voter dans sa séance du 7 septembre une résolution dont nous détachons le membre de phrase suivant :

« L'Institut de droit international exprime le vœu que...
« toutes les puissances s'entendent sur des mesures
« propres à prévenir les conflits entre nations civilisées
« dans l'Afrique équatoriale. » (1)

34. — La tâche de l'Institut ne s'est pas bornée à ouvrir ainsi la voie et à faciliter par ses travaux préparatoires les discussions de la Conférence de Berlin. Dans sa session de Bruxelles, en septembre 1885, MM. de Holzendorff, de Laveleye et Moynier signalèrent à leurs collègues l'intérêt qu'il y aurait à développer et à compléter les principes adoptés à Berlin en matière d'occupation de territoire. Une commission fut nommée à cet effet : M. de Martitz, chargé de faire un rapport, déposa

1. Voyez : *la question du Congo*, par G. Moynier.

son travail à la session de Heidelberg. La discussion fut renvoyée a une prochaine réunion. Un autre membre de la commission, M. Engelhardt, publia sur le même sujet un article dont il résuma les conclusions en un projet de déclaration qui fut communiqué aux membres de l'Institut. (1)

Dans sa séance du 7 septembre 1888 à Lausanne (2) les membres de l'Institut ont abordé la question de l'occupation. Les détails de la discussion ne seraient pas à leur place en ce moment, mais il sera peut-être utile d'en donner une idée générale (3). Deux textes se trouvaient en présence : le projet du rapporteur M. de Martitz et le contre-projet de M. Engelhardt. En l'absence du savant professeur de Tübingue, le diplomate français prit la parole. On commença par prendre comme base de discussion le projet du rapporteur, mais les cinq premiers articles ayant été supprimés ou ayant eu à subir de profondes modifications, l'Institut, sur la proposition de M. Renault, décida à l'unanimité de prendre pour base de la discussion le contre-projet de M. Engelhardt. Ce contre-projet transformé est devenu la déclaration de l'Institut qui comporte dix articles (4). Elle offre ces deux caractères : d'être universelle, applicable à tous les territoires et non plus, comme à Berlin, à ceux qui sont

1. *Revue*, XVIII, p. 433 et s. ; p. 573 et s. ; XIX, p. 175-177. *Annuaire*, VIII, p. 346 ; IX p. 243.

2. Le tome X de l'*Annuaire* n'a pas encore paru : nous sommes forcé de nous servir ici de notes rapides, aussi exactes que possible, que nous avons prises au cours de la séance.

3. Cf. pour les détails, *Revue*, XX, n° 6, article de M. E. Rolin.

4. Voyez à l'Appendice.

situés dans une région déterminée; enfin d'avoir repoussé la distinction dangereuse de l'occupation et du protectorat établie à Berlin, malgré la France, sur les instances de l'Angleterre.

La déclaration de Lausanne, si elle était adoptée par les gouvernements aurait-elle une vertu plus grande que les articles votés par les diplomates réunis à Berlin ? On peut l'espérer, mais on ne doit pas cependant se faire de trop grandes illusions à cet égard.

35. — Que l'œuvre de la Conférence africaine en matière d'occupation soit une œuvre incomplète et insuffisante,c'est ce qui est devenu évident pour tous les esprits et ce que les faits sont venus démontrer. Quelques mois s'étaient à peine écoulés depuis la clôture de ses séances lorsque éclata entre l'Allemagne et l'Espagne un conflit qui mettait en jeu les principes du droit de découverte, de l'occupation et de l'acquisition des droits de souveraineté. (1) On n'a pas oublié les incidents qui ont donné lieu à la médiation du pape Léon XIII. Qu'il nous suffise de rappeler que le 24 août 1885 des officiers allemands débarquèrent à l'île d'Yap, l'une des Carolines, y arborèrent le drapeau allemand et en prirent possession au nom de l'Empire malgré les protestations des membres de la marine espagnole qui se trouvaient sur les lieux. Le cabinet de Madrid demanda des explications au cabinet de Berlin. Le 31 août 1885, M. de Bismarck y répondait par un rescrit officiel. Le conflit fut, on le

1. Cf. Calvo, § 276 ; § 1692-1693 et ce que nous disons aux §§ 105-106.

sait, terminé en faveur de l'Espagne, grâce à la médiation du Saint-Père. Les pièces diplomatiques relatives à cette affaire offrent le plus vif intérêt et sont le commentaire le plus autorisé de la façon dont certaines puissances entendent les art. 34 et 35 de l'acte général du Congo.

36. — Enfin tout récemment encore les débuts de l'Italie dans la politique coloniale ont donné lieu à un conflit diplomatique entre cette puissance et la France. Nous voulons parler de l'affaire dite de Massaouah.

Pendant longtemps l'Italie dut s'abstenir de toute expédition étrangère : l'état précaire de ses finances et l'insuffisance de son armée lui faisaient de la prudence une véritable nécessité. S'il faut en croire les publicistes italiens, une autre cause plus noble et plus généreuse venait s'opposer à toute velléité d'expansion au dehors : l'Italie ne pouvait répudier sa foi dans le droit de tous les peuples à l'indépendance (1).

Quoi qu'il en soit, les débuts furent modestes et l'action du gouvernement se déroba longtemps à tous les regards sous les apparences trompeuses d'une société purement privée : les établissements d'Assab furent les premiers fruits de cette politique. La situation ne tarda pas à changer : arrachant un masque qui n'en imposait à personne, le 10 mars 1882, l'Italie remplaçait la société Rubattino dans tous ses droits et le Parlement votait le 5 juillet de la même année une loi par laquelle il dotait

1. Cf. Catellani, *Revue*, 1885, n. 3, p. 218.

la jeune colonie d'une organisation administrative. A cette époque il s'opérait un grand changement dans les dispositions du peuple italien jusque là peu favorable aux expéditions lointaines. Les encouragements intéressés de l'Angleterre, mais surtout les succès de la France en Tunisie en furent la cause. On oublia un peu, sans doute, le droit de tous les peuples à l'indépendance, en voyant que d'autres n'en avaient cure. La surprise fut grande dans le jeune royaume quand on apprit les résultats de notre expédition. La presse s'emporta en récriminations vaines et ne sut pas cacher l'amertume de ses regrets et de ses désillusions. On voulut chercher ailleurs des compensations pour l'occasion perdue : on tourna ses regards vers des régions plus éloignées du côté de la mer Rouge et du Soudan. L'Italie du reste comptait étonner le monde par la hauteur de ses vues en matière de colonisation et lui enseigner la vraie manière de procéder. C'était jusqu'ici la guerre qu'on avait apportée aux pauvres indigènes : mais il y aurait au moins un peuple qui donnerait au monde ce salutaire spectacle, la force et le droit réunis ! (1) L'avouerons-nous ? Nous croyons que les habitants du Haut-Soudan ne se sont pas peut-être rendu compte suffisamment du grand avantage qu'il y avait pour eux à voir leur pays colonisé par des soldats venus du bord du Tibre et non pas de ceux de la Tamise ou de la Seine.

C'est dans ces circonstances que l'Italie commenca une

1. Les faits ont donné un cruel démenti aux prétentions italiennes comme aux prétentions allemandes.

expédition militaire qui devait se prolonger pendant plusieurs années et qui devait l'amener à Massaouah (1).

37. — L'occupation de Massaouah par les troupes italiennes souleva dès l'origine de nombreuses protestations. Le khédive, principal intéressé dans cette affaire, dont les soldats égyptiens avaient été dépossédés violemment, se plaignit auprès du consul général d'Italie au Caire, et avisa la Porte de ce qui venait de se passer : il flétrissait en termes énergiques l'action italienne et qualifiait d'acte de piraterie cette occupation violente d'une ville depuis longtemps soumise à la souveraineté de l'Empire Ottoman. La note-circulaire du 10 février 1885 envoyée par le Sultan à tous ses représentants à l'étranger concluait dans le même sens. L'Italie soutint qu'il ne s'agissait pas d'autre chose que d'une occupation stratégique et temporaire qu'avaient rendue nécessaire les opérations militaires.

Cependant au mois de décembre 1885 le pavillon khédival était amené et l'administration italienne se substituait partout à l'administration égyptienne. La diplomatie italienne n'en soutenait pas moins que la question de souveraineté territoriale restait « impréjudiciable. » Le ministre turc, Saïd Pacha, n'avait pas de peine à faire ressortir dans ses circulaires ce qu'il y avait d'étrange et de contradictoire dans la conduite de l'Italie, dans cette prise de possession par la force, en pleine paix, d'un ter-

1. *Revue de Géog.*, mars 1888.

ritoire sur lequel l'agresseur lui-même reconnaissait les droits de souveraineté de S. M. le Sultan !

La situation de fait de l'Italie à Massaouah ne fut jamais reconnue par la France. Il ne manqua pas cependant de tentatives indirectes pour arriver à ce résultat.

Le 12 mars 1887, par exemple, l'ambassadeur d'Italie à Paris remettait au ministre des affaires étrangères d'alors, M. Flourens, un *pro memoria* : le cabinet italien, prévoyant que le vice-consul de France résidant à Massaouah pourrait être remplacé à un moment donné à cause de sa santé, se demandait si le futur vice-consul devrait recevoir l'*exequatur* de la Sublime Porte ou de la Consulta, et concluait en faveur de la seconde. La France refusa avec raison d'entamer aucune discussion à cet égard, comprenant bien que le but poursuivi était de lui faire reconnaître, d'une façon indirecte il est vrai, la situation de fait acquise par l'Italie au Soudan. Dans le courant du mois de juillet, le gouvernement italien prétendit lever certaines taxes sur les étrangers établis à Massaouah : l'un d'eux, citoyen grec, et à ce titre protégé de la France, se vit frappé d'une amende et emprisonné pour avoir refusé d'effectuer le paiement qu'on exigeait de lui. Grâce à notre consul, Constantin Nicolopoulo fut relâché. Mais cet acte arbitraire fut suivi d'autres actes non moins graves : nous citerons notamment le refus de reconnaître notre agent et la prétention de lui imposer l'*exequatur* du gouvernement italien (1).

Quoi qu'on en ait dit, les questions de principe les plus

1. *Revue britannique*, août 1888, lettre de M. Flourens.

graves étaient engagées dans ce conflit si futile par sa cause première.

Massaouah était-il lors de l'occupation une *res nullius?* Si on admettait que non, les capitulations étaient-elles *ipso facto* supprimées par l'occupation italienne ? (1)

Pendant quelque temps des documents diplomatiques nombreux furent échangés à ce sujet : deux notes de M. Goblet, alors au quai d'Orsay, plusieurs notes de M. Crispi, ministre des affaires étrangères du royaume d'Italie, une note du gouvernement ottoman, se succédèrent en quelques jours. Les journaux et les revues publièrent de nombreux articles dont quelques-uns traitaient la question avec détails. Peu à peu tout ce bruit s'apaisa.

Dans ces derniers temps enfin les tristes circonstances qui ont attiré l'attention de l'Europe sur la côte orientale d'Afrique et provoqué l'intervention de l'Allemagne et de l'Angleterre ont donné à la question de l'occupation effectuée par une Compagnie privée un intérêt d'actualité assez grand. La valeur pratique de cette colonisation est contestée ; sa valeur juridique internationale sera le sujet de notre examen dans la suite de ce travail.

1. Cf. sur Massaouah, § 90, et sur la politique coloniale italienne, § 57. Le second point ne rentre pas dans notre sujet. A l'occasion du premier point, que nous examinerons plus loin, nous verrons que la question se posait tout autrement à Massaouah qu'aux Carolines.

# DEUXIÈME PARTIE

## DU SUJET
# DE L'OCCUPATION

38. L'État est le sujet de l'occupation. Division.

38. — En droit romain toute personne capable d'éprouver l'*animus domini* est capable de posséder et sa possession peut se changer en une acquisition de propriété par occupation si certaines conditions sont remplies : il faut que la nature de la chose et sa situation juridique ne s'opposent pas à cette transformation. Les mêmes principes sont en vigueur dans le droit civil des peuples modernes : tout être juridique peut en principe se former un patrimoine et l'augmenter par la prise de possession des *res nullius* jointe à l'*animus domini*.

La fin poursuivie dans le cas de l'occupation du droit international n'est pas l'augmentation du patrimoine, mais l'extension de la souveraineté. Pour pouvoir occuper valablement au point de vue international, il faut donc être un sujet du droit international, une personne juridique dont il reconnaît l'existence. Il faut être capable d'éprouver un *animus domini* spécial : avoir la volonté et le pouvoir tout à la fois de traiter les territoires acquis comme étant soumis à sa souveraineté, d'y assurer l'ordre, d'y établir un gouvernement et des institutions propres à sauvegarder les intérêts de ceux qui y sont établis. En un mot pour pouvoir se prévaloir du droit d'occupation il faut être un État. Tel est le principe et il ne saurait être contesté ouvertement par personne.

Il appartient au droit constitutionnel de chaque État de décider la question de savoir sous quelles conditions, dans quelles mesures et par quels organes l'État peut acquérir; il aura à déterminer aussi à qui sera confié le pouvoir de ratifier les acquisitions une fois faites. Mais ce sont là des questions étrangères au droit international : à son point de vue l'acquisition par occupation sera parfaite dès qu'elle aura été faite conformément aux règles par lui posées et quand bien même elle ne satisferait pas à toutes les prescriptions constitutionnelles de l'État occupant. La validité d'une occupation ne saurait être contestée par les États tiers qu'en prenant pour base de leur réclamation une violation des règles du droit international. Un exemple éclaircira notre pensée. Supposons que les États-Unis (ce ne serait peut-être là que la juste contre-partie de la doctrine de Monroë), posent en principe dans leur constitution qu'aucune extension de leur souveraineté ne saurait avoir lieu en dehors du continent américain. Malgré cela un officier de la marine fédérale, peut-être un consul trop zélé, prend possession d'une île située dans l'Océan Pacifique. Cette prise de possession ne pourra pas être considérée comme sans valeur par les

États tiers: les États ne sont en effet liés à l'égard les uns des autres que par les principes du droit international.

Un examen un peu approfondi du principe que les États sont les sujets de l'occupation internationale nous amène à nous poser trois questions que nous chercherons à résoudre dans l'ordre suivant :

1° Quelles sont les différentes hypothèses dans lesquelles l'État acquiert la souveraineté par occupation ?

2° Tout État peut-il occuper?

3° Les États sont-ils seuls à avoir le droit d'occuper ?

# CHAPITRE Ier

## QUELLES SONT LES DIFFÉRENTES HYPOTHÈSES DANS LESQUELLES L'ÉTAT ACQUIERT PAR OCCUPATION LA SOUVERAINETÉ D'UN TERRITOIRE ?

SOMMAIRE

39. 1° Mandat. Le mandat est l'origine d'une colonie d'État. — 40. Trois espèces de mandat : *a*. Mandat spécial. — 41. *b*. Mandat général. — 42. *c*. Mandat tacite. — 43. 2° Gestion d'affaires. La ratification a-t-elle un effet rétroactif ? — 44. Qui peut être mandataire ou gérant d'affaires ? La colonisation actuelle est une entreprise privée. — 45. Compagnies de commerce. Il y a trois espèces de colonies dans le droit anglais. Les chartes.

39. — Il faut à cet égard distinguer nettement deux situations distinctes : l'occupation est effectuée soit par un mandataire, soit par un *negotiorum gestor* (1).

1° *Mandat*. — L'État est représenté à l'étranger par ses fonctionnaires, officiers et consuls, et même par ses sujets. Il n'y a aucun doute à avoir sur la validité des occupations effectuées par les représentants de l'État : leur capacité est celle de l'État dont ils exécutent le mandat. On pourrait cependant se demander si toute personne est apte à représenter tout État. L'État n'est-il pas limité dans le choix de ses mandataires ? Pourrait-il

1. Heffter, § 70 ; Blüntschli, § 279 ; Calvo, § 277 ; Heimburger, p. 45.

choisir par exemple, pour remplir une mission de ce genre, le sujet d'un autre État? La France pourrait-elle charger un Italien d'occuper telle ou telle île en son nom? Aucun principe du droit international ne s'y oppose. L'histoire nous montre les plus fameux navigateurs du siècle des découvertes au service de gouvernements étrangers. Le Gênois Colomb tient ses lettres patentes de la main de Ferdinand ; Caboto de Venise plante le pavillon de Henri VIII d'Angleterre partout où il aborde : Verrazani de Florence acquiert de vastes territoires pour le roi de France, François Ier. De nos jours, Stanley, citoyen américain, après avoir été l'agent de l'Association internationale africaine, est actuellement celui de l'État libre du Congo. Il se pourrait cependant, il en serait ainsi en Angleterre, qu'une prescription de la législation du pays du mandataire s'opposât à ce qu'il acceptât de remplir un pareil rôle qui souvent pourrait être peu compatible avec les devoirs de fidélité d'un sujet (1). L'acceptation d'un pareil mandat sans l'autorisation de son gouvernement pourrait entraîner pour un Français la perte de sa qualité de Français, en vertu de l'article 17 du Code civil.

Quelle que soit la qualité du mandataire, l'occupation a lieu par l'État, à son profit direct, et sera l'origine d'une colonie d'État, d'une *Crown Colony*. C'est ce que M. de Bismarck appelle volontiers, dans ses discours sur la politique coloniale, le système français de colonisation. Cette qualification n'est peut-être pas d'une exactitude parfaite, car aux siècles précédents les Compagnies de

1. Cf. Creasy, *op. cit.*, p. 66 et 67; voyez plus bas, § 50, p. 138.

commerce et les entreprises particulières ont joué un grand rôle en France comme ailleurs. Dans la séance du Reichstag allemand du 26 juin 1884, notamment, le Chancelier a déclaré que quand il s'écriait qu'il était contre les colonies, il fallait entendre contre les colonies fondées selon le système français. Dans ce système, le gouvernement s'érige en juge de la valeur de l'entreprise coloniale, il en apprécie les chances de succès ; il précède sur le sol étranger les colons et les émigrants. Pour employer l'image du prince de Bismarck, c'est lui qui plante l'arbre, qui surveille sa croissance et qui l'active parfois par des moyens artificiels.

Nous n'avons pas à juger de la valeur de ces critiques qui, au point de vue de la colonisation, paraissent fondées à beaucoup de bons esprits. Nous nous plaçons ici au point de vue du droit international. Ce sont là deux ordres d'idées très différents. Le système français, le système des colonies d'État, a ce grand avantage de ne donner prise à aucune équivoque. L'occupation a lieu ouvertement par l'État et au profit de l'État : le drapeau français flotte sur la colonie et nul ne peut ignorer que ce territoire désert est devenu un territoire français. Il n'y a aucun doute à avoir sur la qualité ni sur la capacité de celui qui occupe, ni sur le moment où s'est effectuée l'acquisition de souveraineté. Un pouvoir politique s'organisera rapidement dans la nouvelle colonie qui comprendra parfois à ses débuts plus de fonctionnaires que de colons.

M. Jules Ferry constatait, dans les instructions qu'il adressait au baron de Courcel à la veille de la Conférence africaine, que la France s'était conformée à ce principe dans la formation de son domaine colonial (1).

40. — La nature du mandat en vertu duquel le représentant de l'État occupe en son nom, peut varier suivant les cas : ce sera soit un mandat spécial, soit un mandat général, soit un mandat tacite. Ces trois situations demandent à être examinées séparément.

*a. Mandat spécial.* — Le représentant de l'État est chargé d'une mission spéciale, ses instructions portent qu'il doit arborer le pavillon national sur telle ou telle île dont la situation est bien déterminée. L'État est mandant; l'officier, le consul ou l'explorateur, joue le rôle de mandataire. Il faudra appliquer à cette hypothèse les règles générales du mandat. Pour employer la terminologie romaine, nous dirons que la prise de possession a lieu *corpore alieno* (Paul, V, 2, § 1). On sait qu'à la différence du *corpus*, l'*animus*, en règle générale, doit être personnel. Mais le cas où nous nous sommes placé est précisément l'un de ceux où les jurisconsultes admettaient une exception à ce principe. C'est dire que l'État sera considéré comme possesseur, et sa souveraineté comme établie, non pas au moment où il apprendra que ses ordres sont exécutés, mais au moment même de l'exécution de ses ordres (Inst. § 5, *Per quas pers. nob. acq.*, II, 9) (2). Cette dérogation au droit commun paraît devoir être admise en droit international: son utilité pratique n'est pas douteuse (3).

1. Livre jaune, p. 52 et 53.
2. Voyez plus haut, § 5.
3. Accarias § 215 et 300.

41. — *b. Mandat général.* — La prise de possession est effectuée par un représentant de l'État, non pas en vertu d'un mandat spécial, mais d'instructions lui ordonnant, par exemple, de planter son pavillon sur toutes les terres qu'il rencontrera sur sa route et qui ne seront pas encore occupées. Les lettres patentes, brevets ou commissions octroyés par les rois d'Espagne, de France ou d'Angleterre, aux navigateurs du siècle des grandes découvertes étaient très généralement conçus dans ces termes. On n'en saurait facilement, croyons-nous, citer d'exemples récents. Quelles en seraient la portée et la valeur ? Il faut se souvenir pour en juger que l'*animus domini* dans le domaine qui nous occupe, l'*animus* international, que seul peut éprouver l'État, consiste dans la volonté arrêtée de se comporter en souverain : volonté qui ne saurait exister qu'à la condition d'avoir conscience de l'objet sur lequel elle devra s'exercer. Personne ne peut acquérir à son insu : *ignoranti non acquiritur possessio*. La situation de l'officier qui, en exécution d'ordres vagues et généraux, occupe une île déserte, est analogue à celle d'un gérant d'affaires qui serait sûr d'obtenir la ratification de la prise de possession dont il a assumé l'initiative. L'*animus* et le *corpus* ne concourront, la souveraineté ne sera acquise qu'au moment où l'État saura quelle est l'étendue et la situation des territoires occupés.

42. — *c. Mandat tacite.* — On sait en quoi consiste cette hypothèse : elle se présentera toutes les fois qu'une personne occupera un territoire sans que l'on puisse dire qu'elle agisse à l'insu de l'État et sans qu'elle ait cependant reçu mission de le faire.

C'est là le cas qui se présente le plus souvent dans la pratique actuelle : presque toutes les occupations se font aujourd'hui avec la connivence de l'État et comme en cachette.

Au temps des grandes découvertes tous les sujets du Roi pouvaient être considérés comme investis d'un mandat tacite à l'effet d'acquérir de nouveaux territoires et il semble que cette idée ne soit pas encore tout à fait abandonnée dans le droit public anglais.

En Angleterre jusque dans ces derniers temps, peut-être même à l'heure actuelle, dans les autres pays à l'époque des grandes découvertes et aux siècles postérieurs, il était de principe que les terres découvertes ou occupées par un régnicole passaient *ipso facto* sous la souveraineté du Roi et devenaient même sa propriété. Le droit d'occuper était un privilège royal : les idées de propriété et de souveraineté étant confondues, on ne distinguait pas l'occupation source de la propriété de l'occupation source de la souveraineté. Le roi conférait ce droit par une charte à certains de ses sujets qui pouvaient acquérir ainsi par occupation le *dominium utile* ; la couronne se réservait toujours le domaine éminent et les droits de souveraineté.

Agissait-il sans mandat exprès, le sujet ne pouvait prendre possession qu'en vertu d'un mandat tacite et au nom du Roi. La nationalité de l'occupant se communiquait au sol : l'Anglais faisait la terre anglaise, le Français la faisait française. On le comprend aisément : le droit de domaine éminent du roi s'étendant à tous les biens de ses sujets, le régnicole ne pouvait pas acquérir en propriété une terre non soumise à une autre souveraineté sans que la souveraineté royale s'y étendît immédiatement.

Combien les idées n'ont-elles pas varié depuis l'antiquité ! Dans la civilisation gréco-romaine l'État et la Cité sont deux notions identiques : celui qui sort des murs de sa ville natale perd sa qualité de citoyen ; s'il fonde une nouvelle cité, il fonde un nouvel État. Aux siècles précédents, et tel est encore le principe défendu par les publicistes anglais contemporains, le colon, l'émigrant emportent avec eux leur patrie : là où un Anglais est établi, là est l'Angleterre, si la place qu'il occupe n'est pas encore soumise à une autre souveraineté (1). Mais cette idée, conséquence logique de principes répudiés aujourd'hui par le droit public des peuples modernes, doit être repoussée. Là ou un Français est établi, là n'est pas la France, tant qu'à l'occupation privée n'est pas venu se joindre un commencement d'occupation publique.

On appliquera dans le cas d'un mandat tacite comme dans le cas précédent le principe : *ignoranti non acquiritur possessio*. On pourrait voir la preuve de l'existence d'un mandat de ce genre dans le cas où des subventions seraient accordées par l'État à une société de colonisation et dans bien d'autres hypothèses qu'il est facile d'imaginer (2).

1. Seeley, *op. cit.*, p. 52; Creasy, *op. cit.*, p. 66 (voir page 138 la traduction de ce passage) ; Heimburger, *op. cit.*, p. 46 ; Stengel, *op. cit.*, p. 45.

2. Le septième environ (500,000 marks) du capital de la Compagnie allemande de l'Afrique orientale a été versé par la caisse du fidéicommis de la couronne de Prusse.

43. — 2° *Gestion d'affaires.* — L'acquisition de la souveraineté a lieu au profit de l'État, mais indirectement et par le fait d'un tiers, qui n'est ni son représentant ni son mandataire et qui agit à son insu. Toute personne peut remplir le rôle de gérant d'affaires à l'égard de tout État, sauf si une disposion de son droit national vient s'y opposer. (1) Ce seront souvent de simples particuliers, des Compagnies de commerce, quelquefois une associatiou savante qui occuperont dans ces conditions. M. Savorgnan de Brazza a commencé par être mandataire d'une association française, qui elle-même jouait le rôle de *negotiorum gestor* à l'égard de l'État français, puis il est devenu mandataire et représentant de l'État lui-même lorsqu'il en a reçu des instructions et des subsides. (2)

Cette hypothèse se rapproche de celle du mandat tacite, elle ne s'en sépare que sur un point : dans le cas de la *negotiorum gestio,* l'État ignore complétement l'acte de gestion accompli à son profit.

L'acquisition de la souveraineté ne résultera pas ici de la prise de possession matérielle effectuée par le gérant d'affaires : en effet l'*animus* et le *corpus* ne sauraient concourir à ce moment là. Elle résultera de la ratification des actes du gérant qui équivaut à une déclaration d'*animus domini.* Il appartient au droit constitu-

1. Creasy, *op. cit.*, p. 66 et n° 1. Nous avons traduit ce passage quelques pages plus bas, page 138.

2. Cf. le texte du traité conclu entre Brazza « agissant dans l'intérêt de la France » et le roi Makoko. *Rev. de Géog.* Novembre 1882, p. 387. Ce traité a donné lieu à de nombreuses discussions dans la presse et au sein des Chambres en novembre et en décembre 1882.

tionnel de chaque État de déterminer à qui revient le pouvoir de ratifier et dans quelle forme la ratification doit être donnée.

L'État est pleinement libre d'accorder ou de refuser sa ratification : mille circonstances politiques influeront sur sa décision. En fait il est à remarquer que si l'initiative de l'occupation a été prise par un consul (1) ou par un officier, elle sera plus rarement refusée que si elle est l'œuvre d'un simple particulier. Dans le premier cas en effet, l'action de l'officier ou du consul, même agissant sans mandat, engage l'État dans une certaine mesure : le pavillon national aura peut-être été arboré.

On appliquera la règle : *ratihabitio mandato æquiparatur*, principe sur la portée duquel les jurisconsultes romains avaient quelque peine à s'entendre (12, § 4. *D. de sol.* 46. 3.). La ratification comporte-t-elle un effet rétroactif ou non ? Et dans notre espèce, la souveraineté sera-t-elle réputée acquise du jour de la ratification ou du jour ou a eu lieu l'acte de gestion d'affaires ?

On voit l'intérêt de la question. Supposons qu'un État tiers prenne possession de l'île déserte occupée par le gérant d'affaires, dans l'intervalle de temps qui s'écoulera entre la prise de possession et la ratification. Que devrons-nous décider ? Repousse-t-on l'idée de la rétroactivité, l'île devra être considérée comme ayant con-

1. Les consuls engagent souvent et parfois imprudemment leur gouvernement dans des entreprises coloniales auxquelles il est difficile de renoncer quand on les a commencées. C'est ce que M. de Bismark a appelé le « *morbus consularis* » qui suivant lui dégénère souvent en « *furor consularis*. » Le Chancelier a employé ces expressions à propos de l'affaire de Samoa.

servé sa qualité de *res nullius*, au moment de l'intervention de l'État tiers et comme ayant passé sous sa souveraineté. Admet-on la rétroactivité ? Le résultat inverse se produira.

Cette seconde solution paraît de beaucoup préférable en pratique. Il ne faut pas dire que la ratification donne naissance à une convention qui n'a jamais eu lieu, à un contrat de mandat, ce qui serait absurde. Mais il faut admettre, avec le droit romain, qu'elle a un effet rétroactif, en ce sens qu'elle a pour résultat de valider ou d'invalider certains actes dont le sort dépend de celui de l'occupation primitive effectuée par le gérant d'affaires. (1) (58, § 2; 71. § 1 à 3. *D. de sol.* 36. 3).

44. — Les rôles de mandataire ou de gérant d'affaires peuvent être remplis aussi bien par de simples particuliers ou par des Compagnies de commerce que par des fonctionnaires, représentants ordinaires de l'État à l'étranger.

En fait il arrive rarement à l'heure actuelle que l'État lui-même, de prime abord, s'établisse sur un territoire inhabité ou du moins soustrait à l'exercice d'une souveraineté organisée. Les premiers jalons de l'occupation future sont plantés par des sociétés commerciales

1. Accarias, *Droit romain*, n° 656. La question présente un intérêt réel au point de vue de l'application des art. 34 et 35 de l'Acte de Berlin si l'on suppose que l'acte de gestion d'affaires a eu lieu antérieurement et la ratification postérieurement à la signature de l'Acte de la Conférence africaine, Cf. Livre jaune, p. 217, l'observation de l'ambassadeur d'Italie, et plus bas, § 100, les réflexions qu'elle nous a suggérées.

reconnues ou non reconnues par un gouvernement, agissant le plus souvent de connivence avec lui et avec son approbation tacite. Ce sont parfois des missionnaires, parfois des commmerçants (et ces deux qualités qui devraient, pour la dignité de la première, être exclusives l'une de l'autre sont quelquefois réunies) (1) qui accomplissent les premiers actes destinés plus tard à servir d'arguments pour soutenir les prétentions des chancelleries. (2) L'Angleterre actuellement laisse une grande place à l'initiative privée et aux Compagnies de commerce dans son mouvement d'expansion au dehors. Elle se contente d'encourager sous main les entreprises de ses sujets, de faire savoir clairement aux autres États qu'ils y a là des intérêts britanniques en jeu qui ont droit à sa protection. La responsabilité de l'État sera ainsi moins directement engagée, son budget de cette façon ne sera pas augmenté. L'Angleterre ne fait pas souvent intervenir en première ligne sa marine et ses officiers pour occuper un territoire désert. Le cas ne se présentera que lorsque

1. L'évêque méthodiste Taylor a créé des missions sur la côte orientale de l'Afrique qui doivent se suffire à elles-mêmes par le commerce : c'est ce qu'on appelle en Angleterre le « *self supporting principle.* »

2. Le gouvernement espagnol a tout récemment décidé qu'aucune société étrangère n'aurait le droit de posséder des terres aux Philippines. Ce décret est spécialement dirigé contre les maisons allemandes. Le cabinet de Berlin s'en est ému et a commencé des négociations à ce sujet. On comprend parfaitement qu'un gouvernement, dont l'occupation peut être sur certains points plus nominale qu'effective, prenne une mesure de ce genre. Elle est pleinement justifiée par le rôle souvent équivoque joué par les Compagnies de commerce. (Cf. sur ce décret, *Journal des Débats*, 18 février 1889).

l'acquisition convoitée offrira un intérêt plutôt politique que commercial.

Dans d'autres pays les entreprises particulières servent à dérober aux yeux peu attentifs les commencements timides d'un gouvernement certain de ne pas trouver dans les Chambres l'appui et les crédits nécessaires pour mener à bien un plan de politique coloniale. Il en a été ainsi en Italie et en Allemagne.

On a fait de cette façon de procéder un véritable système que l'on se plait à opposer à la colonisation par l'État. (1) M. de Bismarck a exposé plus d'une fois son opinion à ce sujet dans les grands discours sur la politique coloniale qu'il a prononcés devant le Reichstag allemand en 1884 et en 1885. Le gouvernement allemand ne veut pas employer le système français: il ne veut pas de colonies fondées par l'État. Son plan est de suivre avec intérêt les entreprises et les efforts de ses sujets à l'étranger. La colonisation est avant tout une entreprise privée. (2)

La conséquence forcée de ces idées est la formation d'un grand nombre de Compagnies de commerce. La colonisation exige des capitaux trop considérables et est un placement à trop longue échéance pour pouvoir être entreprise par des individus isolés : l'association est ici une

1. L'expérience semble ouvrir les yeux, même des Allemands, sur la valeur pratique de ce système. Voyez un article d'un ancien consul de l'Empire à Zanzibar, G. Rholfs, dans la *Gazette de Cologne* (30 septembre 1888).

2. Discours du 2 mars 1885. Cf. traduction française des discours du prince de Bismarck, T. XI et XII. Voyez Leroy-Beaulieu, *op. cit.*, p. 307.

nécessité. Mais la coexistence sur un même territoire de sociétés rivales appartenant à des nations différentes peut amener facilement le conflit de prétentions divergentes. Chacune presse son gouvernement respectif de se hâter de dévoiler ses batteries, d'accourir au plus vite, de déployer son drapeau et de mettre ainsi les gouvernements rivaux en présence d'un fait accompli.

Aussi le Chancelier de l'Empire allemand annonçait-il que l'intention du gouvernement de Berlin était d'accorder aux associations commerciales la protection de l'Empire lorsque leur développement justifierait une pareille mesure et si cela était nécessaire pour les soustraire aux convoitises des puissances tierces : il se référait à cet égard aux précédents de la politique anglaise, aux *Royal Charters.* (1) L'Allemagne a conféré deux lettres de protection dans les années qui suivirent : on en trouvera le texte plus loin (2).

Si l'on veut se rendre compte de leur portée, il est donc nécessaire de savoir ce qu'étaient et ce que sont encore à l'heure actuelle les chartes royales que confère le gouvernement britannique.

45. — L'ancien droit public anglais distinguait trois espèces de colonies : les *Crown-Colonies,* les *Proprietary-Colonies,* les *Charter-Colonies* (3).

Les premières sont les colonies fondées par l'État direc-

1. Discours sur la politique coloniale, 1884 et 1885 ; voyez les discours du 26 juin 1884 et du 16 mars 1885.

2. Voyez § 59 et 60.

3. Cf. Leroy-Beaulieu, *op. cit.*, p. 93 et s. ; Stengel, *op. cit.*, p. 45 ; Creasy, *op. cit.*, III, p. 36.

tement, exploitées par lui et soumises à l'action directe de sa souveraineté.

Il n'y a pas lieu de distinguer, à notre point de vue, les *Proprietary-Colonies* des *Charter-Colonies*. Dans le premier cas, le privilége était accordé à un ou à plusieurs particuliers, dans le second cas à une Compagnie de commerce. Le Roi accordait le privilége d'occuper et de coloniser des contrées non encore découvertes et d'y exercer des droits de souveraineté sous le contrôle du gouvernement anglais et sous réserve de ses propres droits de souveraineté. De nos jours, les *Proprietary-Colonies* sont tombées en désuétude et l'on n'accorde plus de chartes relatives à des pays encore presque inconnus. Mais si les circonstances paraissent favorables, si la Compagnie de commerce paraît prospère et ses efforts dignes d'être encouragés, le Parlement anglais lui octroie une *Royal-Charter*, c'est-à-dire une délégation partielle de souveraineté, souvent sous des conditions assez rigoureuses. Dès lors, les actes de la Compagnie sont sous la direction et le contrôle du gouvernement de la Reine, mais en revanche la Compagnie a droit à la protection diplomatique et militaire de la métropole (1).

On le voit, qu'il s'agisse de l'une ou de l'autre espèce de colonies, cela importe peu à notre point de vue : dans tous les cas, le sujet juridique de l'acquisition directe ou indirecte de la souveraineté est l'État.

Il est à remarquer que la Compagnie ou le particulier qui joue le rôle de *negotiorum gestor* peuvent n'avoir pas

1. Cf. § 54, 55, 56, et le texte cité à l'Appendice.

eu toujours cette intention. Ils ont pu commencer par vouloir fonder un nouvel État, par éprouver un *animus domini* personnel. La validité de l'occupation, parfaite au point de vue privé, imparfaite au point de vue international, est restée en suspens. Devant les dangers de cette situation équivoque, la Compagnie s'adresse à un État; elle se résoudra pour sauvegarder ses droits de propriété privée à renoncer au rôle de fondateur d'État pour celui plus modeste de *negotiorum gestor* : elle demandera à un gouvernement établi de ratifier ses actes.

La ratification peut avoir lieu sous deux formes : elle peut être pure et simple ; l'État prendra à son compte personnel les actes de la Compagnie ; il se substituera complètement à son action en l'indemnisant. La colonie deviendra une colonie d'État.

Mais l'État peut aussi ne pas se soucier d'une semblable augmentation de son domaine colonial. Il ne ratifiera alors qu'en se dépouillant aussitôt au profit du *negotiorum gestor*, d'une façon plus ou moins complète, de l'exercice des droits de souveraineté qu'il vient d'acquérir (1).

Telle est, à notre avis, la portée des chartes et lettres de protection délivrées de nos jours à des Compagnies privées par certains gouvernements (2).

1. Nous disons « de l'exercice» et non pas des droits de souveraineté eux-mêmes. Pous nous en effet, une Compagnie n'est pas une personne juridique internationale. Voyez en sens contraire, Meyer, *op. cit.*, p. 158.

2. Cf. Ch. III, section III.

## CHAPITRE II

### TOUT ÉTAT PEUT-IL OCCUPER ?

SOMMAIRE

46. — Le sujet de l'occupation n'est ni l'État chrétien, ni l'État civilisé ; c'est l'État sans qualificatif. — 47. L'État protégé ou mi-souverain, l'État neutre, la colonie peuvent-ils occuper ?

46. — Nous avons vu précédemment que la réponse à faire à cette question a beaucoup varié. A l'époque d'Alexandre VI le droit de découvrir, d'occuper et de coloniser était l'apanage exclusif de deux puissances, le Portugal et l'Espagne. Bientôt on en fit le privilége des États chrétiens et l'on posa en principe que l'État chrétien seul avait le droit d'exister, d'avoir un territoire et d'augmenter son étendue (1). Il n'en est plus ainsi aujourd'hui, en apparence tout au moins : de même que tout individu a le droit d'acquérir par occupation la propriété des terres sans maître, (2) de même tout État a le droit d'acquérir par occupation la souveraineté de tout territoire qui a échappé jusque-là à l'action d'une souveraineté. Tel est le principe. Et cependant, dans la réalité des faits, on retrouve

1. Voyez 1re partie, section II, ch. I et II.

2. *Contra* Creasy, *op. cit.*, p. 66 et 67 ; texte de la charte de la Nouvelle Guinée, § 59.

encore de nos jours l'application de cette idée que l'État civilisé seul, entendez l'État de civilisation européenne et chrétienne, a des droits ; que seul il peut étendre son territoire ; que seul il est sujet du droit international. Nous n'insistons pas : nous aurons l'occasion de revenir sur ce point lorsque nous rechercherons quel est l'objet de l'occupation ; la même théorie se présentera à nous sous un aspect différent.

La Conférence de Berlin, il faut lui rendre cette justice, s'est montrée sur ce point comme sur beaucoup d'autres, animée d'un esprit large et généreux. Elle n'a pas pensé que le droit international fût un droit européen ou un droit que ne pouvaient invoquer les États appartenant à une civilisation autre que la civilisation chrétienne. Elle n'a pas déterminé exactement quel est le sujet de l'occupation. Elle n'avait pas à le faire. Sa déclaration n'a pas le caractère d'une déclaration théorique et ne constitue pas une exposition de principes. Son œuvre a une portée locale : elle ne s'applique qu'aux côtes d'Afrique. Elle ne peut être considérée comme obligatoire que pour les États qui l'ont signée ; elle ne peut être invoquée que par eux et que contre eux.

Mais voyez les termes généraux employés soit dans l'intitulé du chapitre VI, soit dans les art. 34, 35 et 37. Si l'on demande qui peut occuper, qui est le sujet de l'occupation dans la doctrine de la Conférence de Berlin, on répondra qu'il faut et qu'il suffit d'après elle pour pouvoir acquérir la souveraineté par occupation, d'être « une Puissance. »

Toutes les Puissances peuvent adhérer à l'Acte général

en vertu de l'art. 37. Le Sultan de Zanzibar en a profité le 8 décembre 1886 et a signé ce document sous réserve des articles relatifs à la liberté commerciale. On ne peut douter que si ce souverain occupait de nouveaux territoires dans les termes de l'Acte de Berlin, ces occupations ne fussent juridiquement valables et ne dussent être reconnues par les autres États. Il en est de même du plus jeune de tous les États, de l'État du Congo.

En fait les puissances de civilisation chrétienne sont seules à étendre leur souveraineté : les autres États songent avant tout à conserver ce qu'ils possèdent.

Le projet de déclaration de M. Engelhardt et la déclaration de Lausanne elle-même ont imité le silence de l'Acte de Berlin et n'ont point jugé bon de déterminer quel est le sujet de l'occupation. Les jurisconsultes réunis à Lausanne ont repoussé en effet l'article 2 du projet de M. de Martitz qui bien que d'une apparence tout à fait anodine prend une autre tournure quand on le rapproche de l'art. 1. « Tout État a le droit d'acquérir par occupation. » Mais de quels États s'agit-il ? De ceux qui appartiennent à la communauté du droit des gens (art. 1). Il nous paraît qu'il y a sur ce point une lacune regrettable dans l'œuvre de l'Institut de droit international : il appartenait à cette réunion savante de proclamer avec l'autorité qui s'attache à toutes ses décisions le principe que l'État sans épithète peut occuper et qu'il n'y a que l'État qui puisse occuper.

Il est à remarquer que la question pratique de savoir : qui peut occuper ? ne se posera en fait qu'à propos de la question suivante : que peut-on occuper ? Elle ne se posera en effet que lorsque les droits d'une communauté dont on peut douter si elle est un État (peuple sauvage ou société commerciale en train de se transformer en État) sur un territoire où elle est nouvellement établie se trouveront en conflit avec les convoitises territoriales d'un État véritable. Celui-ci ne la résoudra probablement pas avec plus de ménagements relativement au pays qui vient d'être occupé, qu'à l'égard de celui qui l'est depuis plus longtemps et qui a constitué les premières acquisitions de la société en voie de transformation ou le patrimoine héréditaire de la horde sauvage.

Remarquons cependant qu'on pourrait trouver juste peut-être d'entendre la notion d'État avec plus de rigueur quand il s'agit du sujet de l'occupation que quand il s'agit de son objet : que l'on pourrait reconnaître à certaines peuplades sauvages le droit à l'indépendance, sans reconnaître leur droit à l'extension. Ce serait en d'autres termes admettre avec Vattel (1) que les États civilisés ont le droit de « resserrer les sauvages dans des limites plus étroites » s'ils deviennent un danger pour la civilisation par leur accroissement. Ce sont là des craintes bien chimériques : le contact des Européens, les produits et les vices qu'ils apportent avec eux, suffisent à faire disparaître petit à petit les races indigènes qui ne réussiront pas à arrêter la marche de la civilisation ! Mot pompeux qui dans la réalité des faits sert à déguiser de bien grandes iniquités.

Toute concession dans ce domaine est dangereuse et il

1. *Op. cit.* I, § 209.

la faut repousser. Il faut, sous peine d'encourager les plus graves abus, maintenir fermement le principe que l'occupation étant un mode d'acquisition de la souveraineté, toute personne capable d'exercer des droits de souveraineté est susceptible d'augmenter son territoire par ce moyen. Le sujet de l'occupation n'est donc pour nous ni l'État chrétien, ni l'État civilisé, c'est l'État sans qualificatif. En fait, il sera souvent difficile de décider s'il y a État ou non. On consultera à cet égard les principes du droit international : il a soumis la notion d'État à une étude très approfondie; la définition de ce terme lui appartient. Il serait superflu de la reproduire ici.

47. — Lorsque nous nous sommes demandé si tout État a le droit d'occuper, nous avons toujours supposé jusqu'ici qu'il s'agissait d'un État souverain et nous avons répondu affirmativement. Que dirons-nous des États protégés ou mi-souverains ?

On le sait, la mi-souveraineté ou le protectorat est la situation d'États qui ont joui de la souveraineté complète dans le passé ou qui en jouiront dans l'avenir. C'est un état de déchéance ou de relèvement, c'est toujours un état transitoire. C'est une étape sur la route de l'émancipation complète ou sur celle de l'asservissement, de l'absorption dans un autre État. Il n'y a pas, du reste, deux États protégés ou mi-souverains qui soient dans une situation identique. Aussi la question que nous avons posée ne comporte-t-elle pas de solution théorique. On peut dire, cependant, qu'en général, ce qui fait le trait caractéristique de cette situation étant l'absorption, plus ou moins complète suivant les traités, de la souveraineté extérieure de l'État protégé par l'État protecteur, toute occupation accomplie par un État de ce genre devra être considérée comme opérée pour le compte de l'État suzerain en vertu d'un mandat tacite ou d'une gestion d'affaires et sauf ratification de sa part. Il paraîtrait juste de considérer, par exemple, que, si un État comme la Bulgarie, se mettait à coloniser et à occuper, ce ne pourrait être qu'avec l'assentiment du Sultan et à son profit indirect (1).

La neutralité perpétuelle est bien aussi dans une certaine mesure une atteinte portée à la souveraineté de l'État : au point de vue de l'occupation cela n'a pas d'importance. L'État neutre peut avoir une politique coloniale, faire des expéditions lointaines. Sa neutralité n'est pas un obstacle à ce qu'il occupe des territoires déserts et à ce qu'il y fonde dès établissements coloniaux. Il court peut-être ainsi au-devant de dangers : c'est là une question de politique ; juridiquement sa liberté est entière. L'État du Congo aurait pu être une colonie belge au lieu de devenir un État indépendant. Les territoires occupés par l'État neutre participeraient-ils à la neutralité de l'occupant tant au point de vue des bénéfices qu'à celui des obligations qui sont attachés à cette situation? Il faudrait, semble-t-il, faire une distinction. Les

1. On peut concevoir à l'inverse qu'un État protecteur occupe un territoire *nullius* au nom de l'État protégé : l'administrateur légal des biens d'autrui peut, en droit romain, rendre possesseur celui au nom duquel il agit. Voyez § 5.

États garants de la neutralité ne pourraient voir sans leur consentement grandir l'étendue de leur obligation. Mais l'État neutre devrait respecter et faire respecter sa qualité de neutre même sur les territoires par lui nouvellement acquis. Si l'on peut comprendre qu'une portion seulement du territoire d'un État soit neutralisée, on ne saurait le concevoir lorsque la neutralité s'applique à l'État lui-même dans son intégralité.

On pourrait se demander, enfin, si une colonie peut jouer le rôle de sujet de l'occupation. Cette question s'est posée il y a quelques années à propos de la colonie anglaise de Queensland qui, à trois reprises différentes, arbora le drapeau britannique sur des îles de l'Océan Pacifique sans obtenir la ratification de la métropole. La question appartient au droit colonial : le droit international ne saurait y répondre. Tout dépend du degré d'indépendance dont jouit la colonie vis-à-vis du pouvoir central.

# CHAPITRE III.

## LES ÉTATS SONT-ILS SEULS A AVOIR LE DROIT D'OCCUPER ? DES COMPAGNIES DE COMMERCE.

### SECTION I.

48. Comment se pose la question et quelle en est la portée. — 49. Les auteurs qui l'ont traitée.

### SECTION II. — *Les précédents.*

50. Les exemples tirés de l'histoire des siècles précédents n'ont pas de valeur pour la solution de la question. — 51. Différents exemples contemporains. — 52. Liberia et Maryland. — 53. L'État libre du Congo. — 54. Compagnies contemporaines. Compagnies anglaises. — 55. *North Bornéo Company.* — 56. *British East African Company.* — 57. Entreprises italiennes. — 58. Entreprises allemandes. — 59. Compagnie allemande de la Nouvelle Guinée. Charte du 17 mai 1885. — 60. Compagnie allemande de l'Afrique orientale. Charte du 27 février 1885. — 61. Le pays de Witu.

### SECTION III. — *Les Compagnies et les simples particuliers sont incapables d'acquérir des droits de souveraineté soit par occupation, soit par la conclusion d'un traité.*

62. La Compagnie ou le simple particulier qui s'établit sur un territoire désert acquiert des droits de propriété et non pas des droits de souveraineté. Cet établissement peut donner naissance à un nouvel État. — 63. Si le territoire est habité la Compagnie emploiera ou 1° des moyens pacifiques ou 2° des moyens violents pour s'y établir. Première hypothèse : traités conclus par une Compagnie. Leur valeur en se plaçant au point de vue du cessionnaire. Seconde hypothèse. — 64. Que tous ces faits se passent en dehors du droit international. — 65. L'occupation d'un territoire par une Compagnie peut être l'origine de la formation d'un nouvel État ou d'une colonie qui finira par se rattacher à un Etat. Counani, Libéria. — 66. L'État du Congo. Valeur des premiers traités passés par l'Association africaine. — 67. A quel moment l'Association s'est-elle transformée en un État ? La reconnaissance est un des deux

moyens d'échapper aux dangers qui menacent les États en formation — 68. Le second moyen est la concession d'une charte. Signification des chartes. — 69. Discours du prince de Bismarck sur la politique coloniale. La charte garantit la Compagnie contre les puissances étrangères. — 70. Les chartes allemandes citées plus haut confirment la théorie de l'incapacité des Compagnies. Valeur des traités Peters. — 71. Que doit-on penser de la colonisation par l'intermédiaire de Compagnies munies d'une charte ? — 72. Résumé.

## Section I

48. — Les États sont-ils seuls à avoir le droit d'occuper ? Le droit international admet-il qu'une société privée ou de simples particuliers acquièrent des droits de souveraineté soit par voie d'occupation, soit en passant des traités avec les indigènes ?

La question ainsi posée est délicate et complexe : il faut, si l'on veut la résoudre avec clarté, en dégager les divers éléments.

Remarquons d'abord qu'on peut se placer pour l'examiner à deux points de vue très différents : celui du droit public spécial du pays dont relève la Compagnie de commerce ou le simple particulier et qui par un principe formellement exprimé peut défendre toute acquisition de ce genre à ceux qui sont soumis à son autorité. C'est ce qui se passe en Angleterre. Mais c'est là un ordre d'idées qui nous est étranger, et, nous plaçant au point de vue du droit international, nous pouvons supposer qu'il s'agit soit d'un individu sans nationalité, d'un *heimathlos*, soit d'une Compagnie qui est formée par l'association de gens relevant de pays différents. En droit, cette association aura toujours une nationalité ; juridiquement, il n'y a pas de Compagnies internationales. En fait, elle aura un caractère moins exclusivement national que telle autre société composée uniquement de nationaux, et n'admettant dans son sein que les sujets d'un État particulier (1). Il n'y a pas lieu non plus d'examiner séparément la capacité d'une Compagnie et celle d'un simple particulier, ni de distinguer si la Compagnie poursuit un but philanthropique ou commercial. Sir Travers Twiss a cependant posé la question de cette façon-là et ne l'examine qu'en ce qui concerne les associations philanthropiques dont l'activité s'exerce en Afrique. Cela s'explique aisément, cet auteur se préoccupait avant tout de l'Association internationale du Congo et s'appuyait surtout sur les précédents des Républiques de Libéria et de Maryland.

Le même publiciste a essayé, très arbitrairement à notre sens, de restreindre géographiquement la portée de la question. « Le mandataire d'une association peut-il « acquérir et exercer la souveraineté d'un territoire situé « *hors de l'Europe* ? » (2) La façon dont Twiss cherche à justifier cette restriction ne paraît pas suffisante et il faut la repousser. Si l'on comprend que, en fait, la question ne se pose pas dans l'état actuel du territoire européen, cela tient non pas à une raison juridique mais à une cause purement matérielle : il n'existe pas à l'heure présente en Europe de territoires qui soient inappropriés, qui constituent des *res nullius* au sens du droit international. Mais il n'en a pas toujours été ainsi et nul ne sait ce que l'avenir nous réserve : on a vu de nos jours encore des

1. Voyez par exemple les statuts des sociétés allemandes de colonisation. Statut de la société de Witu § 4-6, de la Nouvelle-Guinée § 3-7, etc. Cf. Meyer, *op. cit.*, p. 133.

2. Stengel, *op. cit.*, p. 47 semble admettre cette restriction.

îles sortir de la mer dans la Méditerranée. (1) Pourquoi admettrait-on d'autres règles en ce qui concerne l'occupation d'une île déserte, située en dehors de la mer territoriale, dans la mer du Nord par exemple, que celles que l'on doit suivre dans l'Océan Pacifique ?

Il faut chercher la solution du problème dans le droit des gens non écrit, dit le même auteur. Cela est parfait. Mais le droit des gens non écrit, en tant qu'il ne heurte pas le droit des gens conventionnel, se divise-t-il en un droit des gens européen et en un droit des gens extra-européen ? Cela est impossible, car il a pour seule source la raison et les principes de justice qui ne sauraient varier suivant le degré de latitude. (2)

La question, telle que nous l'avons posée plus haut, peut paraître complexe et étrange à un autre point de vue. Pourquoi examiner ensemble la capacité d'occuper et la capacité de conclure un traité? C'est que la solution donnée sur l'un des points entraîne forcément la réponse à faire sur l'autre point. Si l'on admet qu'une Compagnie peut acquérir un droit de souveraineté par occupation, il faut admettre aussi qu'elle peut conclure un traité.

Mais il paraît étrange à première vue de parler de traités à propos d'occupation : car s'il y a traité, le titre juridique de l'acquisition de la souveraineté est la

1. Au mois de juillet 1831 apparaissait une île aux environs de la Sicile. Aussitôt l'Angleterre en prit solennellement possession : l'année n'était pas écoulée que l'île Ferdinande avait déjà disparu.

2. Travers Twiss, *Revue*, *l.c.*, p. 550; Law of Nations, *l.c.*, p. X ; Heimburger, *op. cit.*, p. 63 et 64.

cession et non pas l'occupation. C'est là une objection à laquelle nous essayerons de répondre plus tard (1).

Le droit international reconnaît-il la validité des traités conclus par une Compagnie ou par un simple particulier avec des chefs indigènes? Cette question, si on veut l'examiner avec méthode, demande à être divisée en deux branches : un traité, en effet, est un acte bilatéral ; il suppose la capacité des deux parties contractantes. Nous parlerons de la capacité du cédant dans le prochain chapitre (2). Nous dirons quelques mots dans celui-ci de la capacité du cessionnaire lorsque celui-ci n'est pas un État et ne le représente ni en qualité de mandataire, ni à titre de gérant d'affaires.

49. — La portée de la question étant ainsi bien déterminée, nous devons essayer d'y donner une réponse. Il nous paraît évident que les États seuls ont le droit d'occuper, parce que seuls ils peuvent exercer des droits souverains, ce qui comporte pour les États le droit d'avoir un territoire et de l'augmenter en se conformant aux règles du droit international (3).

Les auteurs qui soutiennent l'opinion contraire à la nôtre, forment la grande majorité ; ils prétendent qu'une Compagnie privée peut acquérir des droits de souveraineté et appuient leur raisonnement presque exclusivement, on pourrait dire exclusivement sans exagération, sur des précédents qui nous paraissent sans valeur ou mal interprétés. Les principes semblent peu les inquiéter.

1. Cf. plus bas, § 88.
2. IIIe partie, ch. III.
3. Delavaud, *l. c.* un peu plus bas.

La question née à propos des acquisitions de l'Association africaine, à un moment où la rivalité de Stanley et de Brazza était la plus vive, présentait un trop grand intérêt politique pour pouvoir toujours être examinée avec toute l'impartialité désirable. Il en est différemment aujourd'hui que le Congo a pris rang parmi les États reconnus.

Les ouvrages les plus souvent consultés sur les questions de droit international ne fournissent que peu d'éclaircissements sur cette difficulté qui n'a pris de l'importance que depuis quelques années. Calvo (§ 277-280) signale ce point, sans se prononcer lui-même avec netteté, comme l'un des plus importants qui soient controversés dans la science moderne. Pradier-Fodéré (§ 797) est assez vague et manque de précision : il dit en commençant qu'il faut que la Compagnie et le particulier soient munis d'un pouvoir de l'État pour qu'ils puissent occuper ; mais il cite quelques lignes plus bas un exemple qui, en apparence, va directement contre ce principe, celui de la Compagnie du Nord de Bornéo. Blüntschli, au contraire, nous paraît avoir posé avec beaucoup de netteté le véritable principe : « La prise de possession, dit-il, peut être opérée par des particuliers « au nom et sur l'ordre de l'État, mais à condition..... « Si les colons ont agi sans pouvoirs, leurs actes devront être ratifiés par l'État dont ils dépendent. » (§ 279). Nous ferons remarquer dans le même sens que le texte de l'Acte de Berlin, l'esprit dans lequel les articles 34 et 35 ont été rédigés, le but poursuivi par la Conférence, tout suppose que l'occupation est l'œuvre d'un

État, qu'elle se fait en son nom, à son profit et sous sa responsabilité (1). L'ensemble des projets de MM. de Martitz et Engelhardt, la déclaration de Lausanne elle-même, fortifient cette manière de voir. « Tout État a le droit d'acquérir par occupation », disait l'article 2 du projet Martitz : déclaration bien superflue, vérité de La Palisse, si dans la pensée de son auteur elle ne devait pas signifier que l'État *seul* a le droit d'acquérir par occupation. Parlerait-on de l'organe officiel des actes publics d'une Compagnie ou d'un simple particulier ? (art. 2 du projet Engelhardt).

La question a été posée pour la première fois, croyons-nous, avec précision par Delavaud dans la *Revue de géographie*. Cet auteur y répondait en refusant à tout autre qu'à l'État le droit d'occupation (2). Un géographe, M. A. J. Wauters chercha à réfuter son premier article par une lettre consacrée à la défense des droits de l'Association internationale. Puis parurent d'importants articles dus à des hommes aussi autorisés que sir Travers Twiss et de Laveleye, qui concluaient dans le même sens. Cette

1. La Conférence aurait eu une occasion de se prononcer à ce sujet: la question posée par l'ambassadeur d'Italie au sein de la commission y touchait semble-t-il d'assez près. Si nous la comprenons exactement, elle semble bien supposer que dans la pensée de son auteur, lorsque l'occupation est l'œuvre de simples particuliers ou d'une Compagnie, ceux-ci agissent en réalité et ne sauraient agir qu'au profit de leurs « Gouvernements respectifs. » Cf. Livre Jaune, p. 217, et ce que nous disons plus bas, § 100.

2. Cf. en ce sens Martens qui exige que l'occupation se fasse au nom du pouvoir politique ou avec sa sanction, R. D. I. t. XVIII, p. 263 ; *Revue de géog.*, mars 1883, février 1884, articles de Delavaud.

manière de voir a été soutenue depuis par Catellani, par Meyer et par Stengel : ce dernier fait cependant quelques réserves sur les arguments et sur les précédents invoqués par ses devanciers. Dans une publication récente, Heimburger nous paraît avoir, pour la première fois, réussi à concilier les principes juridiques et les faits contemporains (1). Nous nous rangeons, quant à nous, presque sans réserve à la doctrine qu'il a exposée avec une précision remarquable.

Nous traiterons cette question avec quelque développement. Aussi bien le mode d'argumentation des auteurs nous en fait une obligation. Fort peu préoccupés des principes en général, ils citent tous un certain nombre de précédents qu'ils croient concluants et qui démontrent, selon eux, que de tout temps les Compagnies et les simples particuliers ont acquis et exercé des droits de souveraineté. Force nous est donc de les suivre sur ce terrain. La question a pris du reste un trop grand intérêt pratique dans ces six dernières années pour que nous regrettions le temps et la place que nous lui consacrons.

1. Voyez sur cette question, *Revue de géog.*, juillet 1883 ; Twiss, R. D. I. XV, p. 437 et s. ; 547 et s.;) le même auteur traite la question dans la préface de la seconde édition de son ouvrage sur le droit des gens, p. 10 et s.); Laveleye, R.D. I. XV, p. 254, etc. ; Meyer, *op. cit.*, p. 150 et s. ; Stengel, p. 46 et s ; Heimburger, *op. cit.*, 2e partie, ch. I.

## SECTION II

### *Les précédents.*

50. — Les Compagnies de commerce ont joué un rôle considérable dans l'histoire de la colonisation : leur moment le plus brillant a été le XVIe et le XVIIe siècle. Après quelques années d'éclipse, elles ont repris une importance nouvelle dans la seconde moitié du XIXe siècle.

Une des plus importantes sociétés de ce genre, celle qui a servi de type à presque toutes les autres, est la Compagnie hollandaise des Indes Orientales; elle reçut du gouvernement de Hollande une charte, en date du 20 mars 1602, qui lui conférait le pouvoir d'exercer des droits de souveraineté et de passer des traités avec les chefs indigènes dans une portion déterminée du globe. Elle fut dissoute en 1800 : les possessions immenses qu'elle avait acquises forment aujourd'hui encore la partie la plus importante du domaine colonial des Pays-Bas.

Ce fut là que Richelieu alla chercher l'idée première des grandes Compagnies de commerce : de 1625 à 1642, il en fonda huit sur ce modèle (1). Toutes furent dotées de chartes ; toutes exercèrent des droits de souveraineté et toutes eurent le pouvoir de signer des traités. Mais, il faut bien le remarquer, cette capacité ne tenait pas à

1. *Mémoires*, II, p. 438, coll. Michaud.

leur nature même, mais au mandat royal et à la délégation de pouvoir contenus dans la charte. Souveraine de ces Compagnies souveraines, la couronne se réservait un droit de domaine éminent sur toutes leurs possessions. Les chartes concédées sous Louis XIV et sous Louis XV, les sociétés fondées sous ces princes n'eurent pas un autre caractère.

L'histoire de la Compagnie anglaise des Indes Orientales est trop connue pour que nous nous y arrêtions (1): bien que cité par beaucoup d'auteurs, ce précédent n'offre pas le moindre intérêt. Lorsque Twiss ou Laveleye empruntent leurs arguments à l'histoire de la colonisation hollandaise, française ou anglaise des XVIe, XVIIe et XVIIIe siècles, ils commettent une erreur singulière (2). Qu'il s'agisse de la Compagnie de la baie d'Hudson, des nombreuses tentatives d'établissement dans l'Amérique du Nord, tentatives souvent couronnées de succès et origine première des États-Unis, dues à des particuliers, grands seigneurs avides de richesses et d'aventures ou puritains victimes de l'intolérance religieuse, ou encore des nombreuses sociétés commerciales des siècles passés, toutes ces entreprises s'appuyaient sur une charte, sur une commission ou sur des lettres patentes. A cette époque, il fallait un privilége royal, non seulement pour qu'une Compagnie ou un simple particulier pussent acquérir des droits de souveraineté ou passer un traité, mais même pour qu'ils eussent le droit de découvrir ou d'occuper le territoire découvert. Pas plus que les autres Compagnies

1. Cf. Creasy, *op. cit.*, p. 169 ; Stengel, *op. cit.*, p. 42.
2. Stengel, *op. cit*, p. 45.

anglaises ou que celles des autres pays, la Compagnie des Indes n'a exercé d'autres droits souverains que ceux qu'elle tenait de la charte qui lui avait été concédée : elle n'a pu effectuer une occupation ou passer un traité en vertu d'un autre titre et sans que le bénéfice de ces actes en fût indirectement acquis à la couronne d'Angleterre. « Le droit de souveraineté de la couronne sur les possessions acquises par la Compagnie des Indes Orientales ne fait pas de doute », telle est la déclaration contenue dans un document législatif du règne de Georges III (1).

Un auteur anglais contemporain s'exprime encore en ces termes : « Lorsque des sujets anglais prennent pos-« session d'un pays désert en vertu de pouvoirs émanés « de l'État (*by public authority*) et ils ne peuvent pas en « demeurant fidèle à leur devoir de sujet (*consistently « with their allegiance*) prendre possession d'un territoire « en vertu d'un acte émané de leur propre pouvoir (*by « an independent act of jurisdiction*), tout le pays échoit « à la couronne ; et la couronne attribuera aux particu-« liers des portions du pays, réservant comme domaine « de la couronne tout ce qui n'est pas concédé ainsi qu'un « droit de juridiction sur tout le territoire. » « Ni un su-« jet anglais ni une Compagnie de sujets anglais », dit le même auteur, « ne peuvent acquérir pour leur domaine « propre, que ce soit par traité ou par conquête. Tout « tombe sous l'action de la couronne anglaise » (2).

Ces principes ne sont pas exclusivement ceux de l'Angleterre. Ils ont été universellement professés à une cer-

1. Act. 53 *Géo*. III. c. 195.
2. Creasy, *op. cit.*, p. 66 et n. 1 ; p. 67.

taine époque. Aussi peut-on affirmer que si l'histoire coloniale des siècles précédents nous offre de nombreux exemples d'occupations effectuées soit en vertu d'un mandat général, soit d'une sorte de quasi-contrat de gestion d'affaires, elle ne nous fournit aucun argument de nature à appuyer l'opinion de ceux qui prétendent qu'une Compagnie privée ou un particulier peuvent acquérir sans mandat et à leur profit des droits de souveraineté.

Nous n'accordons pas plus d'importance à une autre catégorie de précédents invoqués par Twiss : nous avouons avoir quelque peine à comprendre ce que viennent faire ici les chevaliers de l'Ordre Teutonique et ceux appelés Porte-Glaives dont la fusion en un seul ordre fut l'origine première de la Prusse, ou encore les chevaliers de Saint Jean de Jérusalem. Les uns comme les autres ont incontestablement exercé des droits de souveraineté : les premiers en Livonie, en Courlande, le long de la Baltique ; les seconds à Rhodes, puis à Malte, qui leur fut donné en 1530 par Charles-Quint et qu'ils conservèrent jusqu'à la fin du siècle dernier. La souveraineté des Ordres allemands résultait de la prise de possession violente d'un pays encore presque désert qui devait donner naissance à un nouvel État ; celle des chevaliers de Malte de la donation consentie par l'empereur (1).

Il semble que pour résoudre une question de droit international, il faille prendre des exemples plus modernes et ne pas remonter le cours des âges jusqu'au XIII^e^ siècle pour en trouver d'appropriés.

1. Twiss, *l. c.*, p. 550 ; Heimburger, *l. c.*, p. 50 et s.

51. — Or, de nos jours, l'initiative privée joue un rôle considérable dans l'expansion des peuples civilisés au dehors. Un grand nombre de traités ont été signés par de simples particuliers agissant pour leur propre compte ou pour celui de Compagnies privées. Stanley, par exemple, ne compte pas moins de quatre cents traités conclus par lui avec plus de deux mille chefs indigènes (1). On a vu de simples particuliers devenir souverains de territoires quelquefois considérables. Veut-on savoir les noms de quelques-uns des hommes qui ont fourni une si étonnante carrière? Un avoué de Périgueux, M. de Tounens, après avoir régné quelques années sous le nom d'Orélie-Antoine Ier, roi d'Araucanie, est revenu en France pour y mourir dans la misère (2). On a parlé aussi d'un certain Emile Ier, Empereur du Tanganyka : ce potentat n'était autre, paraît-il, qu'un officier belge, agent de l'Association internationale, qui, après avoir renoncé à ces deux qualités, se proclama lui-même Empereur en 1885. Les gazettes se sont occupées aussi de la République de Counani et de son Président, M. Jules Gros, et tout récemment encore, le 13 décembre 1888, le courrier de l'Indo-Chine apportait au Président de la République une lettre de Marie Ier, Roi des Sedangs, qui n'est autre qu'un Français, M. de Mayréna. Le cas le plus intéressant est peut-être celui de Sir James Brooke, qui fonda en 1841 un État indépendant, la principauté de Sarawak, sur la côte nord-ouest de Bornéo. A la mort du fondateur de la dynastie qui survint en 1868, son successeur, Charles-Johnson

1. Stanley, *Cinq années au Congo*, p. 12.
2. *Rev. de Géog.*, août 1883, p. 141.

Brooke, fut reconnu par toutes les Puissances sous le nom de Charles Ier, prince de Sarawak (1). On pourrait multiplier ces exemples ; il n'est pas besoin d'aller si loin pour trouver des fondateurs de dynastie et de nouveaux États qui se forment ; ces choses-là se voient même en Europe (2).

Notre siècle a vu surtout de grandes œuvres accomplies par des associations privées. Les unes affectent un caractère purement philanthropique, d'autres se donnent comme ayant un but exclusivement commercial. Ce sont là le plus souvent de vaines apparences : il est rare que de graves intérêts politiques ne se trouvent pas ainsi engagés. La constitution de deux Républiques aujourd'hui réunies et d'un État de forme monarchique ont été de nos jours le couronnement d'efforts purement privés ; nous dirons quelques mots de Libéria, de Maryland et de l'État libre du Congo, puis nous parlerons du développement qu'ont pris dernièrement la colonisation anglaise, italienne et allemande, grâce aux sociétés de commerce.

52. — *Libéria.* — La République de Libéria est située sur la côte occidentale d'Afrique. Elle doit son existence

1. Catellani. *op. cit.*, p. 507 et s.

2. Il ne s'agira pas toujours, il est vrai, d'une acquisition de souveraineté par occupation. Orélie I a-t-il groupé autour de lui un certain nombre de tribus indigènes auparavant sans organisation politique ? A-t-il créé une nouvelle souveraineté sur un *territorium nullius*, comme Brooke ? ou a-t-il seulement reçu ses droits de souveraineté de l'élection comme M. de Mayrena ? Nous n'en savons rien. Tout ce que nous avons voulu montrer dans ce passage, c'est la possibilité pour de simples particuliers d'acquérir des droits de souveraineté.

au mouvement anti-esclavagiste, qui honora le commencement de ce siècle, et spécialement à la « Société de co-« lonisation américaine pour l'établissement d'hommes « de couleur libres des Etats-Unis. » Fondée le 31 décembre 1816 à Washington, cette société avait un caractère uniquement philantropique : elle n'avait aucune arrière-pensée commerciale et, complètement indépendante du gouvernement, elle ne poursuivait la réalisation d'aucun plan politique.

Elle réussit au bout de quelques années à acquérir un vaste territoire sur la côte de Guinée au moyen de traités passés avec les chefs de la région ; elle y transporta des esclaves affranchis et y fonda en 1822 la ville de Monrovia.

Au bout de quelques années d'un développement rapide, la petite colonie offrait tous les éléments constitutifs d'un État : elle prit le nom de Commune de Libéria en 1839, pour l'échanger en 1847 contre celui de République de Libéria et fut reconnue successivement par tous les États civilisés. En 1860 une république voisine née dans les mêmes circonstances, Maryland, s'est réunie à celle de Libéria. (1)

53. — *L'Association internationale du Congo.* — Le cas le plus important d'acquisitions de territoires opérées par des particuliers, de traités signés par des Compagnies privées, celui qui a soulevé le plus de controverses et qui a été l'occasion des articles de M. de Laveleye et de Sir

1. Bloch, *Dict. de la pol.*, vº *Liberia* ; Calvo, § 278 ; Heimburger, p. 52.

Travers Twiss, est celui de l'association internationale du Congo dont le but était à la fois philantropique et commercial.

Le 25 novembre 1878 six personnes appartenant à diverses nationalités se formaient à Bruxelles en Comité d'études du Haut-Congo, sous la direction du roi des Belges, Léopold II. Ce comité ne subsista pas longtemps et fut remplacé par l'Association internationale du Congo qui elle-même a donné le jour à un nouvel État, l'État indépendant du Congo. Il est assez difficile de préciser le moment où cette transformation s'est accomplie. Le 13 septembre 1884 le prince de Bismarck en parlait encore comme d'un État de l'avenir : « le futur État du Congo » disait-il. (1) Le 23 février 1885 la Conférence de Berlin recevait notification de la reconnaissance de l'Association en tant qu'État et tous les plénipotentiaires souhaitaient solennellement la bienvenue au plus jeune parmi les membres de la communauté internationale. Sa situation juridique est actuellement parfaitement claire : mais que dire de la validité des traités passés par l'Association alors qu'elle était une association privée ? Nous examinerons cette question en son temps (2).

54. — Toutes les nations, sauf peut-être la France, font de plus en plus la part grande à l'initiative privée en matière de colonisation. On pourrait citer des prises de possession opérées pendant ces dernières années par des citoyens de presque tous les États. On a vu en 1884

1. Banning, *op. cit.*, p. 114 ; Moynier, *La Fondation*, etc. p. 28 et suiv.

2. Cf. § 66.

la Société de géographie commerciale de Madrid prendre possession au nom de l'Espagne de la partie de la côte occidentale de l'Afrique qui se trouve entre le cap Bojador et le cap Blanc ; elle a obtenu depuis la ratification du gouvernement. (1) Il y a quelques mois les journaux annonçaient le passage à Ténériffe d'une mission belge chargée d'acquérir « dans un but philantropique et international » un territoire qui doit se trouver sur le littoral à proximité des Canaries. (2)

En Angleterre le rôle des Compagnies de commerce est fort important et leur nombre grandit chaque jour. Citons la *North African Company* établie au cap Juby; l'*African Lakes Company* dont le nom indique suffisamment la situation géographique; (3) la *National African Society* qui a été transformée et a reçu une charte le 10 juillet 1886, sous le nom de *Royal Niger Company*.(4) On pourrait prolonger cette énumération que nous ne prétendons pas donner pour une énumération complète. Citons encore la *British North Borneo Society* et la *British East African Society* sur lesquelles nous donnerons quelques détails.

55. — La Compagnie anglaise du Nord de Bornéo est le seul cas vraiment intéressant auquel se réfèrent les auteurs qui soutiennent la capacité des Compagnies privées et

1. Banning, *op. cit.*, p. 77.
2. *Indépendance belge*, 25 septembre 1888.
3. Banning, *op. cit.*, p. 73.
4. Banning, *op. cit.*, p. 20, en note on trouvera l'analyse de la charte de cette société.

des simples particuliers en matière de traités et d'occupation (1).

En 1877 et en 1878 un Autrichien, le baron Overbeck, et un Anglais, M. Dent, passèrent plusieurs traités avec deux sultans du Nord de l'île de Bornéo. Ils obtenaient par l'un de ces actes signé en 1877 : 1° tous les droits de propriété des deux sultans sur le territoire cédé, c'est-à-dire sur une étendue de 200 lieues carrées ; 2° la liberté de disposer de ces droits ; 3° le droit à tous les produits ; 4° le droit de battre monnaie, d'organiser une armée, de créer une marine, de lever des impôts, d'établir des péages et des douanes, etc., etc. En un mot les cessionnaires, disait le traité, jouiront de tous les droits exercés par les princes souverains. C'est ainsi que le travail et jusqu'à la vie des habitants de cette vaste contrée sont tombés à la disposition de deux Européens.

Ceux-ci cédèrent leurs droits à une société de capitalistes anglais qui obtint une charte du gouvernement anglais : cette concession donna lieu à une discussion importante au sein du Parlement, dans la séance du 17 mars 1882. Aucune contestation ne s'éleva sur la validité des traités conclus par Dent et Overbeck ; on reconnut unanimement que la société n'exerçait pas de droits souverains en vertu de la charte concédée mais à raison de sa qualité de cessionnaire des droits acquis régulièrement par les deux voyageurs. M. Gladstone s'exprima avec

1. Twiss, *l. c.*, p. 554 ; Laveleye, *l. c.*, p. 258 ; Heimburger, *op. cit.*, p. 55 ; Stengel, *op. cit.*, p. 47 ; *Rev. de Géog.*, mars 1882, juillet 1883. Voyez pour le texte des statuts, *Blue Book*, Espagne n° 1. (1882), *Bornéo and Sulu*, p. 202.

beaucoup de netteté sur ce point. « La charte, dit-il, ne « confère pas à la Compagnie un seul privilége qu'elle « n'ait déjà acquis en vertu d'un titre suffisant pour la « rendre capable d'exercer tous ses pouvoirs. » Et au cours de la même séance, sir Henry James affirmait que les droits en question étaient devenus la propriété de la Compagnie en vertu d'une cession régulière : l'en dépouiller serait un acte de confiscation ; il n'appartenait pas au gouvernement de la Reine de rechercher si la prise de possession de Bornéo par une Compagnie était une chose opportune, mais de décider s'il convenait de laisser ladite Compagnie libre d'agir à son gré et sans contrôle.

Les gouvernements étrangers firent entendre quelques protestations : l'Espagne notamment comme protectrice du Sultan Soulou, et la Hollande, intéressées toutes deux comme possédant de vastes possessions dans ces parages, contestèrent la validité des titres de la société anglaise. Mais lord Granville déclara à la Chambre des Lords (1) qu'aucun gouvernement n'avait en principe fait ses réserves sur la capacité pour de simples particuliers d'acquérir par traité des droits de souveraineté.

C'est certainement là de tous les cas cités par les auteurs celui qui a le plus d'importance. On ne peut nier qu'à cette occasion le principe de la capacité des Compagnies ait été proclamé par les membres les plus autorisés du Parlement anglais sans provoquer les réclamations des autres gouvernements. Mais il faut remarquer que

1. 13 mars 1882.

c'est là une conception toute nouvelle en Angleterre : le droit anglais avait jusqu'alors nettement adopté le point de vue contraire. Il était de principe que toute acquisition de souveraineté faite par un particulier ou par une Compagnie ne pouvait avoir lieu qu'au profit de la mère-patrie (1). D'autre part, le langage employé par les orateurs anglais ne révèle-t-il pas une certaine confusion dans les idées ? Que veut dire sir Henry James par exemple lorsqu'il parle de « droits de souveraineté qui sont devenus la propriété » de la Compagnie ? Les circonstances politiques n'ont-elles pas pu influer beaucoup sur la théorie juridique adoptée ? Ce cas unique dans l'histoire de la colonisation anglaise fera-t-il précédent ? C'est ce qu'il est impossible de prévoir à l'heure qu'il est (2).

1. Creasy. *op. cit.*, p. 66, 67. Cf. plus haut, § 50.

2. Pour dire toute notre pensée, nous croyons que la thèse de M. Gladstone, de Lord Granville et de Sir H. James est une thèse de circonstance : elle a été exposée par eux pour répondre aux adversaires de l'expansion coloniale indéfinie de l'Angleterre, de la « politique impériale », comme disent nos voisins. Est-ce trop s'avancer dans la voie des conjectures que de penser que le principe contraire, celui de Creasy, aurait été soutenu si Overbeck et Dent avaient cédé leurs droits non pas à une Compagnie anglaise mais à une Compagnie autrichienne par exemple ? — Nous nous voyons forcé d'ajouter quelques lignes à ce qui précède. La situation légale de la Compagnie de Bornéo vient en effet d'être l'objet d'une question adressée à la séance de la Chambre des Communes du 25 février 1889 par Sir John Campbell à Sir J. Fergusson, sous-secrétaire d'État aux affaires étrangères (Cf. le *Times* du 26 février 1889 ; la correspondance anglaise de l'*Économiste Français* du 2 mars 1889). Nous ne citons que les points qui nous touchent spécialement.

1re question : Peut-on citer un précédent où l'on ait traité une Compagnie anglaise administrant un territoire en vertu d'une charte royale *« en État indépendant comme dans le cas de la North Bornéo Com-*

56. — *British East African Society.*—Le domaine de la société anglaise de l'Est Africain est situé au Nord des possessions de la société allemande de colonisation. Elle est établie dans cette partie de l'Afrique en vertu du traité conclu le 27 septembre 1884 entre M. Johnstone, sujet anglais, et différents chefs indigènes, traité que le président de la Chambre de commerce de Manchester se fit céder peu de temps après sa conclusion. Dès le 25 mai 1885 le gouvernement anglais communiquait au cabinet de Berlin la nouvelle de la formation de cette association et le mettait au courant du but qu'elle se proposait d'atteindre. Il s'agissait de « créer un établissement britannique dans la région située entre la côte et les lacs (1). »

La Compagnie, en vertu du traité Johnstone, ne possé-

*pany* ». Réponse : « La Compagnie n'est pas reconnue comme un État indépendant, mais bien comme administrant l'État indépendant du Sabah. » Elle tient ses pouvoirs du Sultan en vertu de traités ; elle lui paie un tribut annuel. « *The charter merely confers the ordinary incidents of incorporation* » ; en retour la Compagnie s'est soumise au contrôle du gouvernement de la Reine quant à l'exercice des pouvoirs conférés par le Sultan.

2e question : « La Compagnie des Indes, ou tout autre Compa- « gnie avec charte, a-t-elle jamais été reconnue comme un État in- « dépendant « *as an independent state* » ? Pas de réponse. Il ressort de la suite de la discussion : que quoique la Compagnie se soit réservé le droit d'administrer elle-même son territoire, le Parlement pourrait intervenir dans cette administration. Il en résulte aussi que si la Compagnie ne paie aucune redevance à la couronne pour la protection navale et militaire de la métropole, c'est que cette protection ne diffère pas de celle qui s'étend sur le monde entier partout où il y a une vie anglaise ou une propriété anglaise à sauvegarder !

1. Lord Granville, Dép. du 25 mai 1885 ; Banning, *op. cit.*, p. 40.

dait aucun accès à la mer : elle en était séparée par l'étroite bande de terre qui court le long de la côte de Kipini à Delgado et qui forme les seuls restes du domaine continental du Sultan de Zanzibar. Cette situation défavorable a pris fin le 24 mai 1887 grâce à l'arrangement intervenu à cette date entre ce souverain et la société anglaise. Ce traité constate la conclusion d'un bail de cinquante ans : pendant un demi siècle la Compagnie se trouve substituée au Sultan dans l'exercice de tous ses droits de souveraineté moyennant paiement d'un fermage évalué d'avance et qui comporte un élément certain, une somme fixe, et un élément incertain, un tant pour cent sur les produits des taxes nouvelles que pourrait établir la société. L'échéance du bail arrivée, le Sultan reprendra, sauf indemnité, le territoire concédé.

La *British East African Society* n'a pas encore obtenu de charte. Mais il n'en est pas moins évident que ses établissements sont considérés par le gouvernement anglais comme des établissements britanniques. Le sous-secrétaire d'Etat, sir J. Fergusson, n'a-t-il pas déclaré le 31 mai 1888 à la Chambre des Communes « que toute mesure serait prise pour que l'ordre et la loi comme le « gouvernement les entend soient maintenus et que les « actes de la Compagnie seraient constamment sous la « direction et le contrôle du gouvernement de Sa Majesté, « de façon qu'il ne se fasse rien qui ne soit conforme à « l'honneur du pays ? » D'où procède ce droit supérieur du gouvernement anglais en l'absence de toute charte concédée et si l'on admet les principes exposés au Parlement à l'occasion des traités Dent et Overbeck ? A six ans de distance, les principes juridiques du gouvernement anglais semblent avoir subi une transformation et on peut croire qu'il en est revenu au vieux principe qu'un sujet anglais ne saurait acquérir de droits souverains pour lui-même mais seulement pour l'Angleterre (1).

A l'heure actuelle il faut distinguer deux portions dans les possessions de la société anglaise : *a*. Sur la première, elle exerce des droits de souveraineté soit en vertu du traité Johnstone, soit, et nous croyons cette opinion plus fondée, en vertu d'une délégation de pouvoir tacite de la couronne d'Angleterre ; situation ambiguë qui ne s'éclaircira que lorsqu'une *Royal Charter* lui aura été concédée (2) ; *b*. Sur la seconde, elle exerce des droits de souveraineté en vertu du traité conclu avec le Sultan de Zanzibar, en qualité de locataire et au nom de ce prince.

57. — L'Italie à ses débuts en matière coloniale, a repoussé comme l'Allemagne le système de la colonisation par l'État (3). Les ministres du jeune royaume conçurent

1. Banning. p. 40, p. 56 ; Benoist, *La question africaine*, *Revue Bleue*, 27 octobre 1888, n° 17.

2. La charte a été octroyée à la Compagnie depuis que nous écrivions ces lignes. Cf. *Blue Book*, *Africa*, n° 10 (1888). Elle porte la date du 5 septembre 1888. On en trouvera le texte à la fin de l'ouvrage.

3. Le gouvernement italien ne semble pas disposé à y revenir ; les désastres de la Compagnie allemande de l'Afrique orientale ne l'ont pas dégoûté du système de la colonisation par les Compagnies. Tout dernièrement, à la séance du 17 mars 1889, M. Crispi disait à la Chambre des députés italienne à propos de la proclamation du protectorat à Hoppia (côte orientale d'Afrique) : « Cela ne nous coû-« tera ni un homme ni un centime ; nous ne favoriserons là bas

dès 1867 le projet de faire quelques acquisitions sur les côtes du continent africain. En 1869 on décida, afin de ne pas compromettre le gouvernement, de se servir d'un simple particulier sans mission apparente, véritable homme de paille en réalité, et le professeur Sapeto agissant au nom de la société Rubattino se rendit acquéreur de six kilomètres de côte que lui céda le Sultan Ibrahim, le long de la mer Rouge, dans le mouillage d'Assab. Le drapeau italien fut arboré ; mais cette prise de possession ne fut que de courte durée : elle prit fin au bout d'une année. En 1880 les mêmes territoires furent occupés à nouveau par la société Rubattino : son représentant augmenta même l'étendue de ses possessions en vertu du traité signé le 15 mars 1880 avec le Sultan Berehan. Celui-ci renonçait complètement sur certains points qu'il est inutile de préciser à toute propriété et à toute souveraineté.

Le 10 mars 1882, la société cédait tous ses droits au gouvernement italien qui prenait possession de la colonie le 5 juillet de la même année. D'établissement purement privé, en apparence tout au moins, Assab devenait une colonie de la couronne : son nom paraissait dans le budget et le parlement lui donnait une législation (1).

58. — Mais c'est surtout la politique coloniale allemande qui offre de nombreux exemples d'occupations ef-

« que la formation de sociétés commerciales et industrielles, « comme le font l'Angleterre et l'Allemagne. »

1. Loi du 5 juillet 1882 ; Catellani, R. D. I. XVII, n° 3 ; Banning, p. 78. pour la suite de la colonisation italienne. Voyez plus haut § 36 et 37.

fectuées par des Compagnies privées, de traités passés par de simples particuliers (1).

Quatre grandes associations se sont formées, nous n'énumérerons pas celles qui présentent une moindre importance. Ce sont : 1° la société allemande de colonisation pour le Sud-Ouest de l'Afrique (dont le règlement date du 5 avril 1885) ; 2° la Compagnie de la Nouvelle-Guinée (29 mars 1886) ; 3° la société allemande de l'Est Africain (26 février 1887) ; 4° la société Allemande de Witu (17 décembre 1887). Dans l'espace de quelques années d'immenses territoires ont été acquis à l'influence allemande soit par l'action directe de l'Empire, soit indirectement par le moyen des sociétés de commerce. Il est à remarquer que les quatre Compagnies dont nous venons de donner les noms indiquent dans leurs statuts parmi les buts qu'elles poursuivent l'exercice de droits de souveraineté (2).

On peut diviser en 6 portions le domaine colonial actuel de l'empire d'Allemagne (3) 1° Angra Pequena (4) ; 2° le pays de Witu ; 3° les possessions de l'Est africain ; 4° Kamerun, Togo et Biafra Bai ; 5° une portion de la Nouvelle-Guinée désignée sous le nom de pays de l'empereur Guil-

1. Cf. Leroy-Baulieu, *op. cit.*, p. 305 et s. ; Stengel, *op. cit.*, p. 1 à 16 ; Meyer, *op. cit.*, p. 1 à 27 ; les articles de Delavaud sur la politique coloniale de l'Allemagne (*Annales des Sciences Politiques*, 1887) ; et ceux de M. Gaudefroy-Demombynes (*R. de Géog.*, juillet et septembre 1887).

2. Meyer, *op. cit.*, p. 131 et p. 132.

3. Stengel, p. 5 ; Meyer, p. 2.

4. Sur Angra Pequena, voyez l'article de M. Jooris, R. D. I. XVIII, p. 237.

laume, les îles Bismarck et trois îles de l'archipel Salomon ; 6° les îles Marschall, Brown et de la Providence.

Dans les trois premiers cas l'acquisition de la souveraineté, si cela est possible, s'est effectuée au profit de particuliers ; le gouvernement n'a fait sentir son action que postérieurement. Dans les trois derniers cas au contraire les occupations et les traités ont été l'œuvre de re présentants, de mandataires de l'Empire : l'acquisition de la souveraineté s'est donc faite directement au profit de l'État. Nous ne pouvons entrer ici dans l'examen détaillé de la façon dont se sont opérées ces différentes prises de possession. Nous dirons quelques mots seulement de trois d'entre elles : 1° de la Nouvelle-Guinée ; 2° des possessions de la société de l'Est Africain ; 3° de celles de la société de Witu. Nous nous trouverons ainsi en présence de trois hypothèses différentes : *a*, acquisition par l'État ; *b*, acquisition par une Compagnie ; *c*, acquisition par un simple particulier.

59. — 1° *Nouvelle-Guinée* (1). — La Compagnie de la Nouvelle-Guinée fondée en 1884 avait déjà fait quelques acquisitions de terres et établi des exploitations dans cette île, à titre privé et sans prétendre assumer des droits de souveraineté lorsque, averti du mouvement d'opinion qui se manifestait en Australie et qui tendait à l'annexion complète au profit de l'Angleterre des territoires situés dans ces parages, le gouvernement allemand se décida à prendre les devants. Dans les derniers mois de 1884, le

1. Meyer, p. 23 ; Stengel, p. 13.

pavillon impérial était hissé sur différents points de la côte Nord par des officiers de la marine de guerre.

Le 17 mai 1885, la Compagnie recevait « une lettre de protection impériale » (*Kaiserlicher Schutzbrief*). Nous nous trouvons donc en présence : 1° d'une occupation à titre privé opérée par une Compagnie de commerce ; 2° d'une occupation à titre public opérée par l'État allemand ; 3° d'une concession de droits de souveraineté accordée par l'État à la Compagnie au moyen de la lettre de protection. Telle est l'opinion de Stengel. Meyer est d'un sentiment différent : (1) l'occupation effectuée par la Compagnie lui a fait acquérir tant des droits de propriété que des droits de souveraineté, elle a cédé les droits de souveraineté résultant de son occupation, droits qui lui auraient été rétrocédés dans la lettre de protection. Cette seconde opinion ne paraît pas répondre à la réalité des faits et n'est pas admissible même pour ceux qui soutiennent la possibilité d'une acquisition de souveraineté pour une Compagnie.

Quoi qu'il en soit voici le texte de la lettre impériale du 17 mai 1885. Ce document important est intéressant à rapprocher de la lettre accordée le 27 février 1885 à la Compagnie de l'Est Africain dans des circonstances un peu différentes : dans le premier cas en effet, à la différence du second, aucun traité n'a été conclu avec les indigènes, qui sont dans un état de civilisation peu avancé.

1. Meyer, *op. cit.*, p. 152.

Nous Guillaume, par la grâce de Dieu, Empereur d'Allemagne, Roi de Prusse, etc....

Faisons savoir et mandons par les présentes :

Ayant promis notre protection au mois d'août 1884 à une association de sujets de l'Empire, qui a pris dans l'intervalle le nom de Compagnie de la Nouvelle Guinée, pour une entreprise coloniale par elle tentée sur des archipels situés dans la partie Ouest du Pacifique et qui ne sont pas soumis à la souveraineté (1) d'une autre puissance ; cette Compagnie, dans une intention civilisatrice et pour y établir des établissements de commerce, ayant acquis et pris possession de ports et de côtes en organisant elle-même dans ces parages une expédition sous le contrôle de notre commissaire en ces lieux, et ces territoires ayant été peu après placés sous notre protection par nos vaisseaux de guerre agissant conformément à notre ordre ; les deux maisons de commerce allemandes, qui déjà auparavant avaient établi des comptoirs et acquis des propriétés foncières dans une portion de ces territoires s'étant réunies à la Compagnie ; la Compagnie, dûment représentée par notre conseiller privé pour le commerce, Adolphe de Hansemann, venant d'annoncer qu'elle acceptait d'établir et d'entretenir à ses frais, dans le territoire protégé, les institutions publiques utiles à l'encouragement du commerce ainsi qu'à l'exploitation du sol, à l'établissement et à l'entretien de rapports pacifiques avec les indigènes comme à leur civilisation, mais y ayant joint aussi la proposition que pour qu'elle puisse atteindre ce but il lui serait accordé par une lettre impériale de protection le droit, pour être en état d'exercer des pouvoirs de souveraineté territoriale (2) sous la haute surveillance de notre gouvernement, de prendre possession des terres sans maître, d'en disposer et de

1. *Oberhoheit.*

2. *Landeshoheitliche Befugnisse.*

conclure avec les indigènes des traités relatifs au pays et au sol ; en conséquence nous accordons à la Compagnie de la Nouvelle-Guinée cette lettre de protection et nous confirmons par les présentes que nous avons assumé la souveraineté (1) sur les territoires en question.

Ces territoires sont les suivants :

. . . . . . . . . . . . . . . . . . . . .

. . . . . . . . . . . . . . . . . . . . .

Aussi concédons-nous par les présentes à la dite Compagnie, en contre-partie de l'engagement pris par elle d'établir et de maintenir les institutions publiques par elle acceptées et de faire aussi les frais d'une administration de la justice suffisante, les droits de souveraineté (2) correspondants en même temps que le droit exclusif de prendre possession des terres sans maître, d'en disposer, ainsi que de conclure avec les indigènes des traités relatifs au pays et au sol, le tout sous la haute surveillance de notre gouvernement qui prendra les mesures nécessaires à la protection des droits de propriété légitimement acquis auparavant et à la protection des indigènes. L'organisation d'une administration judiciaire, l'établissement de règles relatives aux relations entre le pays protégé et les gouvernements étrangers, la direction de ces relations, sont réservés à notre gouvernement. Nous commandons et ordonnons par les présentes que nos fonctionnaires et officiers concourent à la mise en vigueur de notre lettre de protection en protégeant et en soutenant la Compagnie et ses employés dans tout ce qui est légal. Nous octroyons cette lettre de protection à la Compagnie de la Nouvelle-Guinée sous la condition que, dans un délai maximum d'un an à partir de ce jour, elle prenne ses arrangements

1. *Die Oberhoheit übernommen haben.*
2. *Landeshoheit.*

juridiques conformément à la loi allemande, que les membres de son comité de direction ou les personnes auxquelles pourrait être confiée la direction de la société soient sujets de l'Empire allemand, sous réserve des compléments ultérieurs à apporter aux présentes lettres et des mesures que notre gouvernement pourrait prendre pour en assurer l'exécution ainsi que des dispositions appropriées que nous pourrions prendre par la suite dans l'exercice de notre droit de souveraineté (1) sur le territoire protégé, à l'accomplissement desquelles la Compagnie est tenue de veiller sous peine de perdre le droit d'invoquer notre protection.

En foi de quoi nous avons signé de notre propre main la présente lettre de protection et l'avons fait munir de notre sceau impérial (2).

Donné à Berlin, le 17 mai 1885.

GUILLAUME.
DE BISMARCK.

60. — 2° *Possessions allemandes de l'Afrique orientale* (3). — Dans le courant de 1884 la société de colonisation allemande, fondée quelques mois auparavant, envoyait en expédition sur la côte de Zanzibar le Dr Peters, le comte Pfeil et le Dr Jühlke qui passèrent au mois de novembre et de décembre de la même année de nombreux traités avec les princes indigènes d'Usagara, de Nguru, d'Useguha et d'Ukami. Le 27 février 1885, le gouvernement

1. *Oberhoheit*.
2. Cf. texte allemand dans Stengel, *op. cit.*, p. 14. Nous avons essayé de donner une traduction aussi exacte que possible de ce document, sans nous préoccuper de la forme.
3. Banning, *op. cit.*, p. 36-58 ; Stengel, *op. cit.*, p. 11 ; Meyer, *op. cit.*, p. 17 ; Heimburger, *op. cit.*, p. 60.

impérial accordait à la société des lettres de protection dont voici la traduction. (1)

Nous Guillaume.....

Les présidents actuels de la société de colonisation allemande, le docteur Karl Peters et notre chambellan Félix, comte Behr-Bandelin, ayant sollicité notre protection (2) pour les acquisitions de territoires faites par la société dans l'Afrique orientale, à l'ouest des États du Sultan de Zanzibar, et situées en dehors de la souveraineté (3) d'autres puissances, et nous ayant soumis, en même temps que leur demande de placer ces territoires sous notre souveraineté, les traités conclus d'abord par ledit docteur Karl Peters avec les chefs d'Usagara, Nguru, Useguha et Ukami en novembre et en décembre de l'année dernière, traités en vertu desquels ces territoires lui ont été cédés, avec les droits souverains, (*mit den Rechten der Landeshoheit*), pour la société de colonisation allemande: Nous confirmons par les présentes que nous avons accepté (*angenommen*) cette souveraineté (3) et placé sous notre protectorat (4) impérial les territoires précités, nous réservant notre décision relativement aux acquisitions que la Société ou ses ayants droit pourraient faire par la suite dans ces parages, en vertu de traités qui nous seraient soumis.

Nous octroyons à la société précitée, sous la condition qu'elle reste une société allemande et que les membres de la direction ou les personnes auxquelles pourrait être confiée la

1. Nous l'empruntons à Banning. *op. cit.*, p. 37. Texte allemand dans Stengel, *op. cit.*, p. 11.

2. *Schutz*. Banning traduit : protectorat.

3. *Oberhoheit*.

4. *Schutz*.

direction de la société soient sujets de l'empire allemand, de même qu'à ses ayants droit, sous la même condition, le pouvoir (1) d'exercer tous les droits résultant des traités qui nous ont été soumis, y compris la juridiction sur les indigènes, ainsi que sur les sujets de l'Empire ou d'autres nations qui viendraient s'établir dans ces territoires ou y séjourner dans un but commercial ou autre. L'exercice de ces droits aura lieu sous la surveillance de notre gouvernement et sous réserve des dispositions ultérieures que nous pourrions prendre ou des compléments que nous pourrions apporter à la présente lettre de protectorat.

En foi de quoi.....

GUILLAUME.

DE BISMARCK.

Il faut remarquer que la lettre de protection n'est valable que pour l'état de possession résultant des traités conclus en 1884 par le Dr Peters et qui ont été soumis à l'examen de la chancellerie impériale : les acquisitions nouvelles de la société devaient rester en dehors du territoire protégé tant qu'un supplément à la lettre de protection ne lui serait pas octroyé. (2)

En avril 1885 la société de colonisation s'est transformée et est devenue « la société allemande pour l'Afrique « orientale, Karl Peters et Co. » Le Dr Jühlke et le lieutenant Schmidt en 1885, le comte Pfeil et le lieutenant Schlüter en 1885 et en 1886, l'assesseur Lucas et le ieutenant d'Anderten à la même époque, agissant tous

1. *Befugnis*, faculté, autorisation, capacité, pouvoir.
2. Banning, *op. cit.*, p. 37, en sens contraire. Mais il commet là une erreur évidente.

au nom de la nouvelle Compagnie Peters acquirent par traités passés avec les chefs indigènes plus de vingt principautés ou districts formant par leur réunion une étendue de pays considérable. On trouvera le tracé des différentes expéditions entreprises et l'indication des acquisitions territoriales qui en ont été le fruit sur la belle carte, instructive à consulter à tous égards, qui a été dressée tout dernièrement par les soins de la société de l'Afrique orientale.

Une fortune si rapide ne pouvait manquer d'éveiller les inquiétudes du Sultan de Zanzibar : il prétendit qu'il en avait fait tous les frais, que ses droits de souveraineté étaient violés et que les traités conclus par de petits chefs, ses vassaux, étaient sans valeur. Il dut cependant reconnaître le fait accompli et se soumettre aux décisions d'une commission qui entreprit la tâche délicate de fixer l'étendue réelle de ses possessions continentales. L'Allemagne et l'Angleterre s'accordaient pour reconnaître l'indépendance du Sultan et sa souveraineté incontestable sur certains territoires, entre autres sur une bande côtière s'étendant sans interruption de la rivière Miningani jusqu'à Kapini. Les possessions de la société allemande se trouvaient ainsi comme celles de la société anglaise séparées de la mer par un étroit ruban de terre d'une largeur de 10 milles marins. Cette situation désavantageuse ne devait être que provisoire. Menacé par le cabinet de Berlin, le Sultan Chalifa s'est décidé à signer le 28 avril 1888 un traité dont le texte est encore inconnu mais qui est le pendant de celui du 24 mai 1887 mentionné plus haut. (1) Cet accord porte la signature de Michahelles, consul général d'Allemagne, agissant non pas en cette qualité, mais en tant que représentant et fondé de pouvoir de la société Peters et C°.

On peut en conséquence distinguer trois portions dans le domaine de la Compagnie au point de vue des droits de souveraineté : *a*. Territoires compris dans la lettre de protectorat et acquis en vertu des traités Peters des mois de novembre et décembre 1884 ; c'est le territoire protégé.

*b*. Territoires non compris dans la lettre de protectorat et acquis en vertu de traités postérieurs (Pfeil, Jühlke, etc,); c'est le territoire non protégé.

*c*. Territoire cédé à la Compagnie pour une durée de cinquante années par le Sultan Chalifa en vertu du traité du 28 avril 1888.

Dans le premier cas, la Compagnie exerce des droits de souveraineté en vertu d'une délégation de pouvoir émanée du gouvernement allemand ; dans le second, en vertu de son pouvoir propre, si cela est possible, ce que nous ne sommes pas disposé à admettre ; dans le troisième, en vertu d'une délégation temporaire de souveraineté consentie par le Sultan qui pour un temps s'est substitué la Compagnie.

Les traités conclus dans l'Afrique orientale peuvent se diviser en deux classes : 1° traités conclus en 1884 ; 2° traités conclus postérieurement. La validité des premiers nous paraît incontestable : la lettre de protection leur a

1. Il a été publié depuis, *Blue book*, *Africa* n° 10 (1888). On le trouvera à la fin de l'ouvrage.

apporté la ratification impériale ; celle des seconds doit être considérée comme en suspens tant qu'un supplément de protection n'aura pas été accordé à la Compagnie.

On le voit, la situation paraît à tous les points de vue compliquée et équivoque. Des faits récents l'ont clairement démontré.

61. — 3° *Le pays de Witu.* (1). — Nous trouvons ici un cas bien caractérisé où l'acquisition de territoires s'est opérée par un simple particulier, à son profit et non pas au profit d'une Compagnie privée dont il était le mandataire.

Le Sultan des Suaheli, appelé le Zimba de Witu, ce qui signifie le lion de Witu, vendit le 8 avril 1885 aux frères Denhardt vingt à vingt-cinq milles carrés de son territoire situé au nord des possessions anglaises, le long de la côte, et en prolongation des États du Sultan de Zanzibar. Le Zimba demandait à la même époque à placer le reste de son pays sous la protection de l'Empire Allemand. Ces ouvertures furent acceptées. D'un autre côté les frères Denhardt vendirent à une Compagnie qui prit le nom de société allemande de Witu, par un acte signé le 30 juin 1886, tous les droits qu'ils avaient acquis en 1885.

Le pays de Witu est actuellement soumis à deux régimes différents : sur une certaine partie, la société allemande exerce les droits qu'elle tient de la cession du contrat de vente passé entre le Sultan et les Denhardt ; sur

1. Meyer, *op. cit.*, p. 21 ; Heimburger, *op. cit.*, p. 61.

le reste du pays, le gouvernement allemand exerce un droit de protectorat qui résulte du concours des volontés du Sultan et de l'Empereur exprimé le 27 mai 1885, mais qui n'a pas encore été formulé dans un traité.

Rappelons qu'à Angra Pequena (1) aussi les acquisitions premières ont été faites par de simples particuliers : (2) l'Empire n'est intervenu que postérieurement. Mentionnons enfin le pays d'Ugunda à l'est du lac Tanganika : teinté en rose sur la carte de la société allemande, avant-poste de la civilisation perdu au milieu de régions peu connues, il attire l'attention. Si l'on consulte la légende, on apprendra que ce sont là « les territoires acquis « par l'allemand Paul Reichard, d'après les données qu'il « a fournies lui-même, territoires qui lui appartiennent « en vertu des lois de ce pays *(nach den dortigen Landes-« gesetzen* ») !

## Section III.

*Les Compagnies et les simples particuliers sont incapables d'acquérir des droits de souveraineté soit par occupation, soit par la conclusion d'un traité.*

62. — On pourrait multiplier ces exemples ; on jugera peut-être que le nombre en est suffisant et qu'il est temps de conclure.

1. Meyer, *op. cit.*, p. 5 et s. ; Stengel, *op. cit.*, p. 6 et s. ; Banning, *op cit.*, p. 60 et s.
2. Par M. Lüderitz de Brême.

Dirons-nous avec M. de Laveleye (1) que « l'histoire « prouve que des entreprises privées... ont pu acquérir, « non-seulement des droits de propriété, mais des droits « équivalant à la souveraineté... et qu'on ne peut contes- « ter la validité des concessions et des engagements ob- « tenus des chefs locaux... » etc. ? Ratifierons-nous les conclusions analogues de Twiss ?

Nous ne pensons pas que le droit international soit la simple constatation des faits : nous croyons d'une part que les principes juridiques doivent être respectés, d'autre part que les faits cités ont été inexactement appréciés par les auteurs et qu'ils sont susceptibles d'une autre interprétation. (2)

Supposons avec Vattel (3) qu'un homme, ou, pour rendre l'hypothèse plus vraisemblable, qu'un certain nombre d'hommes et de femmes, débarquent un jour dans une île ou sur un territoire déserts. Nous aurons là tous les éléments nécessaires pour qu'une occupation de droit privé prenne place. Nous nous trouverons en présence du phénomène qui s'est produit à l'origine de toutes les sociétés. Chacun acquerra par son travail, qui est la prise de possession effective par excellence, la propriété d'une portion du sol. Acquérir par occupation est un droit naturel que tout homme possède et qu'il n'a pas besoin de

1. *L. c.*, p. 260.

2. Voyez pour tout ce qui suit Heimburger, *op. cit.*, p. 65 et s.

3. I, § 206 ; II, § 96. Pinheiro Ferreira s'est moqué bien à tort de la supposition de Vattel. Ce ne sont là ni « des chimères », ni des « hypothèses impossibles », ni « des subtilités ». L'histoire coloniale du XIXe siècle donne au publiciste portugais un perpétuel démenti.

solliciter d'un gouvernement établi : ce n'est pas une conséquence de la souveraineté comme on le pensait autrefois et comme cela parait résulter encore des termes de la charte accordée par l'Empereur d'Allemagne à la Compagnie de la Nouvelle-Guinée. (1)

Mais sera-t-il question de souveraineté dans l'île où nous avons fait aborder nos colons ? Où en trouverait-on les éléments ? Je vois bien un groupement d'hommes, je vois bien un pays déterminé sur lequel ils sont réunis. Mais il manquera pendant un temps plus ou moins long à cette communauté naissante, qui cherche avant tout à se procurer des moyens d'existence, la possibilité comme la volonté de s'organiser en corps politique.

Les années passent cependant ; la population s'accroît ; les contestations naissent plus fréquentes à mesure que des rapports plus nombreux et plus compliqués s'établissent entre les habitants de l'île. Le besoin d'une organisation juridique et politique se fait de plus en plus sentir. Il faut un pouvoir. Avec le temps, il se formera : de la communauté naîtra un État qui peut-être un jour entrera en relations avec les autres États et sera reconnu par eux.

Comment la souveraineté a-t-elle été acquise ? A quel moment l'a-t-elle été ? On ne le sait. Aucune nouvelle occupation n'est intervenue ; l'île était dès longtemps peut-être appropriée dans ses moindres parcelles. D'une occupation purement privée est né, sans qu'il y ait eu

1. Voyez plus haut cette charte et Stengel, *op. cit.*, p. 46 ; Meyer, *op. cit.*, p. 163 explique l'utilité de cette disposition, mais ne la justifie pas théoriquement.

une occupation nouvelle, un nouvel État. La transformation s'est opérée d'elle-même parce que tous les éléments nécessaires se sont trouvés réunis : le *corpus*, c'est-à-dire l'élément matériel ; l'*animus*, c'est-à-dire la volonté d'agir en souverain, et enfin la capacité d'éprouver cette volonté.

La formation d'un nouvel État suppose donc préalablement une occupation de droit privé qui ne donnera naissance qu'à des droits de propriété privée : le droit public faisant de la possession d'un territoire une condition *sine qua non* de l'existence de l'État, on ne peut comprendre comment cette condition pourrait être remplie autrement que par le fait matériel d'une prise de possession.

63.—Mais ce n'est pas là la seule hypothèse qui puisse se présenter : une occupation de droit privé ne sera pas toujours possible ; l'île, peut-être, n'était pas déserte. Les colons ont le choix entre deux partis ; ils préféreront l'un ou l'autre suivant le plus ou moins grand développement de la communauté qui met obstacle à leur projet et suivant leur propre caractère. Ils emploieront des moyens pacifiques, ou ils auront recours à la violence.

1° *Moyens pacifiques*. — Ce sont les traités, ou plus exactement les contrats, les accords de volonté intervenus d'une part entre une Compagnie, un simple particulier son représentant, ou un simple particulier agissant en son propre nom, et des chefs indigènes d'autre part (1). Nous ne nous occupons pas de la capacité des deux contractants, mais seulement de celle du cessionnaire, lorsque ce cessionnaire n'est pas un État.

Remarquons d'abord que le procédé qui consiste à s'établir dans un pays, non pas par la force brutale, mais du plein gré de ses habitants, mérite à tous égards d'être encouragé. L'accord des volontés des indigènes et de la Compagnie stipulant pour elle-même ne formera pas un traité, qui suppose deux puissances souveraines, mais un contrat. Son objet est toujours le même : il a pour but de permettre à la Compagnie de s'établir dans le pays, de lui transférer des droits de propriété et de souveraineté. Quelle est la valeur de semblables contrats, de ces « *traités* » qui ont été conclus par centaines durant ces dernières années? Il faut à cet égard faire une distinction :

*a*. Le cédant, c'est-à-dire le chef indigène, ne peut en aucune façon être considéré comme souverain du pays qu'il cède à la Compagnie. Il en est le propriétaire et ne reconnaît aucune autorité supérieure à la sienne. Le contrat de cession aura tout son effet. La Compagnie se trouvera substituée à tous les droits du chef indigène : le territoire cédé restera comme avant *res nullius*. Le titre de propriété de la Compagnie est une cession, une vente, un échange. Le titre qui sera à la base de la souveraineté qu'elle pourra acquérir par la suite sera l'*occupation* et non pas la *cession*.

1. Cf. sur la question des traités passés avec les indigènes, Heimburger, *op. cit.*, p. 68, 71, 111, 114 etc. ; Meyer, *op. cit.*, p. 29-30 et s. ; Stengel, *op. cit.*, p. 28.

*b*. Le cédant est à la fois propriétaire et souverain des territoires cédés sur lesquels il abdique tous ses droits. La souveraineté du cédant peut être une souveraineté complète, répondant à l'idée européenne de souveraineté, ce peut être aussi une souveraineté peu avancée.

Il faut distinguer deux parties dans l'accord intervenu : un contrat privé et un traité.

α. Le contrat privé, qui constate le transfert de tous les droits de propriété, recevra pleine exécution ;

β. Le traité n'a pu se former à cause de l'incapacité du cessionnaire. Est-ce à dire qu'il sera complètement dénué d'effet ? Non. La cession de souveraineté au profit de la Compagnie sera nulle en tant que cession, elle vaudra en tant qu'abdication par le cédant de sa souveraineté. Elle équivaudra à une renonciation du prince à toutes prétentions sur le territoire en question. Le traité sera la constatation officielle d'une abdication complète de tout *animus domini*. Nous nous retrouvons en présence de la situation décrite en premier lieu : établissement d'une Compagnie dans une île déserte, inappropriée, et qui a échappé jusqu'à ce moment à l'action de toute souveraineté.

Son titre sera *dérivé* quant à la propriété, *originaire* quant à la souveraineté.

2° *Emploi de la violence*. — Cette hypothèse est assez rare de nos jours, ou plus exactement elle ne se présente qu'en second lieu : on commence par les traités, on finit par la violence (1). Un groupe d'hommes hardis et déter-

1. Cf. dans les journaux du commencement de l'année les articles sur l'expédition d'Atchinoff et de ses cosaques, qui a débarqué

minés débarque sur une côte peuplée d'indigènes plus ou moins organisés. On ne saurait parler de guerre ou de conquête, car la guerre est une relation d'État à État et la conquête en est la conséquence (1). Il peut y avoir une prise de possession à main armée. Le territoire, une fois débarassé de ses habitants, tous les droits de souveraineté et de propriété ont disparu : il se trouve dans la situation de l'île déserte ; il est susceptible d'une occupation du droit privé et du droit international (2).

64. — Remarquons-le, tous ces faits se passent en dehors du domaine du droit international et ne l'inté-

près de la baie de Tadjourah sur un point du littoral protégé par la France. Le gouvernement russe a déclaré qu'il ignorait ce qu'était cette expédition. Atchinoff a cependant arboré le drapeau russe en débarquant.

1. Moynier emploie en parlant du Congo l'expression de « conquête pacifique », expression qu'il emprunte à Stanley. Cela nous paraît une mauvaise façon de s'exprimer. Il n'est pas besoin de relever la contradiction des deux termes conquête et pacifique. De plus pour conquérir, il faut faire la guerre, il faut être un État. L'Association n'a pu acquérir que de deux façons : par des moyens pacifiques, occupation de droit privé, achat de terrains, etc. ; par des moyens violents qui ne constituent pas une conquête, mais une prise de possession par la force, pur fait qui est en dehors du domaine du droit, à laquelle a succédé l'occupation et comme conséquence la propriété du sol. Moynier, *La Fondation*, etc., p. 10. Seeley, *op. cit.*, p. 257, définit la conquête : « l'acte d'un État accompli par l'armée et le capital d'un État. » Cf. p. 248. Il remarque que les Indes ne furent pas conquises par la Compagnie des Indes.

2. Cf. Heimburger, *op. cit.*, p. 68. Comme le fait remarquer cet auteur, il y a là quelque chose d'analogue à la *debellatio*. Il y aurait *debellatio* si les deux parties en lutte étaient des États. Meyer, *op. cit.*, p. 29 et 30.

ressent qu'indirectement. Il ne prétend en effet régler que les relations des États entre eux, seules personnes juridiques qu'il reconnaisse. Il suppose l'État formé, il ignore le long travail qui a précédé sa naissance. Il détermine comment un État peut augmenter son territoire primitif : il ne s'occupe pas de savoir comment il a acquis ce premier noyau de terres duquel a dépendu pendant un temps sa chétive et précaire existence ; il lui importe peu que ce soit par un contrat, par la violence, ou par une prise de possession pacifique.

La théorie de l'occupation de territoires par une Compagnie ou par un particulier est donc à notre avis une théorie de droit privé dont le droit international n'a pas à déterminer les conditions et les effets, parce qu'il s'agit non pas de l'accroissement territorial d'une souve raineté déjà existante, mais de la fondation d'une nouvelle souveraineté, et qui l'intéresse cependant, parce qu'elle peut être le prélude soit de la formation d'un nouvel État soit de l'extension du domaine colonial d'un ancien État. (1)

Reprenant quelques-uns des faits mentionnés plus haut, nous y trouverons, croyons-nous, la confirmation de cette théorie. Nous écartons tous les précédents dans lesquels l'occupation a eu lieu et les traités ont été passés par une Compagnie ou par un particulier mais en qualité de mandataire ou de gérant d'affaires d'un État.

65. — Quant aux autres précédents on peut les diviser

1. Heimburger, *op. cit.*, p. 65, 66.

en deux catégories suivant le résultat final de l'occupation.

*Premier cas.* — L'occupation par un simple particulier ou par une Compagnie est l'origine d'un nouvel État : c'est ce qui s'est passé à Maryland, Libéria, et au Congo.

*Deuxième cas.* — Elle est l'origine d'une *Charter-Colony,* d'une colonie munie d'une « *Schutzbrief,* » d'une lettre de protection : on en peut donner pour exemple les possessions allemandes de l'Est de l'Afrique.

*Premier cas.* — A-t-on oublié l'histoire de la République de Counani et de son président M. Gros ? Il existe entre le Brésil et la partie bien délimitée de la Guyane Française des territoires, dits territoires contestés, sur lesquels les deux pays ont des prétentions contradictoires et qui en fait ne sont soumis à aucune souveraineté. Las de subir cette existence depuis des années, les habitants de ce pays se réunirent, se constituèrent en République et élurent à l'unanimité pour président un Français, M. Jules Gros.

L'attention fut attirée sur le nouvel État à l'occasion des dissensions qui se produisirent entre le président et ses anciens ministres. Nous n'avons pas à rappeler tous les incidents d'un débat que les journaux du mois de septembre 1887 ont consciencieusement reproduit. On s'amusa beaucoup de ce gouvernement dont les membres résidaient aux environs de Paris, à 2,000 lieues du territoire remis à leurs soins.

Mais, si en fait l'histoire à son côté ridicule, il semble que les habitants de Counani eussent pu donner quelques bonnes raisons de leur conduite. Les habitants d'un territoire que l'on peut considérer comme *nullius*, soit parce que jamais aucun État n'y a fait acte de souveraineté, soit parce qu'à raison de contestations entre deux États la souveraineté a cessé en fait de s'y exercer depuis de longues années, ont le droit et le devoir de faire tous leurs efforts pour sortir de cette situation équivoque qui compromet tous leurs intérêts. Les autres puissances ont le devoir de reconnaître le nouvel État du jour, où il offrira certaines garanties de stabilité. (1)

Les détails donnés précédemment sur les Républiques de Libéria et de Maryland peuvent suffire : nous nous arrèterons de préférence à un cas d'occupation par une Compagnie privée,ayant donné lieu à un nouvel État, qui est plus récent et offre un grand intérêt à tous égards.

66. — On a pu dire avec justesse que la formation de l'État du Congo ou plutôt que « ce qui se voit sur les « bords du Congo peut bien être présenté comme un type « dont, à conditions égales, les autres entreprises ne « s'écartent guère. » (2) Or il nous semble incontestable que les premières occupations et les premiers contrats de l'Association internationale eurent un caractère exclusive-

1. Le territoire en question était-il réellement *nullius*? Pour pouvoir répondre en pleine connaissance de cause, nous devrions nous livrer à un examen attentif des faits,travail pour lequel les documents nous font défaut.Disons seulement qu'en principe il ne suffit pas aujourd'hui que deux Puissances se contentent d'élever des prétentions sur un territoire, même depuis des siècles, pour que ce territoire ne puisse pas être considéré comme *nullius*. La doctrine de l'*effectivité* peut aussi bien être invoquée par une communauté naissante que par les États déjà formés.

2. Moynier, *La Fondation*, etc., p. 4.

ment privé. Le peu de solidité des traités conclus par Stanley à cette époque, en tant que conférant des droits de souveraineté à la société au nom de laquelle il agissait, ne fait pour nous aucun doute. M. de Laveleye, qui en soutient la validité, donne pour appuyer sa manière de voir un curieux argument : l'Angleterre, dit-il, a conclu treize traités avec ces mêmes chefs de l'embouchure du Congo ! (1) Le fait pourrait avoir une certaine valeur s'il s'agissait de discuter la capacité du cédant et non pas celle du cessionnaire. Mais c'est précisément de ce dernier qu'il s'agit.

Si on lit l'intéressante brochure que M. Gustave Moynier, peu suspect assurément de mauvais vouloir à l'endroit de l'entreprise belge, consacrait en 1883 à la « *Question du Congo* », on verra que cet auteur considérait à cette date qu'il n'y avait sur les bords du fleuve africain que des « organismes qui n'étaient pas des États ». Et il concluait avec autant de netteté que de logique que « leurs représentants ne sauraient en aucun cas être admis comme parties contractantes » dans un traité international (2).

Le but poursuivi par le Comité d'études du Haut-Congo était purement de créer des stations, de louer ou d'acheter des terrains : toutes choses parfaitement compatibles avec le caractère d'une société privée. Et l'un de ses membres avouait même que l'Association était locataire du sol en vertu d'un « bail perpétuel, moyennant une rente mensuelle. » (3) Il est du reste très difficile de se rendre un compte exact de la nature et de la portée des premiers

1. Laveleye, *l. c.*, p. 260.
2. Moynier, *La Question...* etc., p. 14.
3. *Ibid.*, p. 15.

traités passés par l'Association. Dans un certain nombre d'actes diplomatiques, de déclarations échangées en 1884 avec les États-Unis et dans une convention avec l'Espagne du 7 janvier 1885, elle semble agir en qualité de protectrice et de surveillante de « certains États libres déjà établis » dans les régions du Congo qui n'ont jamais été plus clairement désignés (1). M. Moynier pense qu'il faut entendre par là « les États indigènes dont les chefs s'étaient placés sous le protectorat de l'Association. » Une grande partie de ces traités signés par Stanley n'auraient donc été que des traités de protection ! Admettra-t-on facilement qu'une Compagnie privé (ou un simple particulier, car en droit la question est la même), puisse conclure des traités de ce genre ? que le droit international doive reconnaître pour d'autres personnes que les États la possibilité de se faire céder un territoire, lorsque cette « cession de territoire » signifie non pas « achat de terre « mais achat de protectorat » et implique au profit de la société : le « droit d'arbitrage » même à l'égard des contestations où serait impliqué un Européen ; « le droit de « gouverner et de décider les affaires quelles qu'elles « soient » ; « le droit de décider si et en quel endroit un « Européen quelconque peut s'établir dans le district », etc. (2)... !

Il faut dénier à un acte de ce genre aucune autre portée que celle d'une abdication partielle de souveraineté

1. Moynier, *La Fondation*, p. 15.

2. Traité conclu le 8 janvier 1883 entre l'Association et les chefs du district de Palaballa, et acte complémentaire du 19 avril 1884. Moynier, *La Fondation*, etc. p. 11 ; Heimburger, *op. cit.*, p. 57.

de la part des chefs qui l'ont signé : le territoire dont il s'agit devient ainsi *res derelicta, res nullius* et susceptible d'occupation dans la mesure de cette abdication.

67.—Si nous examinons la validité d'un traité passé postérieurement, notre réponse sera différente, et la raison en est facile à donner : c'est que dans l'intervalle l'Association s'est transformée en un État. A partir de ce moment-là les puissances ont bien eu le droit de contester la validité de l'occupation ou des traités soit au point de vue des limites des territoires cédés, soit du caractère effectif de cette occupation, mais n'auraient plus pu légitimement prétendre qu'il n'en résultait que des droits de propriété et non pas des droits de souveraineté : car une Puissance, l'État indépendant du Congo, personne juridique internationale, était née et avait remplacé la Compagnie privée, personne juridique du droit privé, inexistante en droit international. (1)

Il serait donc du plus grand intérêt de préciser le moment où s'est opérée cette transformation. Rien n'est plus malaisé en réalité. Comme l'a fort bien exprimé M. Moynier : « rien de plus vaporeux que les brumes qui enve-
« loppent la transformation graduelle et presque insen-
« sible, de l'Association internationale, entreprise tout à
« fait privée, en une puissance régulièrement constituée. »
En avril 1884, les États-Unis reconnaissait le drapeau de l'Association « *à l'égal* de celui d'un gouvernement ami », ce qui n'était peut-être pas le reconnaître *comme celui*

1. Voyez cependant les observations de M. Rolin-Jaequemyns. R. D. I. XX, p. 302.

d'un gouvernement ami. (1) Cependant l'Association n'était encore aux yeux des autres gouvernements qu'une Compagnie privée. Le 2 novembre 1884 le comte Münster écrivait encore à Lord Granville : « Le gouvernement « impérial pense qu'il serait désirable dans l'intérêt du « commerce et de la civilisation de reconnaître l'Associa- « tion comme une personne juridique internationale. » (2) Reconnue successivement par les principales Puissances individuellement à la fin de 1884 et au commencement de 1885, l'Association adhérait à l'Acte général de Berlin, en vertu de son article 37. L'Association était donc considérée par tous les États représentés à la Conférence comme une « Puissance ». Quelques mois plus tard, le 29 mai 1885, le roi Léopold proclamait son avénement au trône et l'existence d'un État du Congo. Il donnait de ce fait notification aux autres États le 1er août 1885 et à des dates ultérieures. (3)

Les États en voie de formation sont exposés à de graves dangers ; le droit international ne les protège pas et plus leurs progrès seront rapides, plus leur avenir semblera brillant, plus la convoitise des autres États sera éveillée et la situation de la communauté naissante périlleuse. Ce point de vue a été signalé avec beaucoup de raison à la session de Lausanne par M. de Bar : il serait à désirer que les autres États leurs laissassent le temps

1. Moynier, *op. cit.*, p. 28 ; Heimburger, p. 58 ; Livre Jaune, p. 73.

2. *Blue book, Africa*, n° 7 (1884), p. 17. « *Rechtssubject* » ; « *international legal entity* ».

3. Moynier, *l. c.*, p. 6 et p. 28.

nécessaire pour se former, que ce fût un droit pour eux, tant qu'ils réussissent à assurer le bon ordre et ne font pas courir de dangers à leurs voisins et à ceux qui s'établissent sur leur futur territoire. L'Institut n'est par entré dans cet ordre d'idées : il y a là cependant une lacune du droit international qu'il y aurait quelque avantage, semble-t-il, à combler. Sa déclaration est restée muette sur ce point important. Il serait pourtant de l'intérêt général de la civilisation de voir de nouveaux États se constituer dans les parties du globe encore inoccupées plutôt que d'assister à l'accroissement démesuré d'États déjà formés (1). Si l'État du Congo a réussi à naître, s'il a été reconnu à un moment où son organisation était loin d'être satisfaisante, il le doit à deux circonstances particulières. D'une part, le caractère international et plus ou moins philantropique de l'Association a eu pour résultat qu'aucun État n'a pu prétendre que les intérêts de ses nationaux et ses propres intérêts étaient engagés et dissimulés derrière la Compagnie. D'autre part l'extrême importance de la région du Congo a fait que les États ont préféré voir cette région devenir le domaine d'un nouvel État plutôt que la dépendance de l'un de leurs concurrents (2).

68. — *Deuxième cas.* — Ce premier moyen d'échapper aux dangers d'une annexion ne sera que rarement à la disposition de l'entreprise privée. Si celle-ci a un caractère national et a un but avant tout commercial, si les

1. Cf. Leroy-Beaulieu, *op. cit.*, p. 185, note 1.
2. Cf. Heimburger, *op. cit.*, p. 73 et 74.

associés ont formé une Compagnie de commerce et s'ils appartiennent tous à la même nationalité, il arrivera le plus souvent qu'elle aura recours à la protection d'un État déjà constitué, qu'elle demandera une lettre de protection, une « *Royal Charter* », une « *Kaiserlicher Schutzbrief* » (1).

La colonisation de ces dernières années nous en fournit de nombreux exemples : l'Allemagne a octroyé deux chartes dont nous avons reproduit le texte dans les pages précédentes.

On se trouve ici en présence de deux doctrines et il faut nécessairement prendre parti pour l'une ou pour l'autre. Suivant les auteurs qui admettent la capacité des Compagnies et des particuliers, l'acquisition de la souveraineté a lieu directement au profit de la Compagnie ; celle-ci se dépouille de ses droits souverains au profit d'un gouvernement pour recevoir de nouveau, en vertu d'une charte ou d'une *Schutzbrief*, les droits de souveraineté ou l'exercice des droits de souveraineté (2).

Cette théorie nous paraît tout à fait défectueuse. Nous pensons que les Compagnies allemandes ont agi la plupart du temps en qualité de mandataires tacites ou tout au moins de gérant d'affaires. Il est bien évident que, puisque l'Empire allemand ne veut pas prendre l'initiative de faire des acquisitions de territoires, ce soin in-

1. *Ibid.*

2. Meyer, *op. cit.*, p. 152 et 157, etc. ; Chambre des Communes, séance du 17 mars 1882 ; Chambre des Lords, séance du 13 mars 1882.

combe à des particuliers ou à des Compagnies. D'autre part, l'État, voyant l'utilité de la politique coloniale, est disposé à intervenir pour diriger les efforts de ses sujets sur un petit nombre de points choisis dans l'intérêt du pays tout entier et non pas dans un intérêt particulier. On comprend que le désir d'obtenir une charte fasse que les Compagnies se conforment aux directions officieuses de l'État.

La charte a dans ce premier cas le caractère d'une délégation partielle de souveraineté précédée ou non d'une ratification suivant que la Compagnie a agi comme mandataire tacite ou comme gérant d'affaires.

Mais si la Compagnie, au début de son entreprise, n'a pas eu l'intention d'agir pour le compte de l'État et que, la nécessité la pressant, elle demande et obtienne une concession de charte, voici ce qui s'est passé. L'occupation primitive n'a pu fonder que des droits de propriété privée et les traités signés n'ont pas d'autre portée que de constater la renonciation des princes indigènes aux droits qu'ils possédaient. La charte royale, la lettre de protection impériale, rendront la Compagnie capable d'éprouver l'*animus domini* international. L'occupation prendra une valeur internationale en vertu de ce document. Au point de vue des autres États, le véritable sujet de l'occupation est l'État qui a délivré la charte : la Compagnie obtient ainsi l'exercice de droits de souveraineté qu'elle n'a jamais eus auparavant.

69. — La lecture des discours de M. de Bismarck, l'étude des documents émanés du gouvernement impérial,

les événements qui se sont passés dernièrement au Sud-Est de l'Afrique, ne peuvent, croyons-nous, que confirmer cette impression.

Les Compagnies anglaises, on l'a vu plus haut, étaient incapables d'acquérir pour elles-même des droits de souveraineté : aussi les chartes étaient-elles souvent concédées avant qu'aucun établissement eût été formé dans le pays à coloniser : tout au moins, elles ne portent jamais la trace de la cession de droits qui, dans l'opinion que nous combattons, aurait dû précéder leur délivrance.

Le prince de Bismarck l'a dit plusieurs fois dans ses discours consacrés à la politique coloniale, son plan est aussi de procéder « par octroi de lettres-patentes dans la forme des *Royal-Charters.* » (1) Son but est de créer non pas des provinces mais des entreprises commerciales « qui acquéreront une souveraineté, une souveraineté commerciale, appuyée en définitive sur l'Empire allemand, placée sous sa protection. » (2) Le Chancelier annonçait qu'il avait l'intention d'abandonner l'essentiel du gouvernement aux intéressés en se bornant à leur donner la possibilité d'une juridiction sur les Européens. (3) M. de Bismarck ne faisait pas difficulté de reconnaître qu'il ne savait pas très bien quelle serait la situation légale des colonies vis-à-vis de l'Empire allemand. (4) Mais les idées

1. Discours du 26 juin 1884, au Reichstag.

2. Même discours.

3. Discours du 26 juin 1884.

4. *Ibid.*, 2 mars 1885. Ce point est encore aujourd'hui discuté par les auteurs allemands. Voyez par ex. Meyer, *op. cit.*, ch. III, p. 67 et s. On a dit, par exemple, que les territoires protégés étaient pour le gouvernement impérial soit un territoire étranger soit un territoire allemand suivant qu'il se plaçait au point de vue du droit in-

étaient plus précises à l'égard de leur situation internationale.

A ses débuts la politique coloniale allemande ne se proposait pas d'autre but que celui-ci : on voulait que l'Allemand qui désire chercher fortune dans les pays encore peu civilisés y fût encouragé par la certitude d'être protégé s'il venait à être molesté par les puissances étrangères. (1) Mais la protection de l'Empire ne peut se faire sentir partout : il faut que l'entreprise l'ait méritée, qu'elle offre des chances de succès. Dans ce cas, l'Empire accordera une lettre impériale de protection.

Quelle en est la portée? contre quels dangers précisément la Compagnie est-elle garantie ?

Il semble que les idées aient un peu changé à cet égard : le prince de Bismarck annonçait en 1884 que son intention était de protéger la colonie munie d'une charte soit contre les puissances étrangères, soit contre les attaques de voisins immédiats. (2) S'il faut entendre sous ce dernier terme les tribus indigènes, il faut reconnaître que la protection, conséquence de la charte, n'a pas une portée aussi grande dans la théorie actuelle. Le gouvernement ne s'est pas considéré comme obligé par les termes de la *Schutzbrief* à intervenir dans les luttes que la Compagnie de l'Afrique orientale a eu à subir

ternational ou du droit constitutionnel. C'est l'opinion de Stengel. Au point de vue du droit international, la question ne fait pas de doute : le territoire protégé fait partie, pour les autres États, des possessions de l'État protecteur. Cf. Heimburger, *op. cit.*, p. 86 et 87.

1. Discours de M. Bamberger ; séance du Reichstag, 25 janvier 1889.

2. Discours du 26 juin 1884.

à la fin de l'année dernière contre les habitants du pays ; il ne l'a fait qu'après de longues hésitations en disant hautement qu'il n'y était pas tenu, mais qu'il y était autorisé parce qu'il y avait là d'importants intérêts allemands à protéger. On semble donc considérer à Berlin que, en principe, la lettre de protection n'assure la protection impériale à la Compagnie que contre toute tentative d'annexion d'une puissance étrangère (1); que la répression des soulèvements locaux regarde la Compagnie.

70. — Il nous semble qu'une lecture attentive des deux lettres de protection allemandes citées plus haut ne peut que confirmer dans l'idée qu'il est impossible pour une Compagnie d'acquérir des droits de souveraineté : on ne saurait en tous cas y trouver d'arguments propres à soutenir l'opinion contraire.

Où voit-on que la Compagnie de la Nouvelle-Guinée ait acquis des droits de souveraineté sur le territoire où elle est établie en vertu de l'occupation même et non pas de la charte qu'elle a obtenue ? L'expédition a eu lieu sous le contrôle d'un commissaire impérial ; des vaisseaux de guerre allemands ont bientôt placé la côte sous la protection de fait de l'Empire. On peut se demander si la Compagnie agissait pour elle-même ou pour le gouvernement allemand : ce qu'il y a de certain, c'est qu'elle n'a pas acquis par elle-même et pour elle-même de droits souverains.

1. Cela est dit expressément dans les considérants du projet de loi relatif à l'Afrique Orientale discuté par le Reichstag le 25 janvier 1889. Voyez le discours de M. Windhorst.

Comment en effet expliquer, dans l'opinion contraire, que la Compagnie sollicite et obtienne de l'Empereur le pouvoir de conclure des traités avec les indigènes ? Qu'elle reçoive de lui tels ou tels droits de souveraineté et jusqu'au privilége exclusif de devenir propriétaire des terres sans maître par occupation ? Comment comprendre enfin que la charte soit absolument muette sur cette prétendue cession de droits de souveraineté consentie par la Compagnie au profit de l'État et dont il ne serait resté aucune trace ?

Les mêmes observations s'appliquent à la charte de l'Afrique orientale : mais ici la situation se complique un peu. D'une part, en effet, l'intervention de l'État aux débuts de l'entreprise est ici beaucoup moins apparente, d'autre part, le territoire acquis était plus peuplé que celui de la Nouvelle-Guinée et de nombreux traités ont été conclus avec les chefs indigènes.

Quelle est la valeur de ces traités ? Elle résulte avec beaucoup de clarté des termes mêmes employés par la charte. Les traités conclus par le Dr K. Peters constatent solennellement que les chefs indigènes ont renoncé à tous droits souverains puisque ils ont voulu s'en dépouiller au profit de la société. Les territoires en question étant situés en dehors de la souveraineté d'autres Puissances, comme le constate la charte, sont devenus *res nullius*. L'Empereur en assume la souveraineté. La société est demeurée une simple personne privée : ce qui le montre, c'est que l'Empereur lui accorde le pouvoir d'exercer tous les droits résultant des traités qui lui ont été soumis. Ce qui le prouve encore, c'est que bien qu'elle obtienne le droit de contracter des traités, leur validité résultera de la décision de l'Empereur. Concevrait-on que la capacité de la Compagnie eût été plus grande avant l'obtention qu'après l'obtention de la charte ? (1)

Nous avons assisté au Congo à la naissance d'un État souverain ; en Afrique orientale et en Nouvelle-Guinée ce que nous voyons c'est la création d'une espèce d'État mi-souverain, d'une sorte d'État protégé.

71. — La valeur de cette nouvelle façon d'entendre la colonisation, de cette conception de la colonie qui naît protégée, peut paraître douteuse, (2) L'Allemagne a pu

1. La même doctrine semble avoir inspiré la charte de la Compagnie anglaise de l'Afrique orientale. Elle distingue les traités passés avec les indigènes suivant qu'ils ont été signés antérieurement ou postérieurement au jour où elle a été concédée. L'art. 1 s'occupe des premiers : la Compagnie, grâce à la charte, pourra en retirer tout le bénéfice. « *The... Company is hereby authorized and empowered to hold and retain the full benefit of the several Grants, Concessions, Agreements and Treaties aforesaid...* » Quant aux seconds, l'art. 2 habilite la Compagnie à acquérir par traité toute espèce de droits sous une seule condition : elle obtiendra l'approbation d'un des secrétaires d'État de la Reine. Voyez ces textes à l'Appendice.

2. L'Institut de droit international (session de Lausanne, septembre 1888) ne s'est guère préoccupé de cette situation. Cependant la pensée de ses membres à ce sujet n'est pas douteuse. Au cours de la discussion, on émit l'idée qu'on ne pouvait protéger un pays inoccupé : l'un des assistants prétendit qu'il y avait là une inexactitude. La France par exemple, disait-il, redoutant de s'engager dans de nouvelles expéditions coloniales, laisse se former sur un *territorium nullius* une communauté qui se transforme lentement en État sous sa protection et qui naîtra protégé. On répondit avec beaucoup de raison qu'il s'agissait là, à l'origine, d'une occupation par l'État, qui se transforme, dans la suite, en protectorat.

s'en apercevoir récemment à ses dépens : souvent la brutalité des faits vient renverser les plus subtiles combinaisons et donner un démenti aux distinctions les plus ingénieuses des chancelleries.

La Compagnie de la Nouvelle-Guinée a jusqu'ici peu fait parler d'elle ; mais l'équivoque de la situation a éclaté à tous les yeux à propos de la Compagnie de l'Afrique orientale. On a vu un consul général allemand signer en qualité d'agent de la Compagnie le traité du 28 avril 1888 qui n'a été obtenu, au dire du consul anglais, que grâce à la faiblesse du Sultan et aux menaces du cabinet allemand. (1) On a vu sur la côte de Zanzibar le drapeau de la Compagnie, qu'il est impossible à une certaine distance de distinguer du drapeau allemand, se substituer au pavillon du Sultan, excès de zèle que le Chancelier a blamé officiellement. (2) On a entendu le prince de Bismarck soutenir dans le même discours que la société et l'Empire ne sont pas une seule personne et cependant exprimer l'opinion que l'honneur et le drapeau allemand étaient engagés au Sud-Est de l'Afrique. (3)

Dans le courant du mois de décembre 1888 l'idée de substituer l'action directe de l'Empire à celle de la Compagnie de l'Afrique orientale qui s'était montrée inférieure à sa tâche fit de sensibles progrès dans le monde gouvernemental de Berlin : ce plan, tout légitime qu'il

1. Voyez sur ce point : *Blue Book* de la fin de décembre 1888. Rapport de M. Evan Smith, consul anglais à Zanzibar, à Lord Salisbury, 14 avril 1884.

2. *Weisse Buch*. Dépêche du 6 octobre 1888. Sur la similitude des deux drapeaux, Blue-Book, Dépêche de M. E. Smith.

3. Séance du Reichstag du 25 janvier 1889.

fût, se heurtait à de grandes difficultés. La Compagnie n'est en effet, quant à la partie des terrains qu'elle possède le long de la côte, que locataire du Sultan de Zanzibar dont les droits souverains ont été reconnus à la Conférence de Berlin et dans d'autres actes diplomatiques de date postérieure. On s'est décidé à envoyer sur les lieux un commissaire fédéral et impérial, (M. Wissmann fût choisi pour remplir ce poste), qui aura pour mission de contrôler les actes de gouvernement de la Compagnie. L'Empire ne veut pas occuper et conquérir à nouveau les territoires de la Compagnie ; il ne veut pas s'engager militairement dans ces régions : mais cela ne l'empêchera pas de fournir à la société le moyen de le faire à sa place. (1)

En réalité, la Compagnie de l'Afrique orientale et l'Empire allemand sont une seule personne. En accordant à une Compagnie une lettre de protection, l'État devient responsable vis-à-vis des autres États de tous les actes de la Compagnie. On veut en quelque sorte faire de la colonisation anonyme, sans frais et sans responsabilité, soustraire de vastes territoires à l'action civilisatrice d'autres puissances pour les livrer à l'action de Compagnies privées qui ne poursuivent d'autre but qu'un enrichissement personnel et immédiat.

Il est du devoir de la doctrine de protester contre de semblables procédés, de maintenir qu'il n'y a pas de droits sans devoirs corrélatifs, d'affirmer que du moment qu'un État délivre une charte ou une *Schutzbrief*, et an-

1. *Maiden speech* du comte de Bismarck au Reichstag, 14 décembre 1888. Cf. sur la mission de M. Wissmann, les discours qu'il a prononcés le 25 janvier 1889.

nonce par là que tels ou tels territoires sont occupés, il assume dès lors, au point de vue du droit international tous les devoirs de l'État occupant : c'est en effet l'État qui occupe par l'intermédiaire d'une Compagnie qui le représente. (1).

72. — En résumé, il faut ne jamais perdre de vue que l'occupation est une institution du droit privé et du droit des gens à la fois, un mode d'acquisition de la propriété et un mode d'acquisition de la souveraineté. Toutes deux supposent des conditions analogues désignées par les mêmes mots : l'*animus* et le *corpus*. Ce parallélisme perpétuel de deux institutions d'ordre différent, cette identité apparente des termes employés est la cause de regrettables confusions.

Les résultats d'une prise de possession d'un territoire désert différeront cependant du tout au tout suivant la qualité du sujet de l'occupation, la nature de son intention et de sa prise de possession. Une Compagnie occupe-t-elle une île déserte ? elle ne saurait acquérir que les

1. Cf. en ce sens le discours de M. Bamberger, au Reichstag, le 25 janvier 1889. « Pourquoi avons-nous à nous occuper aujourd'hui « de ces oppressantes questions ?... Parce que l'Empire a donné à « la Compagnie une lettre de protection sans être persuadé qu'elle « fût viable... J'ai considéré qu'on commettait une faute en lui ac- « cordant des droits et en chargeant le consul impérial de conclure « le traité avec le Sultan. Il en est résulté une confusion (*Identifici- « rung*) de l'Empire et de la Compagnie qui devait entraîner avec « elle la solidarité de l'Empire, etc. »

Un membre du parti conservateur, M. de Helldorf, a exposé aussi en de très bons termes, dans son discours au Reichstag du 14 décembre 1888, qu'en principe une société privée ne saurait servir que d'intermédiaire à l'action de l'État.

droits qu'elle est susceptible d'exercer : c'est-à-dire des droits de propriété. Le sujet de l'occupation est-il un État ? il acquerra soit de simples droits de propriété, soit des droits de souveraineté, soit à la fois des droits de souveraineté et de propriété, suivant la nature de l'*animus domini* qu'il éprouvera, c'est-à-dire suivant son intention. L'acquisition de la souveraineté peut entraîner l'acquisition de la propriété sans qu'il y ait un *animus* spécial et en vertu d'une règle du droit public ou privé interne. Cela résulterait pour la France, par exemple, de l'article 713 du Code civil. Si l'occupation a été faite par un *negotiorum gestor*, il en sera ordinairement autrement : il est probable dans ce cas que l'occupation en propriété aura été faite par le *negotiorum gestor* à son profit personnel et qu'il n'aura soumis à la ratification de l'État que l'occupation en souveraineté.

Le principe est donc celui-ci : lorsqu'une personne privée ou une Compagnie s'établit dans un pays désert sans mandat d'un État et sans agir en qualité de *negotiorum gestor*, l'occupation ne leur confère immédiatement que des droits de propriété privée ; aucun principe juridique n'empêche qu'à la longue elles acquièrent des droits de souveraineté. Suivant les circonstances, un nouvel État se formera ou la colonie avant d'être arrivée à se transformer en un État tombera dans le domaine colonial d'un État déjà formé, et deviendra soit une *Charter-Colony*, comme Bornéo, soit une *Crown-Colony*, comme Assab.

# TROISIÈME PARTIE

# DE L'OBJET DE L'OCCUPATION

## CHAPITRE PREMIER

### CONDITIONS RELATIVES A L'OBJET DE L'OCCUPATION

SOMMAIRE

73. Conditions relatives à l'objet de l'occupation. — 74. 1° Il faut que l'objet soit susceptible de souveraineté. — 75. 2° Il faut que l'objet soit une *res nullius*. — 76. Point de vue des siècles passés : est *nullius* tout territoire qui n'appartient pas à un prince chrétien. — 77. Point de vue actuel : est *nullius* tout territoire qui n'appartient pas à un peuple civilisé. Du droit de la civilisation. — 78. Le véritable principe est celui-ci : la *res nullius* est le territoire qui n'est soumis à aucune espèce de souveraineté.

73. — Pour qu'une occupation soit valable en droit international, il faut que certaines conditions soient remplies : les unes sont relatives au sujet de l'occupation, nous les avons examinées dans les pages précédentes ; les autres concernent l'objet sur lequel elle porte, nous allons les étudier dans les pages qui vont suivre.

Nous entendons, en effet, par objet de l'occupation non pas la nature du droit acquis, qui est un droit de souveraineté territoriale, non pas les effets, conséquence de cette acquisition, mais la chose elle-même sur laquelle elle porte.

En droit romain, pour qu'une prise de possession entraîne une acquisition de propriété, son objet doit être une chose susceptible d'être possédée et qui ne répugne pas à l'idée de propriété; il faut de plus que cette chose ne soit pas actuellement appropriée, qu'elle constitue une *res nullius*. En droit international, pour qu'une prise de possession effectuée par un État ait pour conséquence l'accroissement territorial de sa souveraineté, il faut, d'une part, que la chose soit susceptible de souveraineté, d'autre part, qu'elle ne soit pas, à l'heure actuelle, soumise à l'action d'une souveraineté, qu'elle soit une *res nullius*.

74. — *Première condition.* — Le premier point de vue nous arrêtera peu. Ce qui ne peut pas faire l'objet d'un droit de propriété immobilière, ne peut généralement pas faire l'objet d'un droit de souveraineté. La mer, par exemple, n'étant pas susceptible de possession, ne pouvant pas en fait être soumise à l'exercice d'un droit de souveraineté ou de propriété, ne saurait être l'objet d'une occupation. Mais si l'objet de l'occupation du droit privé et celui de l'occupation du droit international se confondent généralement, il faut remarquer qu'il n'en est pas toujours ainsi. Ce qui est susceptible de souveraineté peut ne pas être susceptible de propriété, parce que la notion de la pos-

session n'est pas la même dans les deux cas, ou plus exactement parce que l'État a à sa disposition des moyens de possession que n'ont pas les simples particuliers. L'État peut, en effet, dans toute l'étendue de mer située le long de la côte et que l'on désigne sous le nom de mer territoriale, faire sentir d'une manière durable qu'il exerce une souveraineté réelle et effective. L'occupation d'une île ou d'une côte comporte acquisition de la souveraineté non seulement sur l'île ou sur la côte, mais encore sur toute la portion de la mer commandée par les canons montés à terre et sur les autres îles ou îlots qui peuvent être situés dans ces limites. Il ne faut pas, par contre, admettre l'opinion de Grotius, qui professe que lorsqu'une flotte stationne sur quelque point de la mer, elle en obtient la souveraineté par occupation : la position des vaisseaux en pleine mer est essentiellement variable et l'on ne saurait concevoir ici de possession continue (1).

75. — *Seconde condition.* — Il faut que la chose soit une *res nullius*. Qu'est-ce donc, au point de vue du droit international, qu'une *res nullius*, qu'un *territorium nullius?* Rien ne semble plus aisé au premier abord, rien de plus facile en théorie que de répondre à cette question ;

1. Grotius, *D. J. B. ac P.* II. III, 13, 2; Pradier-Fodéré sur Grotius ; Heimburger, *op. cit.*, p. 102. On sait que certains publicistes ont essayé de trouver dans l'occupation le fondement rationnel du droit de blocus. Hautefeuille, Klüber, Ortolan, etc., se sont prononcés en ce sens. Cette idée paraît très contestable. On la trouvera fort bien exposée et réfutée dans l'ouvrage de Charles de Boeck, *De la propriété ennemie*, etc., § 670-§ 675.

aucune n'offre cependant plus de difficultés en pratique. Presque toutes les contestations internationales auxquelles a donné lieu l'exercice du droit d'occupation, sont nées de la façon différente dont deux États comprenaient ce que c'était que la *res nullius*. La notion de la *res nullius* a beaucoup varié suivant les époques ; et si l'on peut dire que les auteurs sont presque unanimes sur ce point, que les diplomates eux-mêmes se sont ralliés à une doctrine généreuse dont les principes sont sous-entendus dans les protocoles de la Conférence de Berlin, il faut reconnaître aussi que les faits sont souvent en complet désaccord avec la théorie et la conduite des États avec les documents diplomatiques qu'ils ont signés.

76. — Pendant bien des siècles on a considéré que non seulement l'état chrétien seul avait le droit d'occupation, mais que tous les territoires qui n'étaient pas soumis à la domination d'un prince chrétien pouvaient être occupés. C'est de ce principe que s'inspirent les lettres patentes, chartes et commissions des XVIe et XVIIe siècles (1). Etaient en dehors de la communauté du droit des gens et, par conséquent, sans droit tous ceux qui n'appartenaient pas à la religion chrétienne ; ils ne pouvaient être ni souverains ni propriétaires ; une simple prise de possession faisait acquérir tant la propriété que la souveraineté des pays habités par les peuplades indigènes. Ce qui légitimait à tous les yeux la spoliation dont ils étaient victimes, c'est qu'elle se consommait au

1. Cf. § 12, § 23.

nom de la religion, en vertu d'un principe supérieur et pour le plus grand bien de leurs âmes. Les protestations et les raisonnements d'un Victoria n'eurent pas plus d'action sur ses contemporains que l'exemple pratique de douceur, de justice et de modération d'un Penn ne suscita d'imitateurs.

C'est ainsi que des peuplades nombreuses et plusieurs États importants furent anéantis dans les deux Amériques. Les Européens ne rencontrèrent pas seulement sur leur chemin des hordes sauvages menant une vie errante, ne vivant que des produits de leur chasse et parcourant sans cesse d'immenses forêts sans s'arrêter nulle part. Les Mexicains et les Péruviens étaient arrivés à un haut degré de culture. Qu'on lise l'ouvrage classique de Prescott et l'on apprendra ce qu'était la civilisation mexicaine ; on y verra avec quelle rage furieuse les Espagnols cherchèrent à en effacer jusqu'au souvenir : presque rien ne leur a échappé et les documents font défaut pour reconstituer l'histoire de ce peuple qui n'a laissé derrière lui que quelques ruines grandioses (1).

77. — L'argument employé de nos jours par les peuples civilisés pour justifier et déguiser la spoliation des races plus faibles, n'est plus l'intérêt religieux, c'est l'intérêt de la civilisation : les peuples modernes ont une mission civilisatrice à remplir à laquelle ils ne peuvent

1. Lucien Biart, *les Aztèques*, etc., Paris, 1885. Cf. sur la façon dont furent traités les indigènes dans le nord de l'Amérique, « *Early American Land tenures* », p. 102 et ss., dans *Wharton, School Annals*, Philadelphia, 1885.

se soustraire. On peut soutenir sans paradoxe que le point de vue des papes et des princes du XVIe siècle était en somme plus légitime que celui des gouvernements du XIXe, qu'il y avait chez ceux-là plus de sincérité et moins d'hypocrisie que chez ceux-ci lorsqu'ils parlent de la mission qui leur incombe. Si l'on comprend en effet qu'on ait pu considérer à une certaine époque, qu'il était légitime pour les peuples seuls possesseurs de la seule vraie religion, de celle-là seule qui sauve, de faire le salut des autres peuples malgré eux et aux dépens de leur bien temporel, en allant jusqu'à les dépouiller de leurs droits de souveraineté et de propriété, qu'on ait pu de bonne foi prononcer à leur égard le « *Compelle intrare* » (1), qu'aveuglé par le fanatisme, on ait cherché à imposer par la force une foi religieuse, et que tous les moyens employés aient pu paraître justifiés par la fin poursuivie, on ne saurait concevoir qu'on agisse de la sorte au nom de la civilisation. C'est qu'en effet, si l'idée religieuse est par essence absolue, l'idée de la civilisation est au contraire variable et relative : personne ne soutiendra sérieusement qu'il y a une seule civilisation et qu'il est nécessaire que tous les hommes participent à ses bienfaits ; mais beaucoup ont pu penser sincèrement qu'il n'y avait qu'une seule foi religieuse et qu'il y avait un si grand intérêt à la faire partager à tous les hommes que tous les moyens étaient bons pour arriver à ce résultat.

Au temps de Montaigne on parlait déjà du droit de la civilisation. L'auteur des *Essais* (2) ne manqua pas de tour-

1. Luc. 14, 23.
2. *Essais*, I, 30, 31, 36 ; III, 6.

ner en ridicule les prétentions de ceux qui appellaient les indigènes des Barbares; il loue en plusieurs endroits de son ouvrage, peut-être avec quelque complaisance, les institutions des sauvages et il ajoute quelque part : « Tout « cela ne va pas trop mal, mais quoy ! ils ne portent point « de haut de chausses ! » Cette spirituelle boutade cache une profonde vérité. Nul mot n'est plus vague et n'a permis de commettre de plus grandes iniquités que celui de civilisation. On s'en sert sans le définir, sans justifier en aucune façon qu'il y ait pour un État une source de droits à l'égard d'une autre communauté politique, dans le simple fait que l'un est arrivé à un développement plus parfait que l'autre. On oppose les États civilisés aux États non civilisés, à ceux qui vivent dans l'ignorance. Pour l'État comme pour l'individu c'est un malheur que le défaut d'instruction et de développement, ce n'est pas une cause de déchéance ; le droit de propriété de l'illettré est aussi inviolable que celui d'un savant ; les droits de souveraineté des peuplades ou des États à moitié civilisés sont aussi sacrés que ceux de l'État de civilisation chrétienne. On parle du reste de la civilisation comme s'il y avait une civilisation absolue : on pourrait en citer plusieurs qui toutes croient avoir droit au premier rang. Modifiant quelque peu le mot si connu de Joseph de Maistre, nous dirions volontiers : je connais des civilisations, je ne connais pas la civilisation (1).

Qu'on y prenne garde ! le prétendu droit de civilisation pourrait servir à légitimer les plus graves attentats, même

1. Voyez, sur l'abus du mot civilisation, les pages si ingénieuses de Seeley, *op. cit.*, p. 6, 7, 8.

en Europe, même au sein de la communauté des États chrétiens. N'y a-t-il pas une civilisation allemande, une civilisation slave, une civilisation latine ? N'a-t-on pas souvent soutenu l'incontestable supériorité de l'une sur l'autre ? A-t-on perdu le souvenir de certains exposés complaisants et érudits de la décadence des races latines qui avaient pour contre-partie la glorification de la civilisation allemande (*deutsche Kultur*) ? Comment pourrait-on nier l'existence d'un droit de la civilisation dans les relations des peuples européens, s'il est légitime, hors de l'Europe, de s'en servir comme d'un argument pour dépouiller les peuples sauvages ? En réalité ce ne sont pas les droits de l'État qui augmentent avec le développement de sa civilisation ; celle-ci devrait avoir pour unique conséquence une conception plus élevée, une exécution plus rigoureuse de ses obligations et de ses devoirs internationaux.

Les États ont moins aujourd'hui qu'à toute autre époque le droit de parler de leur mission religieuse, humanitaire ou civilisatrice. Tous se dépouillent plus ou moins complètement de toute préoccupation religieuse ; tous recherchent avant tout la satisfaction de leurs intérêts matériels, le développement de leur commerce. On lit bien de temps en temps dans les documents officiels que tel État a décidé d'envoyer ses vaisseaux dans une région lointaine pour lutter contre la traite par exemple, ou encore pour venir au secours de missionnaires et pour protéger des intérêts religieux menacés. On ne se laisse plus guère prendre à ces accès de philanthropie : ils sont trop subits, trop intermittents et de trop courte durée. Lorsqu'un État intervient dans l'intérêt de la civilisation, il faut toujours entendre qu'il s'agit de sa civilisation propre et que le but qu'il poursuit est avant tout le développement de son commerce. Quand un gouvernement délivre une charte à une société du genre de la Compagnie allemande de l'Afrique orientale, peut-il sincèrement se figurer qu'il agit dans l'intérêt général de la civilisation, de la religion et pour le plus grand bien des indigènes ?

Une courte citation empruntée à l'organe officiel de cette Compagnie édifiera à cet égard : « Le but poursuivi par la colonisation est d'enrichir, en agissant sans se préoccuper des moyens et d'une façon décidée, son propre peuple aux dépens de peuples plus faibles (1) ».

Ce principe est odieux, mais est malheureusement l'expression exacte, malgré sa forme brutale et cynique, de ce qui se passe en réalité. Lorsque l'État colonise par l'intermédiaire de sociétés privées, on peut dire sans exagération que le but poursuivi est l'enrichissement de son propre peuple aux dépens de peuples plus faibles. Il serait naïf de demander à une Compagnie par actions de faire des sacrifices pour améliorer le sort des indigènes au risque de diminuer l'importance de ses dividendes. Mais on peut se demander comment un État qui parle vo-

1. Nous donnons le texte allemand pour éviter tout reproche d'exagération ou d'inexactitude ; nous l'empruntons au discours prononcé le 25 janvier 1889 au Reichstag par M. Bamberger qui a extrait ce passage de la « *Colonial politische Correspondenz.* » « *Der Colonialzweck ist die rücksichtslose und entschlossene Bereicherung des eignen Volkes auf anderer schwächerer Völker Unkosten.* » Comme l'a dit M. Bamberger, c'est là le point de vue du « flibustier et non pas du colon. »

lontiers de la mission civilisatrice qu'il a à remplir substitue à son action directe celle d'une société commerciale et ne la surveille pas d'assez près pour empêcher cet enrichissement sans ménagement et aux dépens d'autrui qu'elle érige en principe.

M. de Bismarck a dit le 25 janvier 1889 : « Je n'ai pas cru que le gouvernement impérial fût qualifié pour intervenir dans l'intérêt propre de la Compagnie : mais nous avons accepté des devoirs « *civilisateurs* » en Afrique d'accord avec l'Angleterre et la France. » La chancellerie allemande ne les oubliait-elle pas le jour où elle délivrait une lettre de protection impériale à la société Peters ? Le prince ajouta : « Ce qu'on hait là-bas ce n'est pas la Compagnie elle-même, c'est le chrétien, le protecteur de l'esclave, celui qui vient troubler la traite. » Il est permis de penser qu'à côté de ces motifs d'inimitié il en est d'autres, et que les indigènes haïssent avant tout, ceux qui viennent s'enrichir à leurs dépens (1).

Les chartes contiennent généralement quelques mesures relatives à la protection des indigènes : on en trouvera des exemples dans celle de la Nouvelle-Guinée et dans celle de la *Royal Niger Company* (2). Cette surveillance si nécessaire de l'État est malheureusement parfois plus nominale que réelle. Il faut compter plutôt sur l'in-

1. Les rapports des agents anglais à Zanzibar représentent la brutalité des agents de la Compagnie comme ayant été la seule cause de la révolte (*Blue Book*, déc. 1888). Cf. *le Temps*, 30 novembre 1888. Les journaux allemands se sont joints aux journaux étrangers pour protester contre les procédés employés sur la côte de Zanzibar.

2. Plus haut, § 59 ; Banning, *op. cit.*, p. 20.

térêt bien entendu des Compagnies elles-mêmes qui se concilie avec les devoirs de l'humanité : la violence engendre la violence. L'intérêt de l'État protecteur d'une Compagnie est aussi le même. Comme l'a dit M. de Brazza, il faut être bon, ferme, doux et patient pour ces populations qui « aiment d'abord le drapeau pour celui qui le porte » (1). Ce sont là des qualités qui se trouveront plus souvent chez les représentants de l'État que chez les agents des Compagnies.

78. — L'objet de l'occupation n'est pour nous, ni le territoire de l'État païen, comme il y a trois siècles, ni celui de l'État non civilisé, comme on l'a soutenu encore de nos jours et comme la pratique quotidienne pourrait le faire supposer : c'est tout territoire qui n'est soumis à aucune éspèce de souveraineté. En d'autres termes, pour qu'une occupation soit conforme au droit international, il faut qu'elle soit juste, c'est-à-dire qu'elle ne lèse aucun droit de souveraineté, qu'elle ne porte atteinte en aucune façon au droit d'autrui. Il en sera ainsi lorsque l'État s'établira dans une île complètement déserte, dans l'*insula nata* dont parle Justinien. Pour la faire tomber sous sa souveraineté il n'a qu'un seul moyen à sa disposition : en prendre possession, l'occuper. L'occupation est en effet le seul mode originaire d'acquisition de la souveraineté.

Laissant désormais de côté l'hypothèse peu pratique et peu intéressante de l'île absolument déserte nous devons

1. Communication à la société de géographie de Paris, 21 janvier 1886.

examiner le cas où elle est habitée. On peut dire, d'une façon générale, que l'occupation sera juste si tous les droits des habitants, quel que soit leur degré de civilisation, sont respectés, si l'État n'agit qu'avec leur consentement. Ces droits peuvent être de nature différente : ce sont soit des droits de propriété, soit des droits de souveraineté. Il est clair que dans le premier cas l'occupation du droit privé, l'occupation en propriété seule sera impossible sans le consentement des intéressés : l'île ne sera *res nullius* qu'au point de vue du droit international. C'est ce qui se passerait si nous supposons l'occupation d'un territoire habité seulement par quelques hommes, quelle que soit du reste la race à laquelle ils appartiennent. On ne saurait admettre en effet la prétention de quelques hommes disséminés sur un vaste territoire d'y exercer des droits de souveraineté.

Mais si nous supposons que le territoire est la demeure d'une peuplade, d'une tribu, d'une horde sauvages ou à moitié civilisées, ayant un commencement, si rudimentaire et imparfait soit-il, d'organisation politique, nous disons que ce territoire n'est pas un *territorium nullius*, qu'il ne peut pas être l'objet d'une occupation pure et simple ; mais nous ajoutons qu'il pourra faire l'objet d'une espèce d'occupation dont le trait caractéristique sera la conclusion préalable d'un contrat ou d'un traité, le mot importe peu si la chose importe beaucoup, constatant le consentement des indigènes.

Nous examinerons séparément les deux idées suivantes :

1° Les peuplades indigènes ont droit à leur territoire;

2° Elles peuvent conclure des traités qui rendent l'occupation juste.

# CHAPITRE II

## LES PEUPLADES SAUVAGES ONT DROIT A LEUR TERRITOIRE

### SOMMAIRE

79. Opinion des auteurs, Heffter, Klüber, Martens, Vattel, Pinheiro-Ferreira, Blüntschli. — 80. Difficulté de définir la *res nullius*. — 81. La déclaration de Lausanne ne l'a pas définie. — 82. La Conférence de Berlin et M. Kasson.

79. — La doctrine est en réalité presque unanime à reconnaître ce principe : on peut lui reprocher seulement de manquer quelque peu de netteté dans l'expression qu'elle lui donne.

Certains auteurs commencent par admettre le droit supérieur de la civilisation et de la colonisation, pour l'accompagner dans la suite de leur exposition de tant de réserves, qu'ils arrivent au fond à lui refuser toute portée pratique. Cette méthode paraît dangereuse : les États pourraient fort bien invoquer le principe et tenir fort peu de compte des réserves qui le suivent. Il semble par exemple que le § 280 de Blüntschli pourrait servir à légitimer toutes les spoliations coloniales.

Il vaut beaucoup mieux, comme l'ont fait d'autres auteurs mieux inspirés, affirmer le droit à l'indépendance des peuples sauvages, tant que leur existence ne fait pas courir de dangers à leurs voisins.

Heffter a le mérite de poser le principe avec beaucoup de clarté : « Aucune puissance sur la terre n'a le droit d'imposer ses lois à des peuples errants ou sauvages mêmes. » Il semble cependant admettre, non pas au profit d'un seul État, mais au profit de l'ensemble des États, une sorte de droit de la civilisation qui se traduirait dans les faits par le droit qui leur appartiendrait de se faire ouvrir les ports d'un pays dans l'intérêt du commerce (§ 70). Il faut remarquer que ce droit collectif des États entraînerait infiniment moins d'abus et de dangers que le même droit accordé à un État détaché ; qu'enfin ce droit de commercer avec les peuples sauvages n'entraînerait aucune extension de la souveraineté de l'État commerçant. (1) Nous pensons cependant que ce droit de la civilisation atténué doit être repoussé ; c'est ce que fait Klüber qui n'en reconnaît pas la légitimité même à l'égard des nomades (§ 125).

Martens au contraire admet qu' « on ne peut occuper que des terres n'appartenant à personne et habitées par des tribus barbares. » (2) On est en droit de conclure de cette formule embarrassée que les terres habitées par des tribus barbares sont *res nullius*. Il est à peine besoin d'ajouter que le savant russe repousse l'emploi de la violence à l'égard des peuples sauvages, comme le font tous les publicistes sans exception.

Les vues de Vattel offrent peu de précision et paraissent même parfois contradictoires. Il existe, d'après cet auteur, une obligation naturelle de cultiver la terre.

1. Cf. sur le droit de commercer, Blüntschli, *op. cit.*, p. 26.
2. *Op. cit.*, I, p. 464.

Celle-ci ne saurait, en effet, malgré sa fertilité, suffire à nourrir ses habitants, si elle est laissée par eux sans culture. Vattel tire de cette idée les conclusions suivantes : chaque nation est obligée de cultiver son territoire ; si celui-ci ne suffit pas à ses besoins, elle a le droit de s'étendre ; elle ne peut le faire, en lésant les droits d'autrui, qu'en cas de nécessité et seulement aux dépens de ceux qui ne se soumettent pas à l'obligation naturelle de cultiver la terre. Ces derniers « ne peuvent se plaindre si d'autres nations plus laborieuses et trop resserrées » les dépouillent d'une partie de leur territoire. Le publiciste neufchâtelois réprouve, en conséquence, la conduite des Espagnols vis-à-vis de communautés politiques aussi avancées que le Mexique et le Pérou ; mais il pense que l'établissement des Européens dans l'Amérique du Nord a été légitime parce que « les peuples de ces vastes contrées les parcouraient plus qu'ils ne les habitaient. » Tout le monde, selon lui, a le droit de partager ce qui a été créé pour le plus grand avantage de tous et non pour servir aux caprices de quelques-uns (1).

Cette hypothèse d'un droit de la nécessité est tout à fait gratuite ; jamais les circonstances que suppose Vattel ne se sont produites : la terre, bien cultivée, suffit à nourrir ses habitants. Enfin, nous pouvons opposer Vattel à Vattel lui-même. Revenant sur la question des familles errantes, « les Indiens, dit-il, n'avaient point droit de s'approprier toute l'Amérique du Nord », mais il ne fallait pas les réduire à manquer de terres. Quant aux Arabes, aucune nation n'est en droit de les resserrer, à

1. Vattel, I, §§ 81, 203, 209, 290.

moins qu'elle ne manque absolument de terres. « Car, enfin, ils possèdent leur pays, ils s'en servent à leur manière... etc. » Et Vattel pose en principe que les peuples pasteurs, les familles errantes, possèdent leur pays à l'exclusion des autres peuples qui ne peuvent les en dépouiller (II, § 86, § 97). On avouera que cette doctrine s'accorde fort mal avec l'obligation naturelle de cultiver la terre.

Si les vues de Vattel peuvent paraître assez indécises, celles de ses deux commentateurs, aussi opposés du reste que possible les unes aux autres, sont fort claires. Pinheiro Ferreira (sur Vattel, § 209), est peut-être de tous les publicistes celui qui a affirmé avec le plus de netteté le droit de la civilisation. Il fait bon marché des droits des indigènes et traite assez dédaigneusement ceux qui se laissent arrêter par cette considération : « il y aurait autant d'ineptie à respecter une telle prétention qu'il y a d'absurdité à la soutenir. » Il faut reconnaître du reste que le publiciste portugais atténue quelque peu son opinion lorsqu'il enseigne qu'il faut, pour qu'une nation ait le droit d'occuper, qu'elle ait les moyens et la volonté d'instruire les indigènes ; que les peuples civilisés sont dans leur tort lorsqu'ils se mettent dans l'alternative de périr eux-mêmes ou d'exterminer les sauvages. (1) En somme,

1. Pinheiro Ferreira qui constate les contradictions de Vattel n'échappe donc pas lui-même complètement à ce reproche. On peut tirer de son commentaire (sur Vattel, II, § 97 et 98) ce principe que l'État n'a pas le droit d'occuper s'il porte ainsi atteinte au *bien-être* des anciens habitants. Cette idée est aussi fausse que celle qu'il expose sur le § 209, mais elle est plus généreuse. Ainsi donc l'État aurait le droit d'occuper le territoire s'il ne lèse pas en le faisant

Pinheiro Ferreira est partisan d'une sorte d'expropriation des races inférieures pour cause de civilisation à condition qu'elle ait pour but leur relèvement moral et matériel. Il semble que ce soit là une conception bien peu juridique et bien utopique. Je dis : bien peu juridique ; conçoit-on en effet que le territoire puisse être considéré ou non comme *res nullius* suivant les intentions plus ou moins philanthropiques de l'occupant ? Je dis aussi : conception utopique ! Sauf de très rares exceptions, la colonisation a-t-elle jamais eu d'autre but que l'enrichissement des colons aux dépens de peuples peu civilisés ? N'en est-il pas ainsi à l'heure actuelle tout particulièrement ?

Pradier-Fodéré qui traite cette question avec détails repousse avec énergie le prétendu droit de la civilisation.

Nous devons mentionner aussi l'opinion de Blüntschli à laquelle nous avons fait allusion plus haut. Pour lui (§ 280) l'objet de l'occupation, le *territorium nullius*, est « la contrée qui ne fait partie du territoire d'aucun État « et qui est possédée par des tribus barbares. . . . . . ».

les intérêts des indigènes. Le publiciste portugais donne une application assez étrange de son principe. Un peuple de pasteurs est établi sur une côte admirablement faite pour les besoins de la navigation. Un État commerçant aura le droit d'occuper cette côte et de la rendre à son usage naturel qui est de servir de refuge aux navires et non pas de fournir des pâturages aux troupeaux.

C'est là, on l'avouera, une conception étrange et qui permettrait de justifier toutes les spoliations. Pour posséder, en droit international, il faudrait tirer tout le parti et le meilleur parti possible du sol ! Aucun État, dans ce système, ne serait certain de posséder son territoire : un État tiers plus civilisé serait toujours admis à prétendre qu'il en tirerait un meilleur profit.

« L'État colonisateur a le droit d'étendre sa souveraineté « sur le territoire occupé par des peuplades sauvages « pour favoriser la civilisation et l'extension des cultures. » Il va sans dire que c'est dans l'intérêt des indigènes eux-mêmes et pour permettre aux nations civilisées de « prendre en main l'éducation et la direction de peu- « ples sauvages » que Blüntschli admet ce droit d'expropriation sans violence et moyennant indemnité. (1)

Nous repoussons, quant à nous, sans hésitation, le droit supérieur des nations civilisées sur les peuples moins avancés.

80. — Nous croyons du reste, que rien n'est plus difficile que de donner une définition précise de l'objet de l'occupation si l'on sort de cette idée très simple que le *territorium nullius* est celui qui n'est soumis à aucun droit de souveraineté. Il faut avoir soin d'ajouter que, malgré l'opinion de certains publicistes, la couleur de la peau ou un état de civilisation peu avancé n'empêchent pas que des peuples barbares et sauvages exercent des droits de souveraineté, rudimentaires il est vrai, mais suffisants pour rendre contraire au droit toute occupation violente du pays qu'ils occupent (2).

1. Stengel, *op. cit.*, p. 27 ; Holtzendorff, de Martitz, partagent les vues de Martens et de Blüntschli. En sens contraire, Meyer, p. 28, n. 1, cite entre autres Bulmerincq.

2. « Les droits essentiels qui dérivent de l'existence même d'une « société humaine, de son établissement sur un teritoire déterminé, « doivent être respectés dans tous les cas, en l'absence de toute « convention, de tout usage. » Renault, *Introduction à l'étude du Droit international*, § 17.

Il faut se garder de vouloir préciser davantage : toute définition en cette matière est dangereuse et peut servir de justification à toutes les spoliations. Prenez par exemple la définition de la *res nullius* que l'on peut tirer du § 280 de Blüntschli : le *territorium nullius* est la contrée *possédée* par des tribus barbares par opposition au territoire de l'État.

On ne comprend pas tout d'abord qu'une chose possédée par quelqu'un soit qualifiée de *nullius*. La possession, la propriété, la souveraineté sont toujours des droits aussi sacrés, quels qu'en soient les titulaires. Le dédommagement équitable que le savant allemand veut que l'on accorde aux sauvages expropriés est la preuve qu'il reconnaît le bien-fondé de leur droit.

Le droit de civilisation ou de colonisation ne saurait se justifier dans une certaine mesure que si l'on prouvait qu'il s'exerce dans l'intérêt des sauvages eux-mêmes ; et encore serions-nous disposé à soutenir qu'il n'est pas permis de faire le bonheur des gens malgré eux, et qu'en ce domaine chacun est le meilleur juge en sa propre cause. Mais c'est là une démonstration que l'on n'essaiera pas de faire. Sauf dans quelques cas très rares où le mouvement colonisateur est parti de sociétés privées (1), on peut dire que le but principal, nous dirions volontiers unique, de la colonisation est l'enrichissement de l'État colonisateur aux dépens des peuples colonisés. Nous nous sommes expliqués plus haut sur ce point.

1. Par exemple dans le cas de Maryland et de Libéria et dans une moindre mesure dans celui du Congo.

De plus, il ne faut pas oublier que les nuances et les gradations sont insensibles entre l'État le plus civilisé et la horde la plus barbare. Sans doute, la notion de l'État n'est pas impossible à déterminer exactement en théorie, mais en pratique il en est autrement. Il n'y a pas un grand nombre de communautés politiques répondant parfaitement à la notion d'État. Notre terre ne présente pas beaucoup de territoires déterminés possédés par une race déterminée et politiquement organisée : la nation qui est un État et l'État qui est une nation est un fait exceptionnel. Les dégradations de la souveraineté comme celles de la civilisation sont insensibles (1). Qui serait juge de la question de savoir si l'on se trouve en face d'un État suffisamment civilisé, d'une tribu suffisamment organisée, pour que l'occupation soit impossible ? Ce serait et ce ne pourrait être que l'État qui désire occuper. Singulier juge que celui qui juge dans sa propre cause et qui a à trancher une question aussi délicate ! Sur quelles données s'appuierait sa sentence ? Quels seraient les éléments de sa décision ?

Enfin, il est à remarquer qu'il est certains États dont la civilisation est basée sur des principes et des institutions que repousse la conscience chrétienne, dont l'exis-

1. Les relations des voyageurs montrent qu'il existe au centre de l'Afrique des communautés nègres qui offrent à peu près tous les caractères de l'État. A l'Institut de droit international, on a cité le cas des Egbas dont l'organisation politique est très avancée. On pourrait ajouter bien des exemples du même genre. Voyez un article intéressant à ce point de vue sur les Peulhs, peuplade voisine du Sénégal, dans la *Revue de Géographie* (novembre 1883).

tence est par là même un danger infiniment plus grand que ces sauvages inoffensifs tant qu'on les laisse vivre comme ils l'entendent. Pourquoi respecte-t-on les droits des premiers, pourquoi est-on disposé à violer ceux des seconds ? Serait-ce parce que les uns ont la force de résister à l'agresseur et que les autres en sont incapables ?

81. — La difficulté de cette question a été sentie à la session de Lausanne : la déclaration, telle qu'elle a été définitivement votée, ne comporte aucun article qui y réponde nettement. Mais la discussion qui s'est élevée à propos de l'article 1er du projet de M. de Martitz indique clairement quelles sont les vues de l'Institut à ce sujet.

Cet article était ainsi conçu :

« Est considéré comme *territorium nullius* toute région « qui ne se trouve pas effectivement sous la souverai- « neté ou sous le protectorat d'un des États qui forment « la communauté du droit des gens, peu importe que « cette région soit ou non habitée. »

Il résultait de ce texte et des commentaires qui l'accompagnaient que les peuples indigènes n'étaient pas considérés comme membres de la communauté du droit des gens. Les jurisconsultes réunis à Lausanne repoussèrent à l'unanimité et avec indignation cette doctrine qui reproduisait, suivant l'expression d'un collègue et d'un compatriote de M. de Martitz, toutes les prétentions les plus exorbitantes des Européens.

L'Institut n'a pas voulu essayer de substituer sa propre définition du *territorium nullius* à celle qu'il venait de repousser. Le contre-projet de M. Engelhardt n'en contenait pas, et on n'a pas oublié que c'est ce texte, modifié sur certains points, qui est devenu la déclaration définitive. On s'est prévalu aussi du fait que la Conférence de Berlin ne s'était point prononcée sur la légitimité des occupations mais seulement sur leur *effectivité* : on a trouvé qu'il serait prudent de l'imiter sur ce point.

Il semble qu'il y ait là une lacune regrettable : n'aurait-il pas été logique de se demander : que peut-on occuper ? avant de chercher à déterminer les conditions d'*effectivité* de l'occupation ? Malgré cela, il ne peut y avoir aucun doute sur le sentiment des membres de la savante association à l'égard des peuplades sauvages : l'Institut pense que les indigènes font partie de la communauté du droit des gens ; qu'ils ont droit à leur territoire, et que la supériorité de la civilisation n'est pas une source de droits pour un État.

82. — Malgré l'autorité scientifique considérable dont jouissent toutes les résolutions de la savante assemblée, elles n'ont qu'une portée théorique jusqu'au jour où elles sont adoptées par un gouvernement. Les moindres décisions prises par des diplomates ont une portée pratique et constituent une garantie supérieure pour les indigènes. Leurs intérêts ont-ils été complètement oubliés à Berlin en 1885 ? On pourrait le croire si l'on se contentait de lire les articles 34 et 35. Mais ce silence, comme celui de la déclaration de Lausanne, est une simple apparence : il suffira pour s'en convaincre de parcourir les

protocoles de la Conférence. On s'est volontairement abstenu de poser des règles sur la légitimité des occupations, mais, nous avons sur ce point le témoignage autorisé d'un membre de la conférence, toutes les discussions qui ont eu lieu à Berlin, montrent que cette haute assemblée n'a pas considéré les peuplades indigènes comme formant des « associations purement accidentel- « les, sans personnalité juridique et en dehors de la « communauté du droit des gens » (1).

On n'a peut-être pas assez remarqué l'immense progrès accompli de cette façon par le droit international conventionnel : il y a encore, il est vrai, de grandes améliorations à apporter dans la pratique des nations civilisées pour que celle-ci soit d'accord avec les principes posés par leurs représentants ; mais la reconnaissance des droits des indigènes par une assemblée à laquelle ont pris part tous les États colonisateurs est un fait dont on ne saurait contester la nouveauté et la valeur. Cependant on a souvent méconnu l'œuvre de la Conférence sur ce point. On lit dans un rapport adressé par Sir Ed. Malet à Lord Granville après la clôture des travaux : « Certaines gens « ont fait l'objection, que, tandis que les intérêts du « commerce ont été l'objet d'une étude attentive, ceux « des indigènes n'ont pas été pris suffisamment en con- « sidération, et on a exprimé la crainte qu'on ait subor- « donné le bien-être des noirs aux besoins commerciaux

1. On consultera sur ce point le rapport de M. Engelhardt au Ministre des affaires étrangères. Livre jaune, p. 21. 22, 23 ; et l'étude que le même auteur a consacrée à la déclaration de Berlin, second article. R. D. I., XVIII, p. 572-582.

« des blancs. J'irai jusqu'à dire que si l'objection est fon-« dée, l'œuvre de la Conférence ne répond pas à ses inten-« tions. » L'ambassadeur de la Reine d'Angleterre n'a pas de peine à montrer le peu de solidité de ce reproche et il ajoute pleinement d'accord sur ce point avec M. Engel-« hardt : En vérité, il est impossible d'avoir suivi les « travaux de la Conférence sans être convaincu de ce fait « que les considérations humanitaires ont occupé une « place prépondérante dans ses discussions. » (1) Quelques citations empruntées aux comptes-rendus que nous en possédons nous permettront de souscrire à ce jugement.

Dans son discours d'ouverture, le prince de Bismarck exprima l'idée que tous les gouvernements partageaient « le désir d'associer les indigènes de l'Afrique à la ci-« vilisation ». (2) Il trouvait sur ce point, dès l'abord, les dispositions les plus favorables chez tous les plénipotentiaires. Sir Edward Malet déclara au nom de son gouvernement que le « bien être des indigènes ne devait pas être négligé. » « Je dois me rappeler, » ajouta-t-il, « que « les indigènes ne sont pas représentés dans notre sein « et que, cependant, les décisions de la Conférence au-« ront pour eux une gravité extrême ». (3) Le marquis de Pinafiel fit profession au nom du gouvernement portugais de sentiments analogues. (4)

Au cours des discussions elles-mêmes on reconnut for-

1. *Blue Book, Africa*, n. 2 (1885), n. 3. *Sir E. Malet to Earl Granville*, 21 février 1885.

2. Livre jaune, p. 58.

3. *Ibid.*, p. 61.

4. Livre Jaune, p. 68.

mellement l'existence de souverainetés indigènes dans certaines régions de l'Afrique : on y parla en plusieurs occasions des « Pouvoirs établis à l'Est du bassin du Congo » « des Gouvernements établis sur le littoral africain » et l'on réserva nettement « les droits des souverainetés existantes » dans telle ou telle partie du Continent Noir (1). Les droits souverains du Sultan de Zanzibar notamment ont été l'objet d'une discussion fort importante.

Dès 1862 l'Angleterre et la France avaient pris l'engagement de respecter les droits de souveraineté de ce prince, droits auxquels, quoi qu'on en ait dit, il n'a pas été porté atteinte à la Conférence de Berlin. Bien au contraire, les puissances ont traité le sultanat de Zanzibar comme un État, comme une personne du droit international. C'est à l'occasion des droits que le Sultan prétendait avoir sur le continent et qui se seraient étendus, d'après lui, jusqu'au lac Tanganyka, que les déclarations les plus importantes ont été faites relativement à la possibilité de l'existence en Afrique « de souverainetés au sujet desquelles la Haute Asssemblée « ne possédait aucune notion précise » et à la nécessité de ménager « les droits acquis et les intérêts légitimes des chefs indigènes ». Les plénipotentiaires adhérèrent successivement aux observations présentées en ce sens par l'ambassadeur de France (2).

Il faut signaler la part particulièrement importante

1. *Ibid.*, p. 80, 97, etc. Voyez aussi le discours du 26 juin 1884 où le prince Chancelier a reconnu qu'il y avait des pays où les races indigènes exerçaient seules la souveraineté (T. XI. p. 229).

2. *Ibid.*, p. 185, 186, 187, etc.

prise par l'un des membres de la Conférence dans toutes les discussions où les droits des peuplades sauvages ont été en jeu : nous voulons parler de M. Kasson, premier représentant des États-Unis, qui s'est constitué le défenseur officieux des indigènes devant les diplomates réunis à Berlin. Lors de l'examen au sein de la commission de l'Acte de navigation du Congo, son intervention provoqua une déclaration importante du baron Lambermont. M. Kasson désirait savoir si les taxes de navigation pourraient être levées sur les embarcations des tribus indigènes indépendantes. Le rapporteur répondit « que les droits des peuples ou des États indigènes devaient être respectés en cette matière comme en toute autre » (1).

Le ministre américain fut moins heureux en deux autres occasions : par deux fois la Conférence a refusé de s'engager dans la voie qu'il lui indiquait. Ces échecs sont peut-être la cause des jugements sévères portés par des gens mal informés, peu soucieux de recourir aux sources et de rechercher pourquoi les motions de M. Kasson ont été repoussées. Dans la séance du 22 décembre 1884 M. Kasson demanda à la Conférence d'affirmer d'une manière générale et non plus d'une façon spéciale, comme elle venait de le faire pour le Sultan de Zanzibar, que son intention était de respecter les droits des chefs indigènes. On ne s'arrêta pas à cette suggestion, non point qu'il y eût quelque divergence de vues sur le principe en lui-même, mais parce que le texte de l'article 1er de la déclaration était déjà adopté, et parce que l'insertion au protocole des

1. *Ibid.*, p. 141.

observations du baron de Courcel était pour les intérêts en question une garantie suffisante (1).

Dans la séance du 31 janvier 1885 le projet de la commission sur les conditions de l'occupation vint en discussion. M. Kasson en profita pour présenter à nouveau au nom de son gouvernement quelques observations dont il avait fait part en diverses occasions au cours des travaux de la Conférence. Le ministre des États-Unis leur donnait une forme plus précise et aurait voulu qu'elles fussent l'objet d'un vote de la Haute Assemblée. Il proposait de faire du consentement volontaire des indigènes dont le pays est l'objet d'une prise de possession l'une des conditions de la validité de l'occupation. Le président fit observer qu'il s'agissait là de « questions délicates » et la proposition de M. Kasson ne fut pas votée : on jugea qu'il suffisait de l'insérer au protocole. On peut s'en étonner et le regretter : le ministre américain ne faisait en somme que tirer une conséquence nécessaire des principes professés par tous les plénipotentiaires, et les discussions auxquelles il avait assisté lui donnaient le droit de constater que « le droit international moderne suit fermement une voie « qui mène à la reconnaissance du droit des races indi- « gènes de disposer librement d'elles-mêmes et de leur « sol héréditaire. » (2) La seconde partie de la motion de

1. Livre jaune, p. 187-188.

2. Il faut reconnaître du reste qu'une déclaration humanitaire en faveur des droits des indigènes n'aurait pas été à sa place dans l'Acte de Berlin : la reconnaissance de leurs droits ne peut faire l'objet d'un engagement conventionnel des puissances et ayant une portée générale. La Conférence pouvait reconnaître et s'engager à respecter tels ou tels droits de souveraineté. Mais on ne voit pas

M. Kasson a peut-être nui à la première ; sa valeur pratique est en effet contestable. Il prétendait réserver aux Puissances signataires la faculté d'apprécier toutes les circonstances, au point de vue du droit aussi bien que du fait qui accompagneraient l'occupation.

Un pareil contrôle ne saurait se concilier avec l'idée de souveraineté des États et serait la source de nombreux conflits : on comprend donc que la Conférence dont le principal but était de rechercher et d'écarter toutes les causes de conflit sur le continent africain, ait sans hésitation repoussé cette partie de la proposition de M. Kasson. On peut faire remarquer aussi, au point de vue théorique, que l'on ne voit pas pourquoi les États auraient un droit de contrôle mutuel lorsqu'il s'agit de l'accroissement de la souveraineté territoriale de l'un d'eux, alors qu'il est de principe que, lorsqu'il s'agit de la naissance d'une nouvelle souveraineté, l'examen qui précède la reconnaissance du nouvel État porte exclusivement sur le fait même de son existence et non pas sur les circonstances dans lesquelles il est né. (1)

quels seraient l'avantage et la portée d'une déclaration de principe qui serait sûrement violée. Il y aura longtemps encore des occupations injustes comme des guerres injustes. Cf. Engelhardt, *l. c.*, p. 580-582.

1. Livre jaune, p. 21, 22, 23 ; p. 205. Engelhardt, *R. D. I.* XVIII, p. 549 et s.

# CHAPITRE III

## LES PEUPLADES SAUVAGES PEUVENT CONCLURE DES TRAITÉS QUI RENDENT L'OCCUPATION JUSTE

### SOMMAIRE

83. Grand nombre de ces traités; différents noms qu'ils portent; traités de souveraineté et de protectorat. — 84. Pourquoi les États donnent aux traités qu'ils passent avec les indigènes le nom de traités de protectorat. Origines de la distinction faite à Berlin entre le cas de l'occupation et celui du protectorat. — 85. Critique de cette distinction. La déclaration de Lausanne l'a repoussée. — 86. Du véritable protectorat. — 87. Valeur et signification des traités passés avec les indigènes, considérés au point de vue des cédants. — 88. Une occupation peut être précédée d'un traité : occupation qualifiée. — 89. Importance, conditions de validité, forme de ces traités dont il faut encourager l'usage.

83. — Ce principe était la conséquence nécessaire des diverses déclarations faites à Berlin au cours des travaux de la Conférence. M. Kasson, on vient de le voir, l'avait bien compris lorsqu'il demandait que l'on fît du consentement des indigènes l'une des conditions de la validité de l'occupation. Malgré l'insuccès de cette proposition, on peut dire que les diplomates ont implicitement approuvé en diverses occasions la voie qui consiste à passer des traités avec les chefs indigènes.

La pratique internationale est en ce sens et on sait qu'il n'y a guère eu d'occupations importantes depuis dix ans qui n'aient eu pour base des arrangements de ce genre, et qu'il n'est pour ainsi dire pas de voyageur moderne qui ne se soit surpris jouant le rôle d'agent diplomatique et qui n'ait rapporté outre ses collections quelque traité constatant des cessions de territoires. Les gouvernements ont souvent prescrit à leurs agents l'emploi de ce moyen. C'est ainsi que les instructions données par le ministère des affaires étrangères de Berlin au docteur Nachtigal, le 19 mai 1884, portent expressément : « La souveraineté « impériale ne sera proclamée qu'après qu'elle aura été « reconnue par traité de la part des chefs indigènes ou « sur la base d'une acquisition antérieure opérée par un « sujet de l'empire dans les territoires en question. »

Tous les États civilisés ont contracté avec les peuplades sauvages et ont invoqué, dans les discussions internationales, ces accords qui ont pris ainsi depuis quelques années une importance réelle. On a vu les chancelleries se souvenir tout d'un coup de l'existence de titres qu'elles paraissaient avoir complètement oubliés. A la veille de la Conférence de Berlin, par exemple, pendant une période d'une année environ, du 27 novembre 1883 au 12 décembre 1884, le Président de la République française a signé une série de décrets destinés à régulariser de nombreuses conventions passées avec les indigènes de la côte occidentale de l'Afrique. La plus ancienne porte la date du 4 décembre 1838, la plus récente celle du 2 août 1884 ; les termes les plus variés servent à les désigner : 22 sont qualifiées de traités de *souveraineté*, 19 de traités de *protectorat*, 3 de traités de *suzeraineté*. Nous citerons comme rentrant dans cette catégorie le traité du 12 mars 1883 concernant Loango.

On ne saurait assez insister sur le caractère vague et indéterminé des termes employés pour désigner les contrats passés entre les gouvernements européens et les peuplades sauvages, caractère qui exprime bien, du reste, le peu de précision de leur contenu. On les désigne sous le nom de vente ou de cession de droits de souveraineté, de vente ou de cession de territoire, de traités de souveraineté, de protectorat, de protection, de suzeraineté. On a pu se demander si tel traité était un traité de protectorat, ou s'il comportait une cession de territoire ; on a pu soutenir même qu'il ne constatait qu'une simple « cession de priviléges » (1). Certains d'entre eux ont dû être complétés par une nouvelle convention qui en a donné le commentaire officiel (2).

Nous ne saurions dire du reste ce qui distingue un traité de suzeraineté d'un traité de protectorat. Il faut se contenter, au point de vue auquel nous nous plaçons, de distinguer les traités de protectorat et les traités qui impliquent une cession complète des droits de souveraineté et que nous désignerons sous le nom de traités de souveraineté. Les premiers sont beaucoup plus nombreux que les seconds à l'heure actuelle. Depuis la Conférence de Berlin en effet, un changement s'est opéré dans les méthodes de colonisation : on prétend n'occuper plus que dans de très rares occasions ; on fait de la conclusion de traités le préliminaire habituel de toute prise de posses-

1. Cf. les discussions engagées à propos du traité passé par Savorgnan de Brazza avec le roi Makoko (Conférence faite à la Sorbonne, *Rev. de Géog.*, août 1882 ; nov. 1882, p. 361).

2. Il en a été ainsi pour le traité de Palaballa. Voyez plus bas.

sion ; on prétend ne conclure que des traités de protectorat. Il se trouve en effet que l'une des conséquences de l'Acte de Berlin a été de faire que l'intérêt des États colonisateurs se concilie avec la reconnaissance, en la forme tout au moins, des droits des chefs indigènes.

C'est là un point sur lequel nous devons insister avant d'examiner quelle est la véritable portée et la nature des traités passés avec les sauvages.

84. — Il est toujours avantageux pour un État de soutenir qu'il n'occupe pas mais qu'il protège, que les traités qu'il conclut ne sont pas des traités de souveraineté mais de protectorat; pour s'en rendre compte, il faut se souvenir des différentes modifications qu'a eu à subir le projet de déclaration relatif aux occupations tel qu'il avait été rédigé primitivement par l'Allemagne d'accord avec la France. Pour s'apercevoir de l'abus que les gouvernements font des mots de protectorat et de traités de protectorat, il faut s'entendre sur ce que l'on doit comprendre en droit international par protectorat : c'est là un terme qui comme beaucoup d'autres manque de précision et prête à l'équivoque.

Il y a un intérêt réel au point de vue du droit international à distinguer entre le pays que l'État colonisateur occupe en souveraineté et celui qu'il ne fait que protéger. L'Acte général de la Conférence africaine a fait passer définitivement cette distinction dans le domaine du droit positif. Il suffit de lire les art. 30, 31, 32, pour voir que deux hypothèses différentes sont constamment prévues sous les mots de souveraineté et de protectorat ; si l'on prend connaissance de l'art. 35, on verra qu'elles ne sont pas toujours réglées de la même façon.

Le projet de déclaration tel que l'avaient arrêté les cabinets de Paris et de Berlin, indiquait bien les deux hypothèses, mais traitait d'une façon identique le cas de l'acquisition de la souveraineté et celui de l'acquisition du protectorat au point de vue des conditions dans lesquelles elles pourraient avoir lieu.(1) Dans ce système, que la puissance colonisatrice prît possession d'un territoire ou en assumât la *protection*, les obligations qui lui étaient imposées étaient les mêmes. On peut même penser que les diplomates qui rédigèrent l'avant-projet franco-allemand comprenaient sous le terme générique d'occupation (*lato sensu*) le cas de l'occupation proprement dite, de l'occupation en souveraineté et celui du protectorat, que l'on a quelquefois appelé occupation en protectorat ou à titre de protectorat. (2)

La rédaction arrêtée provisoirement par le comité de la commission réunissait les deux hypothèses au point de vue de la notification, formalité dont nous aurons à parler plus tard, dans son § 1er : elle les distinguait nettement dans ses §§ 2 et 3 ; la différence des situations était déjà sensible sans être très importante. S'agissait-il d'une prise de possession, d'une

1. Livre jaune, p. 118.

2. Cela semble bien résulter du rapprochement de l'intitulé et du texte même de l'avant-projet, Livre jaune, p. 118. L'expression occupation en protectorat se trouve dans le projet de M. de Martitz, art. 2 et 6. Cette expression contradictoire a été critiquée à la session de Lausanne : elle est intéressante parce qu'elle est une preuve palpable du peu de précision et de fixité des idées en cette matière.

occupation véritable, les Puissances signataires s'engageaient à établir et à maintenir une *juridiction* suffisante (2°) ; s'agissait-il d'un protectorat, elles s'engageaient à établir et à maintenir une *autorité* suffisante (3°). On proposait du reste de confondre les deux paragraphes en effaçant le mot de juridiction pour ne laisser subsister que celui d'autorité. (1)

Jusque-là, par conséquent, les diplomates étaient parfaitement unanimes dans la pensée qu'il importait d'imposer les mêmes devoirs à l'État qui occupe qu'à celui qui se contente de protéger, lorsque cette disposition se heurta tout d'un coup à la vive opposition de l'ambassadeur d'Angleterre qui finit par gagner à ses vues le sous-secrétaire d'État de l'Empire, M. Busch, et qui réussit en fin de compte à faire supprimer les mots « ou placés sous leur protectorat » dans la rédaction définitive de l'art. 2 (2). C'est ainsi que le projet présenté par la commission à la Conférence, dont le texte a été adopté par celle-ci sans modification et qui forme aujourd'hui les art. 34 et 35, distingue et règle différemment les deux cas : celui du protectorat qui suppose une notification mais qui n'implique pas l'*effectivité* ; celui de l'occupation proprement dite dans lequel ces deux formalités sont indispensables (3).

1. Livre jaune, p. 219. Une seconde différence, dont nous n'apercevons pas la signification, résultait de ce fait que le 2° ne consacrait pas expressément l'obligation de *rendre la justice*, ce que faisait le 3°. La proposition éventuelle de confondre les n°s 2 et 3, conservait ces mots.

2. *Ibid.*, Rapport, p. 215.

3. *Ibid.*, p. 220.

Ce fut là un véritable succès pour la diplomatie britannique. L'ambassadeur anglais le constatait dans le rapport qu'il adressait à Lord Granville après la clôture de la Conférence. Sir E. Malet faisait ressortir les heureux effets d'une libre discussion entre les puissances, et il ajoutait : « J'en donnerai pour exemple la discussion « relative au troisième point. Lorsqu'elle commença « l'Angleterre se trouva être la seule à refuser de consi- « dérer toutes les occupations, quel quen fût le caractère, « comme emportant les mêmes obligations. On se rendit « compte graduellement que lorsqu'elle faisait remar- « quer la différence essentielle qu'il y a entre les obliga- « tions d'une puissance souveraine et celles d'une puis- « sance protectrice, elle appuyait son objection sur l'ex- « périence exceptionnelle qu'elle a tirée de son vaste Em- « pire colonial. Sa manière de voir prévalut. Et, à « l'occasion, les puissances admirent unanimement le « bien fondé de sa résistance » (1).

Quels sont les motifs qui ont déterminé l'attitude de l'Angleterre dans cette question? Voici ceux que fit valoir l'ambassadeur d'Angleterre : l'Angleterre n'avait nullement le désir d'éviter les responsabilités; il était de son intérêt que les puissances qui se chargeraient de la direction de territoires au centre de l'Afrique assumassent les obligations qui en sont la conséquence; d'autre part cependant il était essentiel pour elle, à raison de l'étendue de son domaine colonial, de peser les mots et d'avoir la notion précise de leur signification. Elle ne

1. *Blue Book. Africa*, no 2 (1885), p. 7. *Sir E. Malet to Lord Granville*, no 3, 21 février 1885.

pouvait admettre qu'il y eût identité entre les idées de souveraineté et de protectorat. Appliquer un même traitement à ces deux situations distinctes ne serait pas se conformer à l'engagement en vertu duquel la Conférence ne devait faire usage que de principes reconnus par le droit international (1).

Les véritables raisons de la résistance de l'Angleterre et du secours inattendu que lui a prêté l'Allemagne en cette occasion ont été indiquées par M. Engelhardt. On a cherché un moyen d'éviter les charges et les responsabilités d'une occupation véritable tout en mettant à l'abri des convoitises des puissances rivales les territoires que l'on désirait se réserver pour l'avenir. Ce système devait convenir autant à la plus grande qu'à la plus jeune des puissances colonisatrices : la pénurie de soldats, l'immensité de son Empire colonial chez la première, concouraient au même résultat que, chez la seconde, la pénurie de capitaux et la volonté arrêtée de laisser à l'initiative privée la plus grande part dans l'œuvre de la colonisation (2). La politique coloniale de ces deux pays pendant ces dernières années n'a fait que confirmer l'explication par conjecture donnée par le diplomate français.

85. — Après avoir créé ainsi un intérêt évident pour toutes les puissances à déguiser sous le nom de protectorat toute espèce de prise de possession, il semble que la Conférence aurait dû s'assigner la tâche de distinguer nettement le *territorium nullius* proprement dit du *territo-*

1. *Blue Book*, *ibid.*, n° 2, p. 3.

2. Livre jaune, Rapport, p. 25-26 ; R. D. I. XVIII, n° 5, p. 438 et s.

*rium* susceptible de protectorat. Elle ne l'a pas fait; et cette lacune de son œuvre l'a compromise tout entière : le but poursuivi était de mettre fin aux abus de l'occupation fictive et il se trouve qu'elle en a consacré l'usage en admettant la validité des protectorats non effectifs, c'est-à-dire en définitive des protectorats fictifs, qui, dans un grand nombre de cas, ne sont que des occupations fictives (1). En appelant établissement de protectorat ce qui en réalité n'est pas autre chose qu'une occupation, les États obtiennent un double avantage : 1° ils échappent aux exigences de l'art. 35 de l'Acte de Berlin; 2° ils se conforment en apparence à son esprit puisqu'ils respectent la souveraineté et l'autonomie administrative des moindres tribus indigènes, en se refusant à occuper leur territoire par la violence et en prétendant n'exercer qu'un simple droit de protection qui résulte d'un traité passé avec les peuplades sauvages.

L'Institut de droit international s'est aussi refusé à définir le protectorat. On ne saurait s'en étonner car la déclaration de Lausanne a repoussé la distinction faite à Berlin et a admis le principe de la parité des obligations de l'État qui occupe et de celui qui protège. (2)

1. Il est permis de penser que la portée et les conséquences pratiques de la modification apportée en pleine connaissance de cause par le Foreign-Office à l'avant-projet franco-allemand ne furent pas saisies dès l'abord par tous les diplomates réunis à Berlin : elles n'avaient pas échappé à la sagacité des plénipotentiaires français. Cf. les remarques de M. Engelhardt aux endroits cités plus haut.

2. On peut dire que ce principe est admis par tous les auteurs. Voyez Martens, R. D. I. XVIII, p. 266; Stengel, *op. cit.*, p. 21 ; Heimburger, *op. cit.*, p. 5 ; Meyer, *op. cit.*, p. 35.

Nous pourrions pour les mêmes raisons imiter cette réserve ; nous voulons cependant dire encore quelques mots de ce sujet délicat.

86.—La difficulté de la question vient de ce que l'on désigne sous le nom de protectorat des situations très dissemblables et que le droit colonial des différents États varie beaucoup sur ce point. (1)

Le protectorat est en principe la relation qui existe entre deux États dont l'un, l'État protégé, ayant le sentiment de sa faiblesse et des dangers qu'il court, se soumet volontairement à la protection d'un État plus fort que l'on désigne sous le nom d'État souverain ou d'État protecteur. Le premier conserve théoriquement son indépendance et sa souveraineté pleine et entière à l'intérieur et ne se dépouille que de l'exercice de ses droits de souveraineté extérieure tout en gardant, même à ce point de vue, une certaine autonomie.

On peut citer différents exemples de protectorat de ce genre en Asie, en Afrique et même en Europe : les îles Ioniennes, la ville libre de Cracovie, l'Annam, le Cambodge, la Tunisie ont été autrefois ou sont encore aujourd'hui des pays de protectorat. Il n'est pas deux cas de protectorat qui soient identiques l'un à l'autre. Cependant partout nous nous trouvons en présence de ce fait : l'État protégé possédait une organisation politique plus ou

1. Voyez sur ce sujet le Chap. III de Stengel, *op. cit.*, intitulé : *Eigentliche Kolonien und Schutzgebiete* ; le Ch. III, p. 66, de Meyer, *op. cit.* : « *Der allgemeine rechtliche Charakter der deutschen Schutzgebiete.* »

moins parfaite que l'État protecteur conserve en partie. (1)

L'incorporation entraîne la substitution complète d'une administration nouvelle à l'ancienne administration ; le protectorat suppose le maintien de l'ancien état de choses sous la surveillance de l'État protecteur. Aussi n'est-il pas douteux que l'État colonisateur aura le plus souvent grand avantage à ne pas annexer mais à se contenter de protéger les pays où il fonde des colonies. Il évitera ainsi de froisser trop vivement les sentiments des populations indigènes et de charger trop lourdement son budget. Il aura le droit et le devoir de se contenter du protectorat toutes les fois qu'il se trouvera en présence d'un organisme politique suffisamment développé.

On semble aujourd'hui vouloir entendre le mot protectorat dans un sens beaucoup plus large. On semble admettre la possibilité de protéger un territoire qui n'est soumis à aucune espèce de souveraineté ou qui du moins n'est soumis qu'à une souveraineté imparfaite. On prétend qu'il y a protectorat même dans des cas où l'État colonisateur ne se trouve en présence que de peuplades barbares et nomades ou de sociétés de commerce récemment établies sur le territoire. (1) Nous pensons que

1. En ce sens Stengel, *l. c.*, p. 22 ; Heimburger, *op. cit.*, p. 5, dit que cette nouvelle conception du protectorat est « d'une valeur juridique et technique très douteuse. » Voyez aussi Stengel, *deutsches Colonialstaatsrecht*, p. 325 et ss. Cet auteur distingue « le protectorat international qui suppose deux États, le protectoral colonial qui s'établit entre un État et une communauté politique encore peu développée ; enfin la souveraineté coloniale qui s'exerce sur un territoire désert ou habité par des peuplades sans organisation politique. » Voyez Meyer, *op. cit.*, p. 73 et 74. Nous souscrivons à la conclusion de cet auteur : « Il me paraît impossible d'établir une

la regrettable distinction établie à Berlin n'est pas étrangère à cet abus des mots.

Pour qu'il y ait protectorat il faut nécessairement : *a.* que l'État protecteur exerce certains droits de souveraineté sur le territoire ; *b.* mais qu'il ne jouisse pas de la souveraineté pleine et entière sur ce territoire. En d'autres termes, il faut que la souveraineté de l'État protecteur soit limitée et contenue par celle de l'État protégé. Or quand l'Allemagne ou l'Angleterre par exemple, accordent une lettre de protection à une Compagnie de commerce, il ne saurait en être ainsi. La Compagnie en effet ne peut exercer avant la concession de la charte aucun droit de souveraineté. La charte n'a aucun rapport avec un traité de protection. Elle est en effet une concession gracieuse d'un État, et non pas la constatation de l'accord des volontés de deux États. Enfin et surtout, la charte revêt la Compagnie protégée de droits de souveraineté qu'elle n'a jusqu'alors jamais exercés ; le traité de protectorat dépouille au contraire l'État protégé d'une partie de ses droits souverains.

Quant aux traités, dits traités de protectorat, passés avec les chefs indigènes, les embryons d'État au nom desquels ils auront été signés n'offriront pas généralement une organisation suffisante pour qu'on puisse les considérer comme tels : leur portée sera généralement celle d'un traité de cession de territoire stipulant certains avantages au profit des populations et de leurs princes

« théorie générale du protectorat..... On ne peut tirer aucune con-
« clusion sur la nature juridique d'un rapport de l'emploi que l'on
« fait de ce mot pour le désigner. » p. 75.

qui conserveront souvent une indépendance nominale. (1)

Le droit colonial anglais est particulièrement riche en formes et en systèmes administratifs différents. Il n'en compte pas moins de six et se distingue, comme on l'a dit, par une « dégradation savante de la souveraineté coloniale. » (2) L'Angleterre connaît et pratique l'occupation et le protectorat proprement dits. Il semble qu'il y ait au point de vue anglais : un *protectorat territorial et politique* qu'on oppose au *protectorat personnel* ou à la *protection*. Dans le premier cas le protectorat s'exerce sur tous, nationaux comme étrangers, et sur le pays comme tel ; il emporte de plus établissement et compétence d'une juridiction unique, celle de la puissance qui protège et l'abolition de toute autre juridiction. Nous avouons que ce cas nous paraît se confondre avec celui de l'occupation proprement dite.

Dans le second cas, au contraire, le protectorat ne s'exerce que sur les nationaux et laisse subsister la compétence des autres lois. Ce protectorat personnel, remarquons-le, ne saurait être exclusif à raison de son caractère de protectorat non territorial ; il pourrait être exercé à la fois par plusieurs nations. C'est quelque chose d'analogue au régime des capitulations dans les pays de l'Orient. Ce n'est pas là ce qu'on peut appeler un protectorat. (3)

1. Les droits de souveraineté exercés par les Compagnies leur ont été conférés ; ceux exercés par les chefs indigènes sont ceux qu'ils se sont réservés. Cf. Meyer, *op. cit.*, p. 84.

2. Livre jaune, p. 25 ; R. D. I. XIII, p. 438.

3. Sur ce sujet, les négociations poursuivies entre les cabinets de Londres et de Berlin au sujet d'Angra Pequena sont particulièrement instructives. Voyez surtout la dépêche du 22 sept. 1884 adres-

Cette protection anglaise se manifeste quelquefois d'une façon un peu plus marquée par l'établissement dans les pays protégés de consuls chargés de rendre la justice non seulement aux nationaux mais encore aux Européens et aux indigènes. Cette vague relation de patronage ne saurait constituer un protectorat. (1)

En résumé quand on se demande si tel ou tel État occupe ou protège tel ou tel territoire, il faudra pour répondre à cette question se garder de s'en tenir aux affirmations d'un gouvernement ou au titre d'un traité : il faudra se rendre compte de la situation réelle des choses, voir s'il y a vraiment quelque chose à protéger.

Il faut entendre le mot de protectorat de deux manières différentes suivant les cas. S'agit-il de l'acquisition d'un territoire, veut-on essayer de déterminer le *territorium* susceptible de protectorat ? Il faut dire qu'il suffit qu'il y ait un commencement de souveraineté pour qu'on ne puisse *occuper* mais seulement *protéger*. On obtiendra le consentement des indigènes qui sera constaté dans un

sée par Charles Scott, chargé d'affaires d'Angleterre à Berlin au Ministre des affaires étrangères allemand et la réponse du baron de Plessen à Lord Granville en date du 8 octobre 1884. On trouvera la traduction de ces documents dans Banning, *op.* cit., p. 61 et s. ; le texte original dans les *Blue Books* et dans les *Weisse Bücher* de l'époque.

1. En ce sens Engelhardt, l. c., p. 438 et 439. On ne peut rien dire de bien précis sur les protectorats. Il faut se garder de vouloir en donner une classification qui ne saurait être exacte. Il faut examiner chaque espèce séparément. Notre situation à Madagascar ne rentre dans aucun des cas prévus au texte. Cf. sur ce point le traité du 17 décembre 1885, art. 4, qui confirme le traité du 7 août 1868, et surtout, au point de vue de la juridiction, le décret du 8 mars 1886.

acte que l'on désignera le plus souvent sous le nom de traité de protectorat, lorsqu'il ne consistera pas en une simple cession de territoires, mais stipulera certains droits pour les indigènes. S'agit-il au contraire de l'application des art. 34 et 35? Il faut prendre le mot protectorat dans son sens le plus étroit. Ni la protection consulaire, ni le protectorat personnel ne constituent un protectorat à ce point de vue. Il faut qu'il y ait un État formé, une souveraineté organisée sur le territoire, pour que la puissance colonisatrice puisse se dispenser d'organiser une souveraineté. Elle ne le fera du reste qu'en respectant les engagements pris à l'égard des habitants du sol. (1)

1. Au cours du débat soulevé par le plénipotentiaire anglais, dont la malheureuse conséquence a été la distinction posée dans les art. 34 et 35 entre le cas du protectorat et celui de l'occupation, Sir Ed. Malet a énoncé, pour appuyer sa proposition, ce principe « que le protectorat n'impliquait pas une prise de possession matérielle ».

Cette déclaration paraît importante ; elle éclaire la pensée de son auteur ; elle donne le droit de dire que le protectorat qui échappe aux prescriptions de l'art. 35 est seulement celui qui n'implique pas une prise de possession matérielle. Or les véritables protectorats seuls rentrent dans cette catégorie : nous voulons dire ceux qui s'établissent par un traité passé entre deux États dont l'un abandonne à l'autre l'exercice de ses droits de souveraineté à l'extérieur, tout en se le réservant à l'intérieur.

Mais les protectorats, au sens large et abusif que l'on donne actuellement à ce mot, échappent à cette définition : ils tombent sous le coup de l'art. 35 parce qu'ils ne sont rien s'ils n'impliquent pas une prise de possession matérielle. Comme l'explique excellemment Stengel, elle est ici nécessaire « pour écarter l'éventualité d'une occupation par un autre État », et surtout pour réaliser le but que l'on se propose en établissant un protectorat : la protection des intérêts des sujets de l'État protégeant établis sur le terri-

87.— Sans nous préoccuper plus longtemps de la distinction des traités de souveraineté et des traités de protectorat, nous pouvons maintenant nous demander quelle est la portée et la valeur juridique des traités passés avec des chefs indigènes (1). Nous avons eu déjà l'occasion d'examiner la question en nous plaçant au point de vue de la capacité du cessionnaire et, on s'en souvient peut-être, nous sommes arrivé à la conclusion suivante : lorsque le cessionnaire n'est pas une personne du droit international, le traité de cession ne peut avoir d'autre signification que de constater la renonciation du prince indigène à tous ses droits de souveraineté sur le territoire cédé, qui devient en conséquence *res nullius* (2).

Renversant le problème, et nous plaçant au point de vue du cédant, il nous faut rechercher quelle est la portée de ces traités, qui de nos jours accompagnent le plus ordinairement toute entreprise de colonisation, dans le cas où le cessionnaire est un État.

Trois situations bien distinctes peuvent se présenter :

1° L'État colonisateur désirerait s'établir sur un territoire qui est déjà soumis à une autre souveraineté reconnue par le droit international. L'Allemagne, par

toire protégé, protection qui suppose une certaine organisation et par conséquent une prise de possession matérielle. (Voyez Stengel, p. 31,32, *op. cit.*).

1. Cf. sur cette question, Heimburger, *op. cit.*, p. 67, 68, 69, 85, 111, 112, 113, 114 ; Meyer, *op. cit.*, p. 27, 28, 29, etc. ; Stengel, *op. cit.*, p. 48.

2. Voyez plus haut, § 63, § 66.

exemple, veut fonder un établissement colonial dans une île qui relève du Sultan de Zanzibar. La conclusion d'un traité de cession sera le seul moyen d'arriver à ce résultat ; rien ne s'oppose à ce qu'on y ait recours, car les parties contractantes sont toutes les deux des États. L'Allemagne sera l'ayant cause du Sultan. Le titre d'acquisition de la souveraineté sera dérivé et non pas originaire ; ce sera la *cession* et non pas l'*occupation*. Aussi pouvons-nous laisser de côté cette première hypothèse.

2° Le pays que l'État colonisateur désire s'approprier n'est soumis à aucune souveraineté apparente ; il est cependant habité par quelques tribus errantes qui peuvent tout au moins être considérées comme propriétaires du sol sur lequel elles sont établies depuis des siècles. Une prise de possession brutale et violente ne saurait constituer un mode d'acquisition juridique. D'un autre côté, on ne saurait concevoir ici la conclusion d'un traité, puisqu'on ne voit pas avec qui il pourrait être fait et quel pourrait en être l'objet : on ne saurait comprendre, en effet, une cession de droits souverains effectuée par un groupe d'individus qui, par hypothèse, n'en possèdent aucun. Cependant, l'État ne s'établira pas sur le territoire avant d'avoir obtenu le consentement des indigènes qui se manifestera par un accord désigné le plus souvent sous le nom de traité. Mais si la justification de la prise de possession résulte de cet accord, le titre juridique de l'État n'en sera pas moins originaire. L'acquisition de la souveraineté sera la conséquence de l'*occupation* et non pas du traité. Il se pourra fort bien au contraire que l'acquisition de la propriété ait sa source dans l'acte intervenu et non pas dans l'occupation.

88. — 3° Si nous supposons qu'il existe sur le territoire (et ce sera certainement le cas le plus ordinaire) une de ces souverainetés rudimentaires dont nous avons déjà eu l'occasion de parler, la question sera un peu plus délicate à résoudre.

Comme dans le cas précédent, il faudra que l'État colonisateur obtienne le consentement du chef indigène ou du sultan qui exerce ces droits de souveraineté imparfaits; l'accord qui interviendra sera qualifié suivant son contenu de traité de protectorat ou de traité de cession. Quelle en sera la valeur? Il servira à l'État occupant de titre de possession à l'égard des peuples sauvages dont il constate le consentement, de titre justifiant de la légitimité et de la correction de la prise de possession vis-à-vis du monde civilisé. Mais au point de vue du droit international, il ne constituera pas plus que dans la seconde hypothèse le titre d'acquisition de la souveraineté.

En effet, un traité ne saurait être conclu qu'entre deux États, et dans notre espèce le cédant n'est pas précisément un État (1). En outre, c'est là pour nous la raison décisive, le cédant ne saurait transmettre à l'État civilisé cessionnaire plus de droits qu'il n'en a. Supposons que le chef indigène ait renoncé contractuellement à tous ses droits sur un certain territoire. Si la cession a été

1. Nous n'insistons pas sur cette considération qui nous paraît avoir peu de valeur. Voyez la note de la page 236.

librement consentie, rien n'empêche qu'elle ne soit considérée comme pleinement valable ; mais, si complète qu'ait été la cession, il faut remarquer que l'ensemble des droits de souveraineté cédés ne correspond pas à la notion européenne et internationale de la souveraineté. Cela parut si évident à certains négociateurs de la Compagnie allemande de l'Afrique orientale qu'ils s'avisèrent d'un moyen ingénieux de parer à cet inconvénient. Ils faisaient insérer dans les traités une clause portant que le sultan cédait « *tous les droits qui constituent la notion de* « *la souveraineté telle que la comprend le droit public alle-* « *mand !* » On ne saurait imaginer une méconnaissance plus complète du principe *nemo plus juris in alterum transferre potest, quam ipse habet.*

Les droits de souveraineté que le roi Makoko, par exemple, a cédés à la France, ne sont pas tout à fait ceux que la France exercera sur les territoires qu'elle a obtenus de ce souverain. Il semble que l'on est autorisé à dire que, au point de vue du droit international, c'est-à-dire vis-à-vis des autres États, le titre juridique de l'acquisition d'un territoire faite par un État civilisé à la suite d'un traité passé avec un chef indigène sera l'*occupation* et non pas la *cession* (1). La raison en est simple : les droits de souveraineté, tels que les exerce l'État civilisé, ne sont pas ceux qu'il tient du petit potentat nègre ; ils n'ont pas leur source dans le traité. On ne voit pas alors d'où ils pourraient résulter si ce n'est de la prise de possession matérielle opérée avec le consentement des anciens pro-

1. Sic Heimburger, Meyer, *l. c.*

priétaires du sol, c'est-à-dire de l'occupation (1). On comprend maintenant que nous ayons pu dire, ce qui semble au premier abord impliquer contradiction, que les peuplades indigènes peuvent conclure des traités qui rendent l'occupation juste.

Nous appellerions volontiers cette variété moderne de l'occupation, la plus fréquente de nos jours, dans laquelle la prise de possession est précédée par la conclusion de conventions, l'*occupation qualifiée*, par opposition à l'occupation pure et simple (2).

Il faut tirer la conséquence suivante de la doctrine que nous avons essayé d'établir plus haut : que le traité s'appelle traité de souveraineté ou de protectorat, tant qu'il n'a pas été suivi d'une prise de possession matérielle, aucun droit de souveraineté n'est acquis à l'État cessionnaire à l'égard des autres États. Son seul effet est de mettre le chef indigène dans l'impossibilité de consentir valablement

1. Si l'on veut maintenir strictement le principe que les peuplades indigènes sont des personnes du droit international, on raisonnera un peu différemment. Sans doute, dira-t-on, l'accord conclu est un traité de cession de souveraineté et le titre de l'État civilisé est un titre dérivé. Mais si, au point de vue international, l'État tient du chef indigène même une notable partie de ses droits de souveraineté, il est incontestable que pour une autre partie il ne saurait être son ayant cause : car personne ne peut transmettre plus de droit qu'il n'en a. Par conséquent, le titre de l'acquisition de la souveraineté d'un territoire au sujet duquel est intervenu un traité entre un État civilisé et un prince indigène est double de sa nature : il est dérivé pour partie, il est originaire pour une autre partie ; c'est une cession sur laquelle vient se greffer une occupation.

2. Cf. Meyer, *op. cit.*, p. 29-32 ; Heimburger, *op. cit.*, p. 111-114. Meyer est le premier auteur, à notre connaissance, qui ait employé cette expression.

une nouvelle cession en faveur d'un autre État et de permettre pendant un certain temps à l'État cessionnaire de s'opposer à une prise de possession de la part d'un État tiers. Nous disons, pendant un certain temps, car il nous paraît que si le traité n'est pas mis à exécution dans un délai raisonnable, il faudrait admettre en faveur des États tiers le droit de s'établir sur le territoire cédé qui est une *res nullius*.

89 — Il ne faut pas se faire d'illusions trop grandes sur la valeur et la solidité qu'ont en général les traités conclus par des États civilisés avec des petits potentats africains. Il faut que ces actes aient été librement consentis, ce qui suppose non seulement l'absence de violence matérielle mais encore que le chef indigène s'est rendu un compte exact de ce qu'il faisait ; il faut enfin qu'ils aient été signés par les véritables titulaires des droits dont ils constatent la cession. Ce sont là, quelques exemples le prouvent surabondamment, des conditions qui ne se rencontreront qu'exceptionnellement.

On sait que les Allemands se sont établis à Kamerun en vertu d'une série de traités passés avec les rois du pays par les représentants de maisons de commerce hambourgeoises, puis par le Dr Nachtigal lui-même.

Rien de plus légitime en apparence que cette prise de possession : cependant la valeur morale de ces conventions a été contestée en Allemagne même par bien des gens qui, lorsqu'ils virent peu de temps après le sang couler sur la côte d'Afrique, se refusèrent à croire que les indigènes eussent compris la portée des actes qu'on leur avait fait signer. Les doutes exprimés à cet égard furent si vifs, que l'un des gouverneurs de Kamerun, le Dr Büchner fit une conférence pour démontrer que les rois nègres s'étaient engagés librement et en ayant pleinement conscience de ce qu'ils faisaient.

Cela fait plus d'honneur à leur intelligence qu'à leur moralité : la situation qui leur était faite était assez compliquée et difficile à définir même pour des gens civilisés. Les négociants allemands avaient réussi à persuader aux rois de Kamerun, qu'en se plaçant non sous la protection directe de l'Empire, mais sous la leur propre, (et bien que les premiers eussent eux-mêmes l'intention de demander postérieurement la protection impériale) ils ne violaient pas les engagements antérieurs pris vis-à-vis de la Grande-Bretagne.

La convention conclue le 8 janvier 1883 à Palaballa entre Stanley et les chefs de la région fut si mal comprise qu'on dut l'année suivante en donner un commentaire dans un acte daté du 19 avril 1884. Les princes nègres avaient vu dans l'expression de « cession de territoire », l'idée d'une cession de la propriété du sol et non d'un droit de souveraineté (1).

Il arrive fréquemment qu'un simple chef cède généreusement moyennant quelques litres de rhum ou quelques morceaux d'une étoffe voyante des droits qui ne lui appartiennent pas, au mépris du droit supérieur du suzerain. S'il faut en croire le roi Makoko, c'est ainsi que ses vassaux en usèrent à son égard. La France et le roi de Duheka et de Bramaya ont eu l'occasion de protester contre

1. Moynier, *la Fondation*, p. 11 ; Stanley, p. 625.

un traité de ce genre signé par un agent d'une maison de commerce de Stuttgard avec un petit chef du nom d'Alcaty Bengaly (1).

Il arrive aussi souvant que le même roitelet cède successivement ses droits à plusieurs États : c'est un moyen pour lui d'augmenter ses revenus en eau-de-vie, poudre, et autres produits dont il est friand. De nombreuses contestations peuvent naître de cette façon entre les différents cessionnaires. Ces conflits de droits sont souvent difficiles à régler. On a vu à la fin de l'année dernière le chef Kameherero retirer subitement toutes les concessions faites aux agents allemands de la Compagnie du Sud-Ouest de l'Afrique pour les remettre aux Anglais (2).

De plus puissants potentats donnent ce mauvais exemple. Saïd Bargash, prédécesseur du Sultan de Zanzibar qui règne actuellement, ne s'est fait aucun scrupule de céder successivement l'île de Lamu à la société de Witu et à la société anglaise de l'Afrique orientale (3).

1. Cf. la protestation de « Sa Majesté le roi du Congo » à l'occasion du second traité de Palaballa signé par ses vassaux sans son consentement. (*Mouvement Géographique*, 21 septembre 1884).

2. *Débats*, 17 décembre 1888. C'est là l'une des sources des conflits qui se sont élevés entre la France et l'Association belge. Voyez par exemple dans la *Revue de Géographie* (décembre 1884, p. 439), l'histoire du roi de Niari. La société du Congo se prétendait propriétaire et souveraine du territoire de Niari. Le roi et tous ses chefs jurent qu'il n'en n'est rien et signent une déclaration authentique et solennelle en ce sens ! Puis ils signent un traité de protection avec un agent de M. de Brazza.

3. Les gouvernements anglais et allemand ont décidé de soumettre la question à un arbitrage. Un conflit du même genre est près d'éclater entre l'Italie et la Compagnie allemande à propos du protectorat de Hobbia (*Temps*, 21 mars 1889).

Quant à la forme de ces actes, nous n'en dirons qu'un mot : la signature du cédant y est figurée généralement par un signe, mais ses titres et qualités sont pompeusement énumérés dans le corps de l'acte. (1)

Sans se faire aucune illusion sur la valeur de ces traités, il faut cependant en encourager l'usage. L'Institut de droit international s'est refusé à le faire. On a pensé à Lausanne que si les indigènes sont capables de signer un traité, c'est qu'il font partie de la communauté internationale : pourquoi poser des règles spéciales pour ce cas ? N'est-ce pas une contradiction de recommander la conclusion de traités comme moyen d'occupation ? S'il y a traité, il y a cession ; s'il y a occupation, c'est qu'il n'y a pas de traité.

C'est là raisonner trop rigoureusement et comme s'il n'y avait pas une série de nuances infinies qui séparent la souveraineté de l'absence totale de souveraineté, qui font passer du *territorium nullius* au territoire approprié.

Les raisons qui ont empêché les jurisconsultes réunis à Lausanne de recommander les traités ne sont donc pas

1. Cf. le texte du traité conclu entre Sa Majesté le roi Makoko et M. de Brazza, *Revue de Géog.*, novembre 1882, p. 361 ; et sur la façon dont ce traité a été conclu, la conférence faite à la Sorbonne par le hardi explorateur, *Rev. de Géog.*, août 1882. On remarquera que, quand on veut conclure un traité qui engage sérieusement les chefs indigènes, on procède autrement que par apposition d'une croix sur un parchemin préparé à l'avance. Pour conclure la paix par exemple, on commence par enterrer la guerre ! On creuse un trou ; chaque chef y dépose de la poudre, des balles ou des flèches ; puis on plante un arbre qui sert de témoin et de preuve du pacte convenu et qui constitue le traité. Cf. Brazza, *Rev. de Géog.*, sept. 1882.

celles qui ont déterminé la Conférence de Berlin à repousser les motions de M. Kasson : on peut regretter cette abstention, car le caractère théorique de sa déclaration lui permettait de le faire.

L'État colonisateur a raison de chercher à se procurer le consentement des indigènes : il rend ainsi hommage au droit, il se conforme aux idées modernes. (1) Il se procure ainsi un document qui peut lui être utile, soit vis-à-vis d'autres États, soit pour justifier de son action devant l'opinion du monde civilisé.

Les opinions peuvent tellement varier suivant les intérêts et les circonstances sur l'opportunité de reconnaître ou de dénier à une peuplade sauvage les caractères de la souveraineté qu'il est prudent en tout état de cause de se procurer un traité. Au pis, ce peut être une précaution inutile. Si vous avez passé un traité, les États tiers seront disposés à le tourner en ridicule. Si vous n'en avez pas passé, un État tiers pourra en profiter pour prétendre que votre occupation est sans valeur comme effectuée au mépris des droits souverains de tel ou tel petit prince nègre, droits dont il est devenu le titulaire en vertu d'une convention et qu'il compte faire respecter.

1. Le droit international moderne n'admet pas que les habitants d'un territoire conquis ou cédé passent *ipso facto* sous la souveraineté de l'État conquérant ou cessionnaire. On leur demande de consentir à l'établissement d'un nouvel état de choses ; on leur offre tout au moins un moyen de s'y soustraire : le plébiscite ou le droit d'option répondent plus ou moins parfaitement à cette exigence de la conscience juridique moderne. Ni l'un ni l'autre de ces moyens ne peut être employé avec des indigènes peu civilisés ; mais les traités qui précèdent l'occupation y suppléent en partie. Cf. Heimburger, p. 82, 83, 85.

Tous les traités ne sont pas également recommandables : le chef qui les conclut n'est-il pas souvent un misérable tyran qui vend ses sujets comme des esclaves ? Il ne suffit pas que l'occupation soit *qualifiée*, c'est-à-dire précédée d'un traité, pour que le droit international la dise juste : il faut que ce traité soit librement consenti et qu'il ne contienne pas de cession de droits autres que ceux dont le cessionnaire peut réellement disposer. Ce sont là des conditions qui ne se rencontrent que rarement (1).

1. M. le lieutenant Wissmann a exposé sa façon de penser au sujet des traités dans la séance du Reichstag du 25 janvier 1889. Le nouveau commissaire impérial est d'avis qu'en principe il faut en Afrique traiter avec les princes indigènes et travailler le plus possible de concert avec les autorités du pays. Mais ce principe n'est naturellement applicable et recommandable « que lorsqu'on est plus fort que ces autorités et qu'en cas de nécessité on peut les contraindre. » etc.

## CHAPITRE IV

### EXAMEN DE QUELQUES DIFFICULTÉS RELATIVES A LA DÉTERMINATION EXACTE DU TERRITOIRE QUI EST SUSCEPTIBLE D'OCCUPATION.

SOMMAIRE :

90. Généralités. Massaouah était-il une *res nullius ?* — 91. Du *territorium derelictum.* — 92. Difficulté résultant de ce que les art. 34 et 35 de la déclaration de Berlin ont une portée restreinte. — 93. Doctrine de Monroë au point de vue de l'occupation. — 94. Traités déterminant la sphère d'influence de deux États ; clause de désintéressement ; traités de neutralité. — 95. Les territoires occupés par une Compagnie sont-ils *nullius ?*

90. — Une détermination exacte de la *res nullius* du droit international a une importance particulière pour les États qui ont à se créer un domaine colonial de toutes pièces, parce qu'ils sont arrivés trop tard à ce degré de développement intérieur qui permet à un gouvernement de penser à s'étendre au dehors. Dans le plus important de ses discours sur la politique coloniale, le prince de Bismarck s'exprimait en ces termes : « J'ai pris à tâche « de rechercher très soigneusement si nous ne portions « pas indûment atteinte à d'anciens droits, bien acquis, « d'autres nations. Ces recherches auxquelles je me suis li- « vré ont demandé plus d'une demi-année. » On a appris depuis que le Chancelier avait organisé à Berlin un bureau ayant pour mission spéciale de rechercher quels

sont sur la surface du monde entier les territoires que l'on peut considérer comme vacants. On a pu s'apercevoir dans l'affaire des îles Carolines que les décisions de cette commission n'étaient pas toujours rendues en dernier ressort : le pape Léon XIII a reconnu dans sa médiation que l'île d'Yap n'était pas un *territorium nullius*.

L'examen du cas le plus récent dans lequel le caractère de *res nullius* du territoire soumis à l'occupation a été contesté, permettra de se rendre compte des difficultés et des incertitudes que comporte la solution d'une pareille question : nous dirons donc un mot à ce point de vue de l'affaire de Massaouah.

Le gouvernement italien a soutenu avec énergie, mais sans fournir aucune preuve sérieuse à l'appui de son affirmation, que Massaouah était une *res nullius* au moment où il a été occupé (1). On est vraiment embarrassé pour réfuter une opinion qui manque à tel point de toute base sérieuse.

Le Ministre des affaires étrangères français le faisait

1. Notes italiennes, 25 juillet 1888, 13 août 1888. M. Crispi a prétendu que Massaouah était un *territorium derelictum*. Voyez plus bas, § 91. Cf. les notes de M. Goblet des 22 juillet, 3 et 24 août 1888. On trouvera tous les documents dans le Livre vert du 8 novembre 1888.

Deux questions bien distinctes se sont présentées dans l'affaire de Massaouah : 1° Massaouah était-il une *res nullius*; 2° lorsqu'un pays dit « de capitulations » passe sous la souveraineté d'une puissance chrétienne et civilisée, la suppression des capitulations a-t-elle lieu *ipso facto* ? Nous n'avons pas à nous occuper de ce côté de la difficulté qui ne rentre pas dans notre sujet puisque l'existence de capitulations implique que le territoire n'est pas *nullius*. Voyez sur ce sujet, R. D. I. XXI, l'article de M. Rolin-Jaequemyns.

remarquer dans sa note du 3 août 1888, il était difficile d'admettre qu'un point aussi important de la mer Rouge eût été négligé par toutes les puissances. Se seraient-elles laissé devancer par l'Italie, si elles avaient considéré la place comme libre?

La Porte n'avait cessé de protester contre l'action italienne (1). La France possédait à Massaouah un vice-consul muni de l'*exequatur* du gouvernement ottoman : peut-on considérer comme susceptibles d'occupation des possessions sur lesquelles un gouvernement reconnu revendique des droits de souveraineté, droits dont la validité est comme matériellement reconnue par la présence d'agents consulaires accrédités auprès de lui?

On pouvait enfin opposer au gouvernement italien ses nombreuses déclarations précédentes. N'avait-il pas affirmé que la question de souveraineté n'était pas en jeu? que l'Italie n'occupait ni ne protégeait Massaouah? Elle ne faisait, disait-elle, que « présider et administrer ce territoire ». La diplomatie italienne soutenait que l'occupation avait un caractère provisoire et ne cachait aucune prise de possession (2).

Au surplus, nous pouvons invoquer le témoignage d'un jurisconsulte italien de grande valeur. M. Catellani, dans l'article qu'il a consacré en 1885 à l'étude de la politique coloniale italienne, examine successivement la situation juridique de chacun des établissements italiens. Il constate que la question ne se présente point à Massaouah comme dans les cas précédents,

1. Note turque, 14 août 1888 (*Débats*, 23 août 1888).
2. Voyez la note de M. Goblet, 25 août 1888.

et cela parce que « la souveraineté turque, si contestable qu'elle soit sur le continent, s'est conservée effectivement sur l'île de Massaouah. » Il ne défend la position acquise par l'Italie dans ces parages qu'en l'assimilant à celle de l'Angleterre en Egypte (1). Il en résulte qu'aux yeux du publiciste italien, Massaouah n'était pas une *res nullius*, que l'occupation italienne a eu le caractère d'une prise de possession de fait qui n'a pu créer un droit de souveraineté. S'il en était ainsi en 1885, on ne voit pas comment et par suite de quels faits la situation aurait pu être transformée en 1888.

Il deviendra de plus en plus rare qu'une prise de possession un peu importante ne soulève pas de contestations. L'affaire des Carolines en est une preuve. On se souvient également des protestations, aussi vives que courtes, du Sultan de Zanzibar, lors de l'établissement des premières stations allemandes et anglaises en Afrique orientale. Saïd-Bargasch revendiquait énergiquement la souveraineté de toute la région située entre la côte et les lacs Nyassa et Tanganyka (2).

Nous avons défini le *territorium nullius*, celui qui n'est soumis à aucune espèce de souveraineté. On pourrait être tenté d'en conclure que, d'une part, tout territoire soumis à une souveraineté est *inoccupable* ; que, d'autre part, tout territoire qui n'est pas soumis à une souveraineté est *occupable*. L'une et l'autre de ces déductions seraient inexactes : l'examen de quelques espèces délicates que nous avons jusqu'ici laissées de côté, nous en donnera

1. R. D. I. XVII, p. 232 et 234, etc.
2. Banning, *op. cit.*, p. 43.

la preuve et nous fera saisir toutes les difficultés que présente dans la pratique la question que nous essayons de résoudre.

91. — 1° Le *territorium nullius* peut être un *territorium derelictum*. (1) L'objet de l'occupation peut être un territoire qui n'a jamais été soumis à aucune espèce de droit de souveraineté : c'est là le cas le plus simple et celui que nous avons eu constamment en vue jusqu'ici. Ce peut être aussi un territoire qui a cessé, au moment de la prise de possession nouvelle dont il est l'objet, d'être soumis à la souveraineté de l'État dont il a longtemps dépendu.

L'île de Saint-Martin, située à 233 kilomètres de la Guadeloupe dont elle est une annexe, nous fournit un exemple assez intéressant de la *res derelicta* du droit international. Saint-Martin est une possession française pour le Nord et une possession hollandaise pour le Sud de l'île : voici dans quelles circonstances s'opèra ce curieux partage d'une terre qui ne compte pas plus de 80 kilomètres de tour et de 7,000 habitants.

Dans la première moitié du dix-septième siècle, les Espagnols occupèrent Saint-Martin ; leur domaine colonial était si vaste à cette époque, la défense en était si difficile, qu'ils résolurent bientôt de l'abandonner et, afin que personne ne pût profiter des travaux qu'ils y avaient faits, ils rasèrent les fortifications, démolirent les maisons et allèrent jusqu'à combler les puits. Cette œuvre de destruction terminée, tout le monde se rembarqua.

1. Cf. plus bas, § 141.

Il est clair qu'à ce moment l'île était redevenue *res nullius* : le *corpus* n'existait plus et l'*animus possidendi* était remplacé par un *animus* directement contraire, l'*animus dereliquendi*; Saint-Martin était une *res derelicta*.

Mais les Espagnols avaient oublié derrière eux quatre Français qui avaient réussi à échapper à leur surveillance et avaient formé le projet de proclamer la souveraineté de la France sur l'île abandonnée. Bientôt apparurent cinq Hollandais qui avaient conçu le même dessein : on eut recours à un partage à l'amiable de l'île et l'on convint d'en placer une portion sous la souveraineté des États respectifs des parties.

En droit romain, (1) on le sait, la *res derelicta* est la chose que le propriétaire abandonne avec l'intention d'abdiquer tous les droits qu'il pouvait avoir sur elle ; en droit international le *territorium derelictum* est celui qu'un État abandonne avec l'intention d'abdiquer tous les droits de souveraineté qu'il y exerçait.

En principe la *derelictio* suppose : 1° la perte de l'*animus domini* ; 2° l'abandon de la possession.

Il peut cependant, en droit international, se présenter des hypothèses où il y aura *derelictio* bien que l'État n'ait pas perdu l'*animus domini*. Il importe d'établir à cet égard une distinction. Il s'agit de l'abandon d'un territoire qui a été occupé conformément aux principes de la Conférence de Berlin ou d'un territoire qui ne tombe pas sous l'application des règles qu'elle a posées. Dans ce dernier cas le *territorium* ne deviendra *res nullius* que lorsqu'il

1. Cf. § 5.

y aura perte simultanée du *corpus* et de l'*animus*. Dans le premier cas au contraire, il suffira de la perte du *corpus*, perte non pas momentanée, il est vrai, mais qui devra offrir un certain caractère de durée, pour que le territoire soit considéré comme *nullius*. (1) En d'autres termes la possession effective est une condition essentielle non seulement de l'acquisition, mais du maintien de la souveraineté sur le territoire occupé. Ce principe est le seul qui soit rationnel, aussi sera-t-il de plus en plus généralement appliqué (2). C'est à l'État nouvel occupant qu'incombe la charge de la preuve de la perte du *corpus* et de l'*animus domini*, car il est naturel d'admettre la présomption contraire.

L'État qui prend possession d'une *insula derelicta* acquiert-il la souveraineté en vertu d'un mode originaire

1. Massaouah a certainement été pendant un temps soumis à la souveraineté ottomane. Etait-il au moment de l'occupation italienne un *territorium derelictum* ? M. Crispi l'a prétendu dans ses notes du 25 juillet et du 13 août. Sa démonstration nous paraît peu probante. Lors de l'insurrection égyptienne, la Turquie aurait refusé de remplir ses devoirs de souveraine, de défendre Massaouah. Elle aurait ainsi renoncé à tous ses droits : d'après le ministre italien, la Sublime-Porte aurait éprouvé l'*animus rem sibi non habendi*. Rien n'est moins conforme à la réalité : la Porte protesta immédiatement contre l'action de l'Italie ; elle avait donc conservé l'*animus*. Avait-elle au moins perdu le *corpus*? Des soldats égyptiens la représentaient encore à Massaouah, et un an se passa avant que le drapeau khédival fût définitivement remplacé par le drapeau italien. L'Italie répond : quelqu'un devait remplacer la Turquie impuissante ! Ainsi donc il faudrait considérer que, lorsqu'une Puissance ne peut pas ou ne veut pas défendre son territoire contre un agresseur, une Puissance tierce, avant toute attaque, en pleine paix peut s'en emparer et se l'approprier !

2. Cf. § 127, § 140, § 141.

ou d'un mode dérivé? Son titre est-il l'occupation ou une *traditio incertæ personæ?* On discutait à Rome sur ce point à propos de la propriété : on pouvait le comprendre (1). Mais il serait absurde de supposer qu'un État se dépouille de la souveraineté d'un territoire avec l'intention secrète d'en revêtir par une tradition tacite le premier qui s'en emparera.

Le territoire passera sous la souveraineté de l'État occupant au moment de l'occupation. Mais quand la souveraineté sera-t-elle perdue pour l'État qui renonce au territoire? Nous pensons que c'est au moment même où il abdique l'*animus domini*, au moment de la *derelictio* (2). Il faudrait décider en sens contraire si l'on admettait l'idée de la *traditio incertæ personæ.*

La question présente un autre intérêt qui pourrait être assez considérable. Supposons que l'État, premier occupant, avait concédé à un État tiers sur le territoire qu'il abandonne une servitude comportant une diminution de ses droits de souveraineté. La France, par exemple, avait reconnu à l'Angleterre un droit de passage pour ses troupes sur le territoire qu'elle a abandonné et que l'Allemagne vient d'occuper à nouveau. Le droit de passage de l'Angleterre subsistera-t-il malgré le changement de souveraineté? Il faut certainement répondre affirmativement si l'on admet l'idée

1. Nüger. Thèse, Paris, p. 62. Accarias, t. I, § 231.

2. Inst. liv. II, t. I, § 47. L'opinion des Proculiens était que : « *non desinere eam rem domini esse, nisi ab alio possessa fuerit.* » (D. 41, 7, 2, § 1).

d'une *traditio incertæ personæ*, car alors l'Allemagne est l'ayant cause de la France. Est-on forcé de dire non si l'on repousse cette idée ? Ce serait là un résultat inique. Nous pensons que le titre de l'Allemagne est l'occupation et que cependant le droit de l'Angleterre demeure intact ; on ne peut, en effet, occuper que ce qui a été abandonné et l'on ne peut abandonner que ce que l'on possède, c'est-à-dire la souveraineté du territoire diminuée par l'atteinte que lui a portée la concession faite à l'Angleterre, à laquelle celle-ci n'a pas renoncé.

92. — 2° Il faut signaler une autre source de difficultés. La notion de la *res nullius* varie suivant que l'on se place dans la doctrine de Berlin ou en dehors de cette doctrine. En vertu des articles 34 et 35 le *territorium nullius* est celui qui n'est pas soumis à une *souveraineté effective*. Est susceptible d'occupation, par conséquent, tout territoire qui est soumis à une *souveraineté fictive* ou à un *pseudo-protectorat*. La doctrine a depuis longtemps défendu cette idée, l'Institut de droit international l'a adoptée ; mais elle n'est applicable dans la pratique internationale que dans les cas qui peuvent être considérés comme tombant sous les articles de l'Acte de Berlin. Il y a donc un intérêt de premier ordre à déterminer avec toute l'exactitude possible quelle est la sphère d'application des articles 34 et 35 : nous réservons cette question qui se présentera dans les mêmes termes à propos de l'*effectivité* et de la notification (1).

1. Voyez IVe partie, Ch. I.

93. — 3° En dehors du cas spécial des occupations africaines, y a-t-il lieu de distinguer le *territorium nullius* suivant la portion du globe où il se trouve placé ? Nous ne le pensons pas. La notion de la *res nullius* est la même en Europe qu'en Amérique ou dans les îles du Pacifique. En fait, le continent européen n'en offrira guère d'exemples.

Mais ici nous rencontrons sur notre route une doctrine célèbre dont il nous faut dire quelques mots : nous voulons parler de la doctrine de Monroë.

Le célèbre message, par lequel le Président des États-Unis Monroë inaugura la session du Congrès américain, le 2 décembre 1823, renferme deux déclarations distinctes. La seconde seule offre pour nous de l'intérêt : « On a « jugé l'occasion favorable, disait-il, pour faire reconnaî« tre comme un principe auquel sont liés les droits et les « intérêts des États-Unis, que les continents américains, « d'après l'état de liberté et d'indépendance qu'ils se « sont acquis et dans lequel ils se sont maintenus, ne « peuvent être considérés à l'avenir *comme susceptibles « d'être colonisés par aucune puissance européenne.* » Cela revenait à dire qu'aucune portion du territoire américain ne pouvait être l'objet d'une occupation parce-qu'elle faisait partie du continent américain. La seconde partie de la doctrine de Monroë équivalait à la notification d'une gigantesque occupation fictive.

Le Secrétaire d'État M. Adams en avait donné un commentaire anticipé dans les instructions qu'il adressait au représentant des États-Unis à St-Pétersbourg : il y exposait que le continent américain ne pouvait plus constituer de domaine colonial. Cette doctrine a été reproduite plusieurs fois dans les documents officiels du gouvernement américain, mais elle n'a jamais reçu force de loi.

Que faut-il en penser ? La seconde partie de la doctrine de Monroë nous paraît inutile ou abusive : inutile, si au moment où elle a été proclamée tout le territoire américain était réellement soumis à une souveraineté et n'offrait plus de *res nullius* ; abusive, s'il en était autrement. Or il nous semble plus que probable qu'en 1823 le vaste continent américain offrait encore des étendues de territoires non appropriés. S'il en avait été autrement la doctrine de Monroë n'aurait pas été proclamée. Se représente-t-on la France, par exemple, notifiant aux autres puissances que son territoire ne saurait faire l'objet d'une occupation ?

La question revient au fond à se demander si le continent américain est tout entier occupé et possédé à l'heure actuelle ? C'est là une question de fait et non pas de droit. Mais nous maintenons qu'en principe, malgré la doctrine de Monroë qui n'a jamais lié personne et qui n'est pas une règle du droit international, la prise de possession d'un territoire situé dans le continent américain, même par une puissance européenne, pourra constituer une occupation juste, pourvu que ce territoire réponde à la notion ordinaire de la *res nullius* (1).

1. Voyez sur la doctrine de Monroë les nombreux documents que donne Calvo, t. I, § 148-§ 168. Nous n'admettons pas, quant à nous, sans réserves les trois conclusions auxquelles arrive le savant auteur (§ 166 *in fine*). La première est évidente en principe. Mais en fait il n'est pas certain que « toutes les parties du continent américain soient habitées par des nations civilisées. » Il n'y a rien à objecter contre la seconde. Quant à la troisième il ne nous paraît pas

94. — 4° Il peut se faire qu'un État ne soit pas libre d'occuper un territoire sans maître, parce qu'il s'y est engagé conventionnellement vis-à-vis d'un autre État. Les clauses de ce genre sont devenues très fréquentes dans les traités conclus entre deux États dans le but de délimiter leurs possessions coloniales respectives. On reconnaît que telle puissance occupe ou protège tel pays et qu'elle a le droit exclusif, sauf à faire une réserve pour les droits des tiers, d'exercer « son influence souveraine et civilisatrice » dans des limites que l'on s'efforce de déterminer avec le plus d'exactitude possible. On réserve ainsi à chaque État dans le voisinage de ses colonies proprement dites une « sphère d'action », une possibilité de développement futur.

Comme la chancellerie allemande le fit remarquer, avec beaucoup d'exactitude, au cours des négociations qui aboutirent à la déclaration signée le 30 décembre 1886 à Lisbonne par l'Empire allemand et le Portugal : « Il ne s'agit pas tant de fixer les frontières d'après « l'état de possession actuel que de s'entendre *pour « déterminer les sphères d'intérêts réciproques pour l'ave- « nir.* »

Ces clauses de désintéressement sont devenues de style; elles constituent l'un des moyens les plus efficaces que la diplomatie ait inventés pour échapper aux pres-

certain « que la possession de droit des territoires américains ne saurait résulter à l'avenir que d'un traité ou d'une guerre, » Si cela est vrai, cela n'est pas une conséquence de la doctrine de Monroë, mais, comme dans le cas du continent européen, d'un simple fait : la non-existence dans ces régions de territoires présentant les caractères de la *res nullius*.

criptions des art. 34 et 35 de l'Acte de Berlin et pour revenir par une voie détournée aux occupations fictives. Si un État réussit à faire signer à toutes les puissances colonisatrices une clause de désintéressement en sa faveur, relative au même territoire, qu'est-ce autre chose, pour celui qui se préoccupe du résultat, que de reconnaître la validité de l'occupation fictive de ce territoire (1) ?

La clause de désintéressement peut prendre une autre forme et lier les deux parties contractantes qui reconnaissent la « neutralité » de telle ou telle île. Cette expression paraît assez impropre ; elle signifie simplement que l'une et l'autre s'engagent à ne point occuper de ter-

1. Voici par exemple le texte de l'art. 3 *in fine* de l'accord intervenu entre la Grande-Bretagne et l'Allemagne au sujet du sultanat de Zanzibar. Nous le tirons de deux dépêches échangées entre le comte de Hatzfeld et le comte Iddesleigh en date du 29 octobre et du 1er novembre 1886. « L'Allemagne prend l'engagement de ne « faire aucune acquisition de territoire, de n'accepter aucun pro- « tectorat et de ne pas entraver l'influence anglaise au nord de cette « ligne : la Grande-Bretagne prend de son côté le même engage- « ment en ce qui concerne les territoires situés au sud de la ligne « de démarcation. » On trouve la même déclaration renversée dans la dépêche suivante (Banning, *op. cit.*, p. 47 et 49). Voyez aussi le protocole signé entre la France et l'Allemagne le 24 décembre 1885, particulièrement le n° IV relatif à l'Océanie (Banning, *op. cit.* p. 23 et s.); le traité du 12 mai 1886, art. 4 entre le Portugal et la France relatif à la Guinée et au Congo (*ibid.*, p. 29); l'article 3 de la déclaration intervenue le 30 décembre 1886 entre l'Allemagne et le Portugal (*ibid.*, p. 70), etc. etc. On consultera aussi les art. 1 et 2 de la déclaration échangée le 19 juin 1847 entre la France et la Grande-Bretagne relative aux Nouvelles-Hébrides et aux Iles Sous-le-vent de Tahiti. Cette disposition a été abrogée par la convention du 16 novembre 1887 (*Arch.Dipl.*) 1888, 2). L'Allemagne est liée vis-à-vis de l'Angleterre et des Etats-Unis par des textes, qui entravent sa liberté d'action relativement aux Samoa.

ritoires et à ne pas accepter de protectorat dans telle région. Tout dernièrement, l'amiral Fairfax ayant manifesté l'intention de proclamer le protectorat anglais sur l'île Savage, la *Gazette de l'Allemagne du Nord* fit observer qu'il y avait là une impossibilité, parce que cette île était déclarée neutre dans la convention conclue le 6 avril 1886 pour délimiter la sphère d'influence de l'Allemagne et de l'Angleterre dans ces régions (1).

95. — 5° Quelle est la situation exacte des territoires sur lesquels une Compagnie ou un simple particulier sont établis? Jusqu'à quel moment précis peuvent-ils être considérés par les États colonisateurs comme constituant encore une *res nullius*, comme étant susceptibles d'occupation? C'est ici qu'apparaît l'importance pratique assez notable de la thèse que nous avons essayé d'établir quand nous avons traité du sujet de l'occupation. Nous avons soutenu l'idée que l'État, et l'État seul, était capable d'acquérir des droits de souveraineté par la prise de possession d'un territoire sans maître.

Ce point de départ étant accepté, il faut, pour arriver à résoudre la question posée plus haut, distinguer deux hypothèses : l'entreprise privée se transforme lentement en un État indépendant, ou elle devient une dépendance coloniale plus ou moins avouée d'un État déjà constitué.

*Première hypothèse.* — Différentes circonstances politiques pourront faire que la reconnaissance du nouvel État interviendra à un moment où son développement politi-

1. *Le Temps*, 8 octobre 1888.

que est encore si rudimentaire que sa qualité d'État ne s'impose pas aux yeux des observateurs les plus désintéressés. La reconnaissance pourra être successive et non pas simultanée de la part des autres États. C'est ce qui s'est présenté par exemple dans le cas du Congo.(1) Aussi doit-on considérer que les territoires de l'Association ont perdu à différentes époques leur caractère de *res nullius,* suivant le moment où celle-ci a été reconnue par les différents États en tant que formant une personne du droit international. La France par exemple pouvait légitimement établir sa souveraineté sur les territoires parcourus auparavant par Stanley en respectant les droits de propriété qu'il y avait acquis, tant qu'elle n'avait pas reconnu l'existence internationale de la société belge et à une époque où les États-Unis par exemple n'auraient pas pu agir ainsi parce qu'ils avaient consenti à traiter avec elle. Nous pensons par conséquent que la validité des acquisitions faites par M. de Brazza, agissant au nom de la France, et ratifiées par le gouvernement français, était incontestable. Hâtons-nous de dire que si l'occupation d'un territoire sur lequel un État est en voie de formation est un acte conforme au droit, ce pourra ne pas être toujours un acte politique.

Remarquons aussi que ce n'est pas la reconnaissance qui dépouille le territoire de sa qualité de *res nullius* si l'organisme politique auquel il sert de base est suffisam-

1. Moynier considérait en 1883 que les établissements de l'Association belge étaient *res nullius* au point de vue de la souveraineté. Cf. La question du Congo, p. 13, 14 et 15.

ment développé pour présenter pour tout esprit non prévenu, le caractère d'un État.

*Deuxième hypothèse.* — L'entreprise privée se place sous la protection d'un État : elle sollicite et obtient une charte, une *Schutzbrief.* Les territoires occupés par la Compagnie sont *res nullius* avant la concession de la lettre de protectorat; postérieurement, leur situation est toute différente : ils tombent sous la souveraineté de l'État protecteur qui occupe par l'intermédiaire de la Compagnie de commerce à laquelle il délègue une partie de ses droits de souveraineté (1).

1. Nous n'insistons pas : ce n'est là que la conséquence des idées exposées plus haut, § 68 et s. L'effet principal de la *Schutzbrief* est d'assurer à la Compagnie que son territoire sera respecté par toutes les autres puissances coloniales. C'est donc que celui-ci pouvait être considéré jusqu'alors comme une *res nullius.* (Voyez le compte rendu de la séance du Reichstag du 25 janvier 1889). Que telle soit bien la pensée du prince de Bismarck, la citation suivante le prouve clairement semble-t-il : « M. le député Wirchow pense que nous avons accordé trop tôt notre *Royal Charter* : si nous avions attendu quelques mois, d'autres auraient mis la main dessus. » Il s'agissait de la Compagnie de l'Afrique Orientale. Ce passage se trouve dans le discours du 16 mars 1885 (T, XII, p. 450).

# QUATRIÈME PARTIE

# DES CONDITIONS ET DES EFFETS DE L'OCCUPATION

96. Sujets traités dans la quatrième partie.

96. — Nous avons essayé dans les deux premières parties de ce travail de déterminer qui peut occuper et ce qu'on peut occuper conformément aux règles du droit international : pour que l'acquisition de la souveraineté se produise il faut qu'une certaine relation s'établisse entre le sujet et l'objet de l'occupation ; il faut que le premier prenne possession du second.

Notre troisième partie sera donc consacrée à l'étude de la prise de possession. Celle-ci ne suffit pas à elle seule : il faut qu'elle soit suivie d'une formalité que l'on appelle *notification* ; il faut de plus qu'elle présente certains caractères que l'on désigne sous le nom d'*effectivité*.

Toute occupation n'est pas soumise aux mêmes règles: si la doctrine est à peu près unanime à exiger certaines conditions pour que la prise de possession entraîne une acquisition de souveraineté, la pratique internationale a beaucoup varié sur ce point aux différentes époques de l'histoire. On peut dire que le temps approche où il y aura une doctrine universellement reconnue et appliquée en matière d'occupation. Il n'en est pas encore ainsi de nos jours. Mais un grand progrès a été accompli dans ces dernières années. Le préambule du projet de déclaration soumis à la Conférence de Berlin, à la vérité, annonçait plus qu'il n'a été fait : il parlait d'introduire une *doctrine uniforme* dans les rapports internationaux relativement aux occupations. On s'est contenté de formuler quelques *règles uniformes* : tâche plus modeste et peut-être plus utile. On a voulu les faire aussi simples et aussi générales que possible : on s'est efforcé de se bien pénétrer de l'idée que l'œuvre à accomplir était une œuvre pratique et non point théorique. Comme l'a dit le rapporteur de la commission, il s'agissait d'établir non pas « des points de doctrine mais des prescriptions de droit public » (1).

On a eu soin de l'indiquer dans l'intitulé du chapitre VI lui-même : ce qu'il contient, ce sont les *conditions essentielles* et seulement celles-là, le *minimum* de ce que l'on peut exiger pour qu'une occupation soit considérée comme conforme au droit international. (2) On n'a point prétendu du reste faire œuvre définitive et scientifique : les diplomates ont prévu qu'il viendrait un moment où l'expérience acquise permettrait aux gouvernements d'améliorer

1. Livre jaune, p. 201, 213, 216.

2. *Ibid.*, p. 213. Les mots « conditions essentielles« ont remplacé dans l'intitulé ceux de « formalités à observer. » Cf. p. 215. Le nº 2 de la déclaration de M. Kasson indique que la signification du préambule est que les règles posées dans les art. 34 et 35 sont un *minimum*.

et de compléter ce qu'il n'avaient pu que commencer.(1) Le but poursuivi par la Conférence était parfaitement déterminé ; on voulait « prévenir les malentendus et contestations « auxquels de nouvelles prises de possession « sur les côtes d'Afrique pourraient donner lieu. » (2) Malheureusement les malentendus naissent partout et d'autres régions que celles du littoral africain ont vu et verront s'élever encore des contestations entre les Puissances colonisatrices et rivales. Aussi, à mesure que les gouvernements se pénétreront davantage de l'utilité des règles posées à Berlin, verra-t-on leur champ d'application augmenter en étendue.

Il n'en est pas moins vrai qu'à l'heure actuelle les art. 34 et 35 de l'Acte de Berlin ne sont pas applicables à tous les cas d'occupation. Nous commencerons donc par chercher : 1° quelle est la sphère d'application des principes posés à Berlin ; 2° nous parlerons en second lieu de la prise de possession ; 3° de la notification de la prise de possession ; 4° du caractère que doit offrir cette prise de possession, c'est-à-dire de l'*effectivité* ; 5° des effets produits par l'occupation qui répond à toutes les conditions précédemment posées.

1. *Ibid.*, p. 216.
2. *Ibid.*, p.288. Discours de clôture du prince de Bismarck

Donnons quelques explications au sujet de ces trois règles :

*a. Première règle.* — Il semble qu'il se soit formé à la Conférence de Berlin deux courants en sens inverse : la majorité des diplomates était disposée à restreindre le plus possible les limites géographiques dans lesquelles le chapitre VI de l'Acte général serait applicable ; d'autres, en petit nombre, professaient le sentiment qu'il était difficile d'admettre que l'on reconnût un principe comme juste, raisonnable et utile, et que cependant on en rejetât l'application en ce qui concerne la plus grande portion du globe pour ne l'appliquer que sur les côtes d'un continent déterminé. (1)

Le projet de déclaration tel qu'il avait été communiqué aux Puissances par l'Allemagne au moment où elle les invitait à prendre part à la Conférence, ne visait que les *côtes d'Afrique* : lorqu'il fut soumis à l'examen de la commission, sir Edward Malet demanda s'il ne serait pas convenable de l'étendre au moins à tout le *continent africain*. La France, à laquelle finit par se rallier l'Allemagne, fit repousser cette idée par la voix de ses représentants. (2) Les dispositions restrictives de la majorité des plénipotentiaires se firent jour à plusieurs reprises. Lorsque le texte proposé par la commission fut adopté par la Conférence, plusieurs d'entre eux se montrèrent anxieux de diminuer le plus possible

1. En ce sens, *Blue Book* (*Africa*, n° 2, 1885). *Sir E. Malet to Earl Granville. February 21, 1885.*

2. Livre jaune. Rapport, p. 213, 214.

# CHAPITRE PREMIER

## QUELLES SONT LES OCCUPATIONS OU LES PROTECTORATS QUI TOMBENT SOUS L'APPLICATION DU CHAPITRE VI DE L'ACTE GÉNÉRAL DE LA CONFÉRENCE AFRICAINE ?

SOMMAIRE

97. Distinction de trois règles. Première règle. — 98. Seconde règle. — 99. Troisième règle. — 100. Que doit-on entendre par une occupation nouvelle ? — 101. Caractère de généralité des règles posées à Berlin. — 102. Du principe de l'*effectivité*. — 103. Du principe de la notification. — 104. Occupations antérieures et occupations postérieures à la Conférence. — 105. Affaire des Carolines. Arguments présentés par M. de Bismarck. Arguments en faveur de l'Espagne. — 106. Doctrine exposée par le Pape.

97. — On peut à cet égard poser les trois règles suivantes :

*a*. L'Acte de Berlin ne règle que les prises de possession ou les acquisitions de protectorat d'une portion des côtes du continent africain.

*b*. L'Acte de Berlin n'oblige que les Puissances qui l'ont signé ou qui y ont postérieurement adhéré ; il ne peut-être invoqué que contre elles et que par elles.

*c* L'Acte de Berlin ne réglemente que les prises de possession ou les acquisitions de protectorat postérieures à une certaine date.

la portée géographique de leur œuvre. C'est ainsi que Saïd Pacha a fait une déclaration au cours de la séance du 31 janvier 1885 d'où il résulte que les possessions du Sultan, même situées le long de la côte, tant au Nord qu'à l'Est de l'Afrique et notamment jusqu'au Cap Ras Hafun, qui forme l'extrémité orientale du Continent Noir, échappent à l'application des art. 34 et 35. (1) M. de Courcel a constaté de son côté que la déclaration ne visait que le littoral, et il a fait ressortir notamment que Madagascar restait en dehors de sa sphère d'application : on aurait pu être tenté de considérer cette grande île comme une dépendance du continent. (2) Ce point de vue ne sera admissible que lorsqu'il s'agira d'îles ou d'îlots assez rapprochés de la côte pour être situés dans les eaux territoriales. A deux reprises différentes et avec un soin tout particulier le gouvernement russe a limité aux côtes africaines les effets de son adhésion. (3)

98. — *b. Seconde règle.* — Quelles sont les Puissances qui peuvent invoquer et contre lesquelles peuvent être invoqués les art. 34 et 35 ? Ce sont toutes les Puissances signataires de l'Acte général qui l'ont ratifié ainsi que celles qui, se conformant à l'art. 37, y ont adhéré postérieurement, dans leurs rapports respectifs (4). Toutes sont invitées à donner leur adhésion, tant celles qui ont

1. *Ibid.*, Protocole, n° 8, p. 206. La note turque du 14 août 1888 relative à Massaouah ne manque pas de rappeler les réserves faites par Saïd Pacha.
2. *Ibid.*, p. 206.
3. *Ibid.*, p. 205 et 238. Déclaration de M. de Kapnist.
4. Cf. Déclaration de St-Pétersbourg du 11 décembre 1868.

déjà un domaine colonial africain que celles qui n'en ont pas encore acquis (1). Les États-Unis sont dans cette seconde catégorie. Cette puissance n'a pas cru devoir ratifier l'Acte signé par ses représentants : on est en droit de s'en étonner si l'on se souvient du rôle joué par l'un des plénipotentiaires américains dans les discussions de la Conférence de Berlin, des théories généreuses dont M. Kasson s'est fait plusieurs fois le défenseur (2).

Signalons l'adhésion récente du sultan de Zanzibar.

Toute Puissance signataire ou adhérente qui accorde une lettre de protectorat à une Compagnie de commerce, doit être considérée comme liée par les art. 34 et 35 : d'une part, en effet, la concession de la lettre de protectorat équivaut en définitive à la ratification d'une acquisition de souveraineté opérée par un *negotiorum gestor*

1. Le projet de déclaration aurait pu faire croire que les règles adoptées à Berlin ne liaient que celles des Puissances signataires qui avaient des possessions africaines au moment de la signature de l'Acte. On a obvié à cette obscurité de rédaction en ajoutant dans l'art. 34 après les mots « situés en dehors de ses possessions actuelles » ceux de « ou qui, n'en ayant pas eu jusque-là, viendrait à en acquérir. » Cf. Livre jaune, p. 201, texte du projet ; Rapport, p. 214 ; et texte définitif, p. 314.

2. Cela est d'autant plus remarquable que dans l'art. 38 on avait eu le soin de stipuler que la ratification aurait lieu dans le plus court délai possible, délai dont le maximum serait d'un an. La ratification des États-Unis n'ayant pas encore été adressée au gouvernement allemand le 27 février 1886, il semble que les États-Unis ne pourraient plus être considérés actuellement comme une Puissance *signataire* mais comme une Puissance *adhérente*. Ceci n'est pas une simple question de mots : les Puissances signataires ayant seules le droit de prendre part aux révisions éventuelles. Voyez les art. 36, 37 et 38 ; et les explications données à ce sujet dans le rapport du baron Lambermont. Livre jaune, p. 277. Annexe III, protocole n° 9.

au profit d'un gouvernement; d'autre part, il ne saurait s'agir ici que d'un pseudo-protectorat, ce qui rend l'article 35 applicable.

Le gouvernement allemand a communiqué aux Puissances signataires de l'Acte du Congo la charte qu'il a octroyée le 27 février 1885 à la Compagnie allemande de l'Afrique orientale (1).

99. — c. *Troisième règle.* — Les prises de possession ou les acquisitions de protectorat postérieures au jour de la ratification ou au jour de l'adhésion sont seules soumises aux art. 34 et 35 (art. 36, 37, 38).

Les Puissances signataires s'étant engagées à ne rien faire qui serait contraire aux stipulations de l'Acte de Berlin dans l'intervalle qui séparerait le jour de la signature de celui de la ratification dudit Acte, on peut considérer que le jour de l'entrée en vigueur des dispositions que nous étudions est pratiquement le 26 février 1885 (2). La chancellerie de Berlin, par exemple, a notifié la concession d'une lettre de protectorat délivrée dès

1. Meyer, *op. cit.*, p. 19. Le même auteur pense que l'Allemagne n'aura pas à envoyer de notification nouvelle relativement à la côte des Somalis récemment acquise par la Compagnie, avant d'avoir accordé à celle-ci un supplément à sa lettre de protection (p. 40). Nous sommes du même avis; mais nous ajoutons que, jusqu'à ce moment là, il faut considérer en droit international la côte des Somalis comme *nullius* parce que: 1° elle a été acquise par une Compagnie privée ; 2° elle n'a pas donné lieu à une notification, dans un cas où la notification est *obligatoire*.

2. Il paraît même que dans la pensée du gouvernement allemand la déclaration aurait dû s'appliquer à toutes les occupations postérieures *à la date des invitations à la Conférence*. Livre jaune, p. 51.

le 27 février 1885 avant d'avoir ratifié le traité signé la veille.

Les gouvernements attachaient une extrême importance au principe que la déclaration de Berlin ne concernerait que les occupations nouvelles : aucune des puissances colonisatrices n'avait intérêt à ce que l'on vînt troubler et scruter son état de possession, l'Angleterre, moins que toute autre. Aussi, dès l'ouverture des négociations préliminaires de la Conférence, se montra-t-elle particulièrement désireuse d'établir nettement que les règles relatives à l'occupation n'auraient pas un effet rétroactif (1). L'intitulé, le préambule, le texte même des articles du projet de déclaration ne laissaient pas subsister plus de doute à cet égard que la déclaration, telle qu'elle a été définitivement votée, ne permet actuellement d'en concevoir (2). Et cependant M. de Bismarck, dans son discours d'ouverture, Sir E. Malet, dans sa déclaration, insistaient sur ce point (3). Au sein de la commission même, le rapport le constate en plusieurs endroits, on ne s'est pas lassé de faire ressortir ce caractère des art. 34 et 35 (4). Le seul dissentiment fut celui du plénipotentiaire des États-Unis. M. Kasson aurait voulu,

1. *Blue Book, Africa.*, n° 7 (1884), *Earl Granville to Sir Ed. Malet*, n° 18, 17 octobre 18884 ; *ibid.*, n. 8 (1884), instructions adressées à Sir. E. Malet le 7 novembre 1884, *in fine*.

2. Livre jaune, p. 201 et p. 314. Notez les expressions : « occupations nouvelles, à l'avenir, dorénavant. »

3. *Ibid.*, p. 60, p. 63.

4. *Ibid.*, Rapport du baron Lambermont, p. 213 ; observation du comte Benomar, p. 214 ; désir exprimé par M. de Serpa-Pimentel, p. 216.

non point assimiler complètement les occupations anciennes aux occupations nouvelles, mais qu'on exigeât dans les deux cas « un exercice effectif de la Puissance souveraine. »

La proposition de M. Kasson paraît en elle-même assez raisonnable : les Puissances signataires n'auraient pas eu à notifier les occupations antérieurement faites, depuis longtemps connues des intéressés, mais elles se seraient engagées à établir, partout où il en aurait été besoin, un état de choses conforme à l'idée d'*effectivité*. Cela revenait, en définitive, à reconnaître aux art. 34 et 35 un effet rétroactif : cela aurait été méconnaître les engagements pris à diverses reprises et compromettre complètement le chapitre VI tout entier qui n'aurait pas été accepté par beaucoup de Puissances sous cette forme nouvelle.

La motion de M. Kasson fût repoussée (1).

100. — Que faut-il entendre précisément par une occupation nouvelle ? L'ambassadeur d'Italie attira l'attention de ses collègues sur un cas délicat qui pourrait se présenter. Doit-on considérer comme compris sous le terme d'occupation future le cas « des occupations anté-« rieures et momentanées ayant eu lieu par l'œuvre de « simples particuliers et ensuite abandonnées, à l'égard « desquelles les gouvernements respectifs n'auraient ja-« mais fait acte de prise réelle de possession ? » (2).

1. *Ibid.* Rapport, p. 216.

2. Livre jaune. Rapport, p. 217. A notre connaissance c'est le seul passage des documents relatifs à la Conférence où il soit fait mention de l'occupation œuvre de simples particuliers.

La question posée par le diplomate italien offre un assez grand intérêt quoique la commission ait refusé de l'examiner pour des motifs qui feraient presque croire qu'elle n'en a pas compris le sens. (1) L'hypothèse présentée par M. de Launay est assez obscure : il n'est peut-être pas impossible d'arriver à en préciser les éléments.

Supposons qu'antérieurement à la ratification de l'Acte de Berlin, de simples particuliers aient occupé un territoire. Ils n'ont pas agi dans leur intérêt personnel : car on ne parlerait pas alors de leurs « gouvernements respectifs » : ils ont joué le rôle de *negotiorum gestores* ; ils ont signé des traités et pris possession d'un pays au nom de leur gouvernement mais sans son assentiment. Découragés, ils ont abandonné la tentative commencée. Jamais l'État dont ils relèvent n'a ratifié leurs actes, n'a pris possession du territoire qu'ils ont occupé ou qui leur a été cédé.

Postérieurement à l'Acte de Berlin, le gouvernement se décide à accorder sa ratification : il fait siens les vieux traités longtemps oubliés, il organise une expédition pour le territoire en question. Y a-t-il là une occupation nouvelle, soumise comme telle aux art. 34 et 35? n'est-ce là qu'une occupation antérieure, qui y échappe en cette qualité ? Bref, la ratification a-t-elle ou non un effet rétroactif ? (2)

1. *Ibid.*, On s'est contenté d'alléguer d'une façon générale que la commission ne pouvait se prononcer sur des faits appartenant au passé : or la question était précisément de savoir si l'on se trouvait en présence d'une occupation nouvelle, c'est-à-dire d'un fait appartenant à l'avenir ou « d'un fait appartenant au passé. »

2. Nous avons examiné la question plus haut, § 43. Nous admet-

La question n'était point inutile à examiner, à ce moment-là surtout : en effet, pendant les mois qui précédèrent et qui suivirent la Conférence, les États déployèrent une activité coloniale énorme ; ils multiplièrent les occupations, consolidèrent les anciennes prises de possession et tirèrent de la poussière des chancelleries de vieux titres auxquels on chercha à redonner vie en les ratifiant. (1)

Notre conjecture paraîtra peut-être plausible si l'on se souvient qu'au moment où le diplomate italien posait sa question au sein de la commission, à la fin du mois de janvier 1885, commençait l'expédition italienne de la mer Rouge, qu'elle portait précisément sur des points colonisés à diverses reprises, avec des alternatives de revers et de succès, par de simples particuliers agissant pour le compte mais sans mandat de leur gouvernement. M. de Launay voulait savoir si l'Italie serait obligée de rendre effectives et de notifier les occupations qu'elle se proposait de faire. (2)

En résumé pour qu'une occupation ou un protectorat tombent sous l'application des articles 34 et 35, il faut qu'ils soient l'œuvre d'une Puissance signataire ou adhérente, qu'ils aient eu pour objet des territoires situés dans de certaines limites géographiques très étroites que

tons l'affirmative : pour nous, en conséquence, il ne s'agit pas ici d'une occupation nouvelle.

1. Cf. § 83.

2. On se souvient que l'Italie a longtemps attendu avant de notifier aux Puissances la prise de possession de Massaouah. Cf. § 36, § 37, 57, § 90.

nous avons déterminées ; il faut enfin qu'ils soient postérieurs au jour où la Puissance a ratifié l'Acte de Berlin ou y a adhéré.

101. — Si l'on consulte une carte de l'Afrique, on constatera qu'en vertu de nombreuses et récentes transactions « le cercle tracé autour du continent africain est « complet. C'est à peine si l'on y découvre quelques brè- « ches en certains endroits dédaignés. » (1) En étudiant le Ch. VI de l'Acte général de Berlin nous ferions donc un œuvre vaine : les art. 34 et 35, inutiles et abrogés de fait, seraient sans application possible à l'heure actuelle.

Hâtons-nous de le dire, ce serait là une grave erreur contre laquelle protestent le sentiment unanime des publicistes, les déclarations des diplomates et de nombreux documents diplomatiques.

Comme l'a fait observer le baron de Courcel « l'appli- « cation aux occupations futures, de règles qui marquent « un progrès dans le droit des gens, constituera une « propagande par l'exemple. » (2)

Les règles de Berlin ont par elles-mêmes un caractère universel parce qu'elles ne sont « que l'expression solen-

1. Banning, *op. cit.*, p. 86. Cela résulte de tout l'ouvrage de cet auteur et de la carte qui l'accompagne.

2. Livre jaune, Rapport, p. 216. On peut conclure aussi d'une déclaration faite par le plénipotentiaire anglais que son gouvernement considère les principes posés à Berlin comme applicables partout à l'avenir. *Africa*, 2 (1885). N° 2, p. 3. *To the argument...*, etc.

nelle, sous une forme obligatoire, du sentiment général de la conscience juridique internationale » (1).

Il faut cependant prendre garde de se laisser entraîner trop loin (2). Sans doute les prescriptions relatives à l'*effectivité* et à la notification sont utiles, morales et générales par leur nature même; elles deviendront sans doute de plus en plus des règles de conduite unanimement observées par les Puissances colonisatrices et l'on peut prévoir avec M. Engelhardt qu'il viendra un moment où la déclaration du 26 février 1885 sera érigée en *doctrine*. Mais il ne faut pas perdre de vue que ce progrès accompli par la science du droit international ne l'est pas encore par le droit international conventionnel. La déclaration de Lausanne qui a le caractère d'une doctrine et qui est essentiellement universelle n'est pas encore adoptée par les gouvernements : rien ne fait prévoir qu'elle le soit prochainement (3). Bien des indices pourraient donner à penser le contraire.

1. Heimburger, *op. cit.* p. 4, *in fine* et s. ; dans le même sens Engelhardt. R. D. I. XVIII, n° 2, p. 159 ; et Stengel, *op. cit.*, p. 30.

2. Il ne faut pas faire trop bon marché des réserves faites par les Puissances. Voyez plus haut, § 97.

3. Le projet de Martitz et le projet Engelhardt, comme la déclaration définitive de l'Institut de droit international ne distinguent point les occupations suivant le temps et le lieu où elles se sont accomplies. Les premiers mots de l'article VII du projet Engelhardt devenu l'art. V de la déclaration : « Dans les territoires visés par la présente déclaration » ont fourni l'occasion au cours de la discussion de constater la portée universelle de l'œuvre de l'Institut.

102. — Il importe du reste d'établir une distinction entre le principe de l'*effectivité* et celui de la notification. Le premier n'est que l'expression d'une doctrine déjà ancienne que l'on s'est contenté de préciser et de développer à Berlin. Depuis longtemps la science avait proclamé ce principe et certains États l'appliquaient en pratique. Aussi l'argument *a contrario* que l'on pourrait être tenté de tirer de l'article 35 serait-il radicalement faux. On ne saurait trouver dans ce texte un argument en faveur des occupations fictives en dehors du littoral africain. Les annexions fictives et les protectorats fictifs en dehors des côtes de l'Afrique sont aussi valables qu'ils l'étaient avant la Conférence de Berlin et ne le sont pas davantage.

103. — La notification est au contraire une règle nouvelle; elle ne saurait être considérée comme *obligatoire* que dans les cas d'occupation ou de protectorat expressément prévus par la déclaration. Dans tous les autres cas elle constituera une notification *volontaire* (1), un

1. Dans son rescrit officiel du 31 août 1885 (cité par Calvo, III, § 1694), le Chancelier de l'Empire s'exprime ainsi à propos de l'affaire des Carolines : « Le gouvernement impérial n'a pas non « plus reçu notification officielle de la prise de possession effective « de ces îles, comme cela aurait dû avoir lieu conformément aux « traditions et aux stipulations arrêtées par les Puissances aux der- « nières conférences de Berlin. » Cette argumentation paraît peu probante : 1° la notification n'est pas une « tradition » mais, de l'avis du prince de Bismarck lui-même, elle constitue une « nouvelle règle» (Livre jaune, p. 288); 2° on ne saurait concevoir comment une Puissance pourrait, malgré toutes les réserves exprimées, être considérée relativement à un cas d'occupation hors des côtes de l'Afrique et antérieure à la Conférence, comme liée par des stipulations qui ne concernent que le littoral africain et les occupations de l'avenir.

simple acte de courtoisie, une formalité sans grands inconvénients, d'une utilité pratique incontestable, et dont l'usage ira se généralisant de plus en plus. On peut citer de nombreux exemples de notifications faites par des gouvernements qui n'y étaient pas obligés. Dès le mois d'octobre 1884 le prince de Bismarck faisait notifier aux différents gouvernements l'établissement du protectorat allemand sur la côte occidentale d'Afrique. (1)

104. — Il importe de maintenir aussi avec fermeté la distinction entre les occupations antérieures et les occupations postérieures à la Conférence de Berlin (2). On peut espérer que certains gouvernements seront de plus en plus amenés à « étendre à leurs anciennes possessions les règles établies pour les prises de possession de l'avenir (3). Mais il ne faut pas perdre de vue qu'il n'y a point là une obligation mais un acte purement volontaire pour l'État qui décidera de la conduite à tenir au mieux de ses intérêts. Il ne faut pas juger les occupations d'autrefois conformément aux principes posés à Berlin, mais conformément aux principes qui régnaient à l'époque où elles ont

1. Ce texte est reproduit plus bas (§ 119).

2. Pradier-Fodéré, *op. cit*, II, p. 348 dit en en parlant « une distinction que je n'approuve pas. » Il ne s'agit pas d'approuver, mais de constater que cette distinction existe en fait. Rationnellement on ne peut du reste que se joindre à Heimburger (*op. cit.*, p. 139), lorsqu'il dit : « Il ne faut juger chaque cas d'acquisition territoriale que d'après les principes internationaux qui étaient reconnus et en vigueur au moment et à l'endroit où l'acte a été consommé. Cf. Calvo, *op. cit.*, t. I, p. 321.

3. Livre jaune, Rapport, p. 216 et 217. Réponse de M. de Courcel à M. Kasson.

été effectuées. L'État dont la souveraineté nominale et fictive a été reconnue jusqu'en 1884, a le droit d'attendre des autres Puissances qu'elles continuent à la reconnaître bien qu'il ne la rende pas effective. Tel est le droit ; mais hâtons-nous de le reconnaître, c'est là un *summum jus*. Les Puissances qui ont signé l'Acte de Berlin s'en prévaudront de moins en moins : elles tiendront à honneur d'observer les principes qu'elles ont sanctionnés de leur signature. Elles n'y sont point juridiquement obligées ; la prudence et la raison le leur commandent.

105. — La question de la validité des occupations antérieures à la déclaration de Berlin a été posée à propos de l'affaire des Carolines : elle a été résolue avec autant de sagesse que d'impartialité par l'homme éminent qui occupe actuellement le siège apostolique. Nous ne reviendrons pas sur les faits qui sont connus (1). Dans son rescrit officiel du 31 août 1885, M. de Bismarck exposait les raisons justificatives de sa conduite. Le Chancelier invoquait les considérations suivantes : *a.* l'existence sur les îles en question d'établissements commerciaux allemands ; *b.* les démarches faites par leurs fondateurs auprès du gouvernement impérial pour amener celui-ci à établir son protectorat dans ces parages ; *c.* l'enquête officielle ordonnée par la chancellerie n'avait révélé aux

1. Cf. plus haut, § 35. A l'occasion de l'affaire des Carolines, monsieur Louis Selosse a publié une fort intéressante brochure où il examine quelques-uns des principes de l'occupation. Ce travail est parvenu trop tard à notre connaissance pour que nous puissions faire autre chose que le signaler. (*L'affaire des Carolines* ; Guillaumin, 1886).

diplomates allemands l'existence d'aucun droit de souveraineté de la part de l'Espagne qui n'avait pas même dans ces régions de nationaux se livrant au commerce ; *d.* aucun signe matériel ne pouvait prévenir les Puissances qu'une nation quelconque exerçait en ces lieux des droits souverains ; *e.* le cabinet de Madrid avait souscrit aux stipulations des art. 34 et 35 de la déclaration de Berlin.

Ces arguments semblent suffire pour prouver la bonne foi du gouvernement allemand dans cette affaire, le Souverain Pontife s'est plu à le reconnaître, mais ne sauraient convaincre de la justice de sa cause.

Le Prince se prévalait avec plus de raison des réserves formulées par les gouvernements allemands et anglais, au mois de mars 1875, lorsqu'un consul espagnol avait réclamé en qualité de sujets espagnols des habitants des Carolines sauvés d'un naufrage par un navire anglais. Le cabinet de Madrid avait répondu, paraît-il, par un silence bien propre à faire croire qu'il ne prétendait pas exercer des droits de souveraineté sur les îles Carolines.

Le bien-fondé des prétentions contraires de l'Espagne ne faisait, croyons-nous, aucun doute. (1)

1. Les sociétés de géographie crurent devoir fournir des arguments à la diplomatie. La société espagnole de géographie publia à la fois une adresse au gouvernement et un manifeste au pays. Ce document est assez intéressant. Les arguments présentés sont les suivants: 1° priorité de la découverte ; 2° priorité de la prise de possession ; 3° envoi de nombreuses expéditions scientifiques ; 4° action civilisatrice exercée dans les îles ; 5° installation d'autorités publiques ; 6° volonté exprimée par les indigènes d'appartenir à l'Espagne ; 7°

En droit le principe de l'occupation effective était sans application dans le cas de l'île d'Yap : 1° à raison de sa situation géographique et 2° parce qu'elle n'était pas l'objet d'une occupation nouvelle. Le cabinet de Madrid invoquait aussi la priorité de l'occupation : les officiers espagnols étaient, paraît-il, à terre et élevaient un petit fort au moment de l'arrivée des officiers allemands. Quant aux droits historiques de l'Espagne ils sont incontestables. La priorité de la découverte est un point disputé entre les historiens portugais et espagnols : mais dès 1526 le drapeau d'Espagne flottait sur les îles Carolines. Depuis lors un grand nombre d'expéditions militaires, de missions religieuses, de tentatives coloniales furent dirigées de ce côté pendant les XVI$^e$, XVII$^e$ et XVIII$^e$ siècles. En 1701 et 1707 les missionnaires des Philippines tentèrent de se rendre dans l'archipel : ils ne réussirent à y aborder qu'en 1731. On peut dire que l'Espagne a eu le monopole de la mission, de la diffusion de la foi et du progrès de la civilisation dans ces îles lointaines. Au mois de mars 1885 une frégate, le *Velasco,* visitait l'île d'Yap. Et le 12 mai 1885, le Ministre des Colonies répondant à une interpellation qui lui était adressée au Sénat, annonçait l'intention de renouveler les visites de ce genre et les manifestations de souveraineté qu'il jugerait convenables. Il affirmait que les indigènes connaissaient le nom de S. M. Al-

volonté concordante de l'Espagne qui veut conserver la totalité des trois archipels ; 8° nécessité pour l'Espagne de la possession des Palaos ; 9° caractère de notoriété de ces faits qui ont été reconnus implicitement par l'Europe. (Cf. n° 30, août 1885, *Bulletin de la société espagnole de géographie commerciale ; Revue de géographie, septembre et octobre 1885).*

phonse XII et se savaient soumis à la suzeraineté espagnole. (1)

106. — On sait que la question pendante fut soumise à la médiation du Pape qui se prononça en faveur des droits de souveraineté de l'Espagne, et que les deux Puissances intéressées s'approprièrent cette décision dans le protocole du 17 décembre 1885. (2)

La proposition faite par le vénérable médiateur paraît empreinte de la plus profonde sagesse : Léon XIII a su admirablement concilier le respect du droit historique et de la tradition avec la nécessité impérieuse d'établir et de reconnaître des règles nouvelles applicables à des situations nouvelles.

La souveraineté de l'Espagne sur les îles Carolines et Palaos est reconnue par le Saint-Père ; mais le médiateur ne la fait pas résulter uniquement du droit de découverte ; il s'appuie, en outre, sur une série d'actes accomplis dans les îles par le gouvernement d'Espagne, actes qui, il faut le remarquer, ne donnaient pas à la souveraineté le caractère de l'*effectivité*. Il en résulte que, lorsqu'il s'agit d'occupations *antérieures* à la déclaration de Berlin, la validité de l'occupation est reconnue, quoique fictive, si elle est conforme aux principes du droit international suivis à l'époque où elle a eu lieu (3). D'autre part, la conception moderne du droit d'occupation n'é-

1. *Gazette de Madrid*, 12 mai 1885. Voyez sur tous ces points l'article du *Correspondant* (n° 10 octobre 1885) intitulé « *le Conflit hispano-allemand* » par M. Sainson.

2. Ces deux documents importants sont reproduits dans Calvo, § 1696 et § 1697.

3. Voyezla note suivante.

tant plus ce qu'elle était autrefois, l'Espagne rendra effective cette souveraineté qui n'était jusqu'alors que fictive. Elle établira dans l'île une « administration régulière avec une force suffisante pour garantir l'ordre et les droits acquis » (1).

On peut en conclure que si la validité de l'occupation fictive est reconnue dans certains cas, la Puissance occupante doit faire en sorte de la transformer en une occupation effective (2). Il s'ensuit, à plus forte raison, que les occupations *postérieures* à la déclaration de Berlin doivent être effectives pour fonder un droit de souveraineté : lorsqu'il ne s'agit pas du littoral africain, cette exigence ne résulte pas des art. 34 et 35 de l'Acte de Berlin, mais d'une règle du droit international non écrit que reconnaissent de plus en plus tous les peuples colonisateurs.

1. 1er point de « la proposition faite par Sa Sainteté » ; 1er article du protocole rédigé « conformément aux propositions de l'auguste médiateur. »

2. 2e point de la proposition et protocole, art. 3, 3o.

## CHAPITRE II

### DE LA PRISE DE POSSESSION

SOMMAIRE

107. Priorité de la découverte et de l'occupation dans la pratique ancienne. — 108. Droit de la découverte et de la priorité de l'occupation à l'heure actuelle. — 109. La prise de possession résulte du déploiement du drapeau ; pratique actuelle. — 110. Signification du drapeau. — 111. Par qui il doit être hissé. — 112. Drapeaux des Compagnies. — 113. Utilité du drapeau.

107. — Toute acquisition de souveraineté par occupation suppose un acte physique, un fait matériel, désigné en droit romain par le terme de *corpus*, qui est la manifestation extérieure de l'*animus domini*.

Pendant des siècles, la notion du *corpus* en droit international a été fort mal entendue. Sous le nom de droit de la découverte, on accordait une importance juridique à un fait d'ordre purement scientifique. L'explorateur heureux, ou, plus exactement, le Roi son maître, pour le compte duquel il voyageait, avait le droit exclusif d'exploiter les territoires qu'il avait été le premier à apercevoir : on le considérait comme un inventeur qui a droit à la chose inventée. Il suffisait qu'un sujet du Roi d'Angleterre eût navigué le long d'une côte encore inconnue pour que la couronne anglaise réclamât des droits de souveraineté. A une époque où les idées de propriété et de souveraineté étaient fort étroitement liées, c'était là une conséquence assez naturelle de la doctrine de certains glossateurs. D'après eux, l'élément matériel dans l'acquisition de la possession pouvait consister en un simple regard dirigé vers l'objet dont on voulait prendre possession.

La possession d'un immeuble très éloigné de l'endroit où se trouvait celui qui éprouvait l'*animus domini*, et par conséquent la propriété elle-même, si la chose était *res nullius*, pouvaient être acquises à une grande distance, *per decem miliaria*, pourvu que la terre en question fût encore visible pour celui qui voulait l'acquérir. *Non est enim corpore et tactu necesse apprehendere possessionem sed etiam oculis et affectu* (Paul, l. 1. § 21. *de poss.)*

La théorie de l'acquisition de la souveraineté résultant de la priorité de la découverte est la conséquence naturelle de l'application de ce principe au droit international.

On ne tarda pas à exiger quelque chose de plus, à entendre d'une façon plus matérielle la condition du *corpus*. A la théorie du droit de première découverte succéda la théorie du droit de première occupation. Il faut que le navigateur descende sur le rivage, qu'il y élève une croix ou qu'il laisse tout autre témoignage de son passage; il faut qu'il y ait un contact matériel entre le sujet et l'objet de l'occupation, que le premier agisse, pendant un instant tout au moins, à l'égard du second comme s'il l'avait à sa disposition physique, pour que l'intention de l'explorateur d'acquérir pour son maître la souveraineté des terres où il débarque, soit réalisée. Les États rivaux ne respectaient pas toujours scrupuleusement les droits ainsi acquis; ils traitaient volontiers ces pratiques de vaines cérémonies lorsque d'autres que leurs propres officiers s'y étaient conformés. En théorie cependant une prise de possession fictive et momentanée suffisait à assurer un titre de possession exclusive et perpétuelle à l'État au nom duquel l'occupation s'était effectuée. (1)

108. — A l'heure actuelle, les connaissances géographiques sont trop avancées, le globe terrestre a été parcouru dans tous les sens par un trop grand nombre d'explorateurs, pour qu'il puisse être question de découvrir au sens propre du mot. Cependant il semble qu'il subsiste encore quelques idées fausses à ce sujet. Pour s'en convaincre, il suffit de jeter les yeux sur les revues de géographie ou d'étudier les documents diplomatiques contemporains. Qu'y voyons-nous en effet ? Existe-t-il un doute sur le point de savoir si une île est *res nullius* ou non, une hésitation sur la désignation de la Puissance qui y exerce ses droits souverains, veut-on arrêter un État qui se prépare à l'occuper effectivement? Le premier argument employé, le premier point que l'on cherche à établir est celui de la priorité de la découverte. (2) Il y a

1. Cf. § 24.

2. Cf. par exemple l'argumentation de M. H. Mager dans la *Revue de Géographie* (février 1888) pour établir les droits de la France sur les îles Salomon. La véritable découverte en est due aux Français ; les Espagnols les ont entrevues au XVIIe siècle, mais ils ne purent les retrouver quand ils voulurent en prendre possession. A la fin du XVIIIe siècle, la France revendiqua la priorité de la découverte après les expéditions de Bougainville et de Dumont d'Urville. Aujourd'hui les Anglais ont renoncé à la prétention d'avoir découvert les îles Salomon. « Aussi les droits historiques de la France subsistent seuls. » C'est la pure doctrine des siècles passés.

quelques années un héroïque voyageur français, Joseph Bonnat, fut retenu en captivité pendant des années par le roi des Ashantis. Remis enfin en liberté, sa première préoccupation n'est pas de retourner dans sa patrie ; il veut avant de partir fournir à son pays un titre que celui-ci puisse invoquer plus tard pour augmenter l'étendue de son domaine colonial dans ces régions. Aussi fait-il un détour, afin d'entrer le premier dans la ville de Salaga « et de créer ainsi à la France une espèce de droit de priorité. » (1) Il faut reconnaître que si l'on parle encore parfois de la priorité de la découverte et du droit qu'elle engendre, c'est là un argument que l'on met en avant sans se faire illusion sur sa valeur et faute d'en avoir de meilleurs à présenter. Aux yeux de tous les publicistes l'île déserte est un *territorium nullius* que tous les États peuvent occuper avant comme après le jour où pour la première fois un navire a aperçu ses côtes et relevé sa situation géographique.

Mais si l'on peut considérer la théorie de la découverte comme appartenant au passé, il n'en est pas tout à fait de même de la théorie de la priorité de l'occupation (2).

1. *Revue Bleue*, 24 novembre 1888.

2. Twiss, *Peace*, § 120, accorde encore une assez grande importance à la priorité de la découverte. Voici en quelques mots la théorie de cet auteur. Twiss distingue trois titres qui peuvent servir de base aux droits qu'un État prétend avoir sur un territoire désert : 1° le titre acquis par « *discovery* » (découverte) ; 2° par *settlement* (établissement) ; 3° par *occupancy* (occupation). La découverte et l'occupation ne se produisent qu'une fois ; il peut y avoir plusieurs établissements successifs (§ 120). Par elle-même, la découverte ne procure qu'un titre imparfait « *inchoate* » ou « *imperfect title* ». Il faut au moins qu'elle soit notifiée : dans ce cas les autres

Lorsque le représentant autorisé d'un État débarque sur un *territorium nullius* et y déploie le drapeau national, cet acte symbolique de prise de possession, aujourd'hui comme aux siècles précédents, a pour conséquence l'acquisition de la souveraineté. L'occupation ne peut être que fictive à ses débuts ; elle l'a toujours été, elle le sera encore à l'avenir.

Seulement, si autrefois la prise de possession pouvait demeurer nominale et fictive sans grand danger pour l'État occupant en théorie tout au moins, il n'en est plus ainsi à présent : l'occupation fictive ne confère plus qu'un droit conditionnel et momentané ; elle ne sera la source d'un titre de possession exclusif et durable qu'à la condition d'être notifiée et de devenir effective ; si ces conditions ne sont pas remplies, malgré le déploiement du drapeau, le *territorium* redeviendra *nullius* à l'égard des autres États qui pourront l'occuper à leur tour. En un mot, si la *théorie de la prise de possession* ne diffère pas sensiblement au XIXe siècle de ce qu'elle était aux siècles passés, la question capitale de savoir *comment*

États doivent, par courtoisie, faire crédit du temps nécessaire pour transformer le titre imparfait en un titre parfait (§ 109, 110, 111) : c'est ce qui résultera de la découverte suivie d'un établissement dans le pays découvert (§ 120). En cas de conflit entre les deux titres, c'est-à-dire si un État s'établit dans un pays découvert par un autre État, on donnera la préférence à celui qui est réellement fixé sur le territoire, pourvu qu'un temps assez long se soit passé depuis le fait de la découverte : on considérera qu'il y a *derelictio* ou du moins que l'État a perdu ses droits par non usage (§ 120). Dans ces cas-là « *title by settlement resolves itself into title by usucaption or prescription* « (§ 128-129).

*se conserve la possession*, c'est-à-dire la souveraineté, est résolue d'une tout autre manière (1).

109. — La prise de possession résulte à l'heure actuelle du déploiement du drapeau, que l'on salue généralement d'un certain nombre de coups de canon. Souvent on terminera la cérémonie par la lecture d'une proclamation, la fixation de bornes et la conclusion de traités avec les chefs indigènes (2). Toutes les acquisitions que l'Allemagne a faites récemment se sont opérées dans ces conditions. Sur la côte de l'Afrique occidentale, par exemple, le pavillon impérial a été hissé successivement en différents endroits, par des officiers de marine et par le docteur Nachtigal, pendant les mois de juin, de juillet et d'août 1884. Il en a été partout de même. Les usages des différents gouvernements sont presque identiques sur ce point ; aussi un seul exemple suffira-t-il à montrer comment les choses se passent d'ordinaire.

1. Klüber, *op. cit.*, § 126, admet encore qu'un simple signe suffit à la conservation de la possession. Cf. Twiss, *Peace*, § 109 et 112. C'est là une opinion tout à fait abandonnée. Stengel, *op. cit.*, p. 28.

2. Il ne suffit pas de la conclusion d'un traité pour l'établissement d'un protectorat au sens où ce mot est pris à l'heure actuelle. Le pseudo-protectorat suppose une prise de possession matérielle. Il ne s'agit pas en effet d'établir un simple rapport de subordination entre deux États ; l'État protecteur veut absorber complètement la souveraineté indigène tant à l'intérieur qu'à l'extérieur. Il prétend exercer ses droits sur le territoire de la tribu protégée et sur tous ses habitants. Cf. Stengel, *op. cit.*, p. 31 ; Meyer, *op. cit.*, p. 32. Ce dernier auteur explique très bien que les protectorats allemands ayant ce caractère territorial, une prise de possession était nécessaire. Il faut en conclure aussi que les conditions de l'article 35 doivent être remplies, ce qui revient à dire que ces territoires que l'on prétend protéger sont en réalité des territoires occupés. Cf. Meyer, *op. cit.*, p. 36. Cf. plus haut, § 86.

Le 13 octobre 1885 une corvette allemande, le *Nautilus*, mouillait en vue de Jaluit, l'île la plus importante du groupe des Marschall qui en compte une trentaine, et dont la population de 10,000 habitants est gouvernée par plusieurs Rois. Le prince Kabua auquel Jaluit est soumis est le plus puissant d'entre eux. L'officier allemand fait visiter le navire aux souverains réunis pour cette occasion ; il fait tirer une salve de 21 coups de canon ; ils dispose favorablement ses hôtes par des cadeaux de tout genre ; il leur offre la protection allemande. Salutairement impressionné par les salves d'artillerie et par les générosités dont il a été l'objet, le roi Kabua signe la convention qui lui est présentée. On arbore le pavillon et la fête se termine par des danses nationales. Les choses se passèrent de même les jours suivants dans les îles avoisinantes. (1)

110. — Le pavillon national est la manifestation extérieure de la souveraineté : le planter sur un territoire équivaut à affirmer que ce territoire est placé sous la souveraineté de l'État dont il est l'emblème. Les États sont très attentifs à empêcher toute manifestation de ce genre sur un territoire dont la possession pourrait être contestée, même faite dans une intention tout à fait innocente, comme pour célébrer un jour de fête nationale par exemple. La colonie espagnole du Rio-Muni est limitrophe d'une colonie française : la ligne de démarcation est assez peu précise. Dans le courant de l'année dernière le gouverneur espagnol fit enlever le pavillon tricolore ar-

1. Cf. Meyer, p. 33 et 34 ; Stengel, p. 27.

boré par un établissement situé sur le territoire contesté sous prétexte que ce pavillon semblait impliquer un droit de souveraineté qui n'existait pas. (1)

111. — Il va sans dire qu'il est nécessaire que le drapeau soit hissé par les représentants d'un État pour que ce simple fait ait pour conséquence l'acquisition de la possession et constitue une occupation fictive. Il sera rare qu'il en soit autrement. En 1871 cependant, les chefs indigènes des Nouvelles-Hébrides, indépendants jusqu'à ce moment-là, arborèrent le pavillon français. Les colons de Nouméa, irrités de l'inaction du gouvernement et du traité passé en 1878 avec l'Angleterre qui stipulait qu'aucune des deux Puissances ne procéderait à une annexion sans une entente préalable, formèrent une société pour acquérir des terres dans l'archipel. Le 10 novembre 1884 ils envoyaient un vapeur qui remorquait un ancien bâtiment de guerre, le *Chevert*, portant encore le pavillon français. Les indigènes s'emparèrent du drapeau et pour la seconde fois le plantèrent sur leur île. Il va de soi que cet acte n'avait pas d'autre importance que de manifester clairement la volonté des habitants du pays.

112. — Il faut être un État, une personne du droit international, pour avoir un pavillon. Les Compagnies privées qui ont la prétention de jouer au souverain, d'occuper en souveraineté, de passer des traités, ont vite compris l'importance qu'il y avait pour elles à avoir un emblème de ce genre. Avant de se transformer en État,

1. *Les Débats*, 4 décembre 1888.

l'Association internationale du Congo adoptait un étendard bleu avec une étoile d'or au centre. (1) La Compagnie allemande de l'Afrique orientale possède un pavillon qui ressemble à tel point, paraît-il, au pavillon allemand qu'à une certaine distance il est impossible de les distinguer l'un de l'autre.

Nous n'admettons pas que les Compagnies privés aient la capacité d'acquérir par occupation autre chose que des droits de propriété. (2) Qu'elles aient cru devoir adopter un drapeau particulier ne modifie en rien l'incapacité juridique dont nous les croyons frappées, tant que leur pavillon n'est pas reconnu par les autres Puissances, tant que de l'entreprise, privée à l'origine, n'est pas sorti un État. On comprend du reste les avantages que présente pour elles l'acquisition d'un emblème qui les personnifie; ils correspondent à ceux qu'y trouvent les véritables États.

113. — Le drapeau sert à affirmer la volonté de prendre possession et à constater que le fait de la prise de possession a eu lieu. Une fois déployé sur un territoire désert, les autres Puissances se trouvent en présence d'un fait accompli et ne pourront provisoirement y arborer leur propre pavillon. Visible à tous les yeux, placé sur une hauteur qui commande une grande étendue de terrain, le drapeau national permet de prendre date, de fixer le jour, l'heure, la minute où l'occupation s'est effectuée ; il fournit le

1. Voyez Moynier, *La fondation*, etc., p. 25.
2. Cf. plus haut, IIe partie, Ch. III, section III.

moyen de déterminer à qui revient l'avantage de la priorité de la prise de possession.

Le docteur Nachtigal n'eut que quelques jours d'avance sur son concurrent le consul Hewett. Le pavillon allemand flottait depuis le 5 juillet 1884 sur la côte de Togo et au Kamerun, lorsque la canonnière anglaise *The Flirt* mouilla le 19 juillet dans ces parages ayant la mission de hisser le pavillon britannique (1).

Lorsque nous prîmes possession du port d'Ambado, au Sud du golfe de Tadjourah, le *Sphynx*, bâtiment anglais, ne fut devancé par nos officiers que de quelques instants.

On le voit, le rôle assigné au drapeau et les services qu'il rend à l'heure actuelle sont très importants. Nous dirons donc en résumé : de nos jours, la prise de possession, et par conséquent l'acquisition de la souveraineté d'un *territorium nullius*, résultent du déploiement du drapeau ; seulement, cette première condition exigée par le droit international une fois remplie, l'État occupant doit se hâter de satisfaire aux autres : il doit notifier sa prise de possession ; il doit la rendre effective.

1. Banning, *op. cit.*, p. 11.

# CHAPITRE III

## DE LA NOTIFICATION

SOMMAIRE

114. Définition de la notification. — 115. Utilité de cette formalité. — 116. Notifications obligatoires, notifications volontaires. — 117. A qui doit-elle être adressée? — 118. A quel moment doit-elle l'être, pourrait-elle précéder la prise de possession? — 119. Forme de la notification. La notoriété ne saurait la remplacer. — 120. Doit-elle contenir une détermination exacte des territoires occupés? — 121. Attitude de la Puissance qui reçoit une notification : distinction de trois cas. — 122. Premier cas. — 123. Second cas. — 124. Troisième cas. Réclamations et réserves; sur quoi elles peuvent porter. — 125. Sanction de la prescription relative à la notification.

114. — L'expression de notification est employée en droit international dans différentes hypothèses. Notifier signifie d'une façon générale porter un fait à la connaissance d'autrui. Le droit international impose aux États l'obligation de se communiquer mutuellement certains faits qui peuvent les intéresser. C'est ainsi, par exemple, qu'un usage universellement observé est de notifier l'arrivée des envoyés diplomatiques ou encore certains événements de la vie des souverains, comme leur avènement au trône, leur mariage, leur abdication. La théorie dont se sont évidemment inspirés les diplomates réunis à Berlin lorsqu'ils ont posé, dans l'art. 34, le principe de la notification obligatoire de l'occupation et du protectorat, est celle de la notification générale ou diplomati-

que du blocus. Comme dans ce dernier cas, l'occupation doit être notifiée pour être opposable aux tiers.

La notification est exigée aussi bien dans le cas de l'établissement d'un protectorat que dans celui de l'occupation proprement dite (art. 34). Elle est, dans le premier cas, la seule condition requise ; dans le second cas, l'une des deux conditions principales imposées, pour que la prise de possession ou l'établissement du protectorat soient considérés comme effectifs. On peut la définir : l'acte par lequel un État fait officiellement savoir à un autre État, soit qu'il a pris possession de tel ou tel territoire considéré par lui comme sans maître, soit qu'il a assumé à l'égard de tel pays le rôle d'État protecteur.

115. — Toute notification, dans quelque circonstance qu'elle intervienne, a une utilité générale : elle est un moyen de constater officiellement qu'à une certaine date certains faits sont parvenus à la connaissance d'un gouvernement qui, désormais, ne pourra pas prétendre les ignorer. Dans notre cas particulier, elle présente des avantages multiples : aucune des Puissances représentées à Berlin n'a essayé de le contester. Lorsqu'il s'agit d'occupation ou de protectorat, la notification constitue une sorte de mise en demeure adressée par l'État occupant ou protecteur aux États tiers, d'avoir à formuler les objections qu'ils peuvent avoir à présenter contre l'acte par lui accompli. Dès que cette formalité est remplie, tout un ordre de dangers est écarté pour l'État qui notifie : on ne risque plus de voir deux États prendre à la fois possession du même territoire ou conclure successi-

vement deux traités de protectorat avec le même souverain. On peut dire, en effet, que ce qui fait l'incontestable utilité, la nécessité, dirions-nous volontiers, de la notification dans le cas de protectorat ou de pseudo-protectorat, c'est l'extrême facilité avec laquelle les petits potentats orientaux cèdent successivement les mêmes droits à des personnes différentes. De graves conflits peuvent naître de ces traités peu explicites, contradictoires et obscurs le plus souvent. Tout danger de ce genre sera, on peut l'espérer, de plus en plus écarté. Lorsque, par l'usage ou par un accord intervenu entre les Puissances, la formalité de la notification sera devenue obligatoire et universelle, tout État, en feuilletant ses archives avant de conclure un traité de protectorat, pourra s'assurer qu'aucun autre gouvernement ne peut prétendre avoir des droits de protection sur le territoire qu'il se propose de protéger. D'autre part, une fois la notification faite, il aura pleine sécurité quant à l'avenir : car tout État qui l'aura reçue sera dans l'impossibilité de traiter de bonne foi avec le prince protégé relativement à son territoire.

Dans le cas de l'occupation proprement dite, la notification joue un rôle différent. Son utilité pratique n'est pas moins grande ; elle permet d'éviter une foule de conflits. Toute prise de possession étant forcément fictive à l'origine et ne se manifestant pas partout par des signes extérieurs qui s'imposent à tous les yeux, tant qu'elle n'a pas eu lieu, un État tiers peut, de bonne foi, s'emparer d'un territoire déjà occupé et y déployer son drapeau. Ici donc, la notification a le grand avantage de mettre les États tiers dans l'obligation de respecter l'occupation quoique fictive pendant le délai nécessaire pour la rendre effective.

116. — Toute occupation territoriale doit-elle être notifiée ? Nous ne revenons sur ce point que pour rappeler les résultats auxquels nous sommes arrivé. Les notifications antérieures à la déclaration de Berlin, ou qui n'ont pas lieu en vertu de l'article 34 de cet acte, sont des *notifications volontaires* par opposition aux *notifications obligatoires* (1). Cette distinction perdra rapidement de son importance ; la notification deviendra de plus en plus un usage consacré universellement par la pratique, ce qu'elle n'était pas encore en 1885. La déclaration de Lausanne, s'inspirant des projets de MM. de Martitz et Engelhardt, identiques sur ce point, en a fait l'une des conditions essentielles pour que l'occupation crée un titre de possession exclusive, en quelque lieu qu'elle soit effectuée (2).

117. — A qui doit être adressée la notification ? Il faut faire une distinction. *a. Notification obligatoire.* Elle doit être adressée à toutes les Puissances qui ont signé l'Acte de Berlin ou qui y ont adhéré. *b. Notification volontaire.* Dans ce cas, l'État occupant est parfaitement libre : il aura avantage à communiquer le fait de la prise de possession à tous les gouvernements avec qui il est en relations diplomatiques.

1. Voyez plus haut § 103. Cf. Meyer, *op. cit.*, p. 38-40, qui examine avec beaucoup de soin la ligne de conduite suivie par l'Allemagne en matière de notification.

2. Martitz, art. III ; Engelhardt, art. II ; Déclaration, art. I.

La notification n'a pas besoin d'être simultanée (1).

118.—Quand doit-elle être faite? On n'a pas à cet égard voulu poser une règle fixe, mais il est évident que l'intérêt général est que le fait de la prise de possession ou de l'établissement du protectorat soit porté le plus vite possible à la connaissance de tous. (2)

La notification pourrait-elle précéder valablement la prise de possession ? Une question analogue se présente à propos de la notification du blocus. Il faut, semble-t-il, y répondre négativement. On comprend l'intérêt que pourrait présenter parfois cette notification anticipée ; mais elle ne saurait se défendre au point de vue des principes. Ce serait revenir par un chemin détourné à la pratique des occupations fictives que d'en admettre la validité. Tout ce qu'un gouvernement désireux d'occuper une île très éloignée et qui craint de se laisser devancer par quelqu'autre État pourra faire, sera de donner officieusement avis de ses intentions : une notification diplomatique n'en sera pas moins nécessaire après la prise de possession. Il faut remarquer que la notification aura toujours lieu à un moment où la prise de possession sera encore toute fictive. (3)

1. L'avant-projet paraissait tout au moins l'exiger « La Puissance,.... accompagnera.... d'une notification simultanée.... » Le mot simultanée a disparu du texte définitif. Livre Jaune, p. 202.

2. Il paraît que l'Allemagne qui a accepté le protectorat de Witu au mois de mai 1885,n'a pas encore notifié ce fait aux Puissances : il s'agit cependant d'une notification obligatoire, car ce pays est situé le long de la côte orientale d'Afrique (Meyer, *op. cit.*, p. 40).

3. Livre jaune, Rapport, p. 214-215.

119—On n'a pas déterminé à Berlin la forme dans laquelle la notification doit être faite : chaque gouvernement est le meilleur juge de la conduite qu'il a à tenir. Il emploiera à son choix « soit l'organe officiel de ses actes publics, soit la voie diplomatique ordinaire » (1). Il semble qu'une communication directement adressée à chacun des gouvernements réponde le mieux au but poursuivi par la notification. Elle est même indispensable dans le cas de notification obligatoire : l'art. 34 prescrit en effet que la notification « sera adressée » aux Puissances ; c'est là du reste la procédure que l'usage général semble devoir adopter. (2) On admettra cependant qu'une insertion au Journal officiel constitue une notification suffisante, si elle est *volontaire* ; mais il ne faudrait pas encourager cette pratique. Un article de quelques lignes publié dans

1. Sic. déclaration de Lausanne, art. 1 ; projet Engelhardt, art. 2 ; projet de Martitz, art. 5.

2. Voici le texte d'une notification qui est intéressante à cause de l'époque où les Puissances l'ont reçue. Au mois d'octobre 1884, deux mois avant l'ouverture de la Conférence, M. de Bismarck adressait aux gouvernements la note suivante : « Le gouvernement « de S. M. I., pour protéger d'une manière effective le commerce « de la côte occidentale d'Afrique, a pris sous son protectorat quel- « ques territoires de cette côte, en vertu soit de traités que le D[r] « Nachtigal, consul général en mission dans l'Afrique occidentale, « a négociés avec des chefs indépendants, soit de traités de protec- « torat de sujets de l'Empire qui ont acquis certains territoires par « des traités avec des chefs indépendants.

En conséquence, sont placés sous le protectorat de S.M.I. etc.,

. . . . . . . . . . . . . . . . . . . . . . . .

« Comme signe extérieur de ce protectorat, le drapeau militaire de « l'Empire a été hissé et des bornes ont été plantées et il a été pro- « clamé que tous les droits démontrés certains des tiers seraient « respectés. »

un journal peut fort bien échapper à l'attention des chancelleries. (1)

Ce qu'il faut en tout cas repousser avec énergie, c'est la théorie qu'on a essayé de soutenir en matière de blocus et qu'on tentera peut-être d'appliquer à l'occupation : les nouvelles, dit-on, se répandent d'elles-mêmes, aussi faut-il admettre que la notoriété équivaut à la notification. Ce point de vue, nettement repoussé par l'art. 34, ne saurait être admis dans aucun cas ; si notoire que soit la prise de possession, on n'en saurait tirer aucune conclusion contre l'État auquel la notification n'a pas été faite. Admettre l'idée contraire, ce serait rouvrir la porte à tous les abus et rendre possibles tous les conflits.

120. — Sans nous arrêter plus longtemps à la question de forme, examinons la question de fond qui présente une réelle importance. Voici comment elle se pose : que doit contenir au juste la notification ? ne comporte-t-elle pas nécessairement une détermination exacte des territoires occupés ou protégés ? (2)

En théorie, il semble bien qu'il y ait là une condition essentielle que doit remplir toute notification sous peine de perdre la plus grande partie de son utilité pratique. A quoi servirait celle qui ne déterminerait pas autrement la portée géographique d'une occupation que par un nom propre, la veille encore inconnu des plus savants

1. Cf. Engelhardt, R. D. I. XVIII, p. 434, reproduit les objections présentées par le plénipotentiaire allemand qui a critiqué l'insertion au Journal officiel et recommandé de recourir à la voie diplomatique ordinaire.

2. Engelhardt. R. D. I. XVIII, p. 439.

géographes et qu'omettent les cartes les mieux établies ? Il est parfaitement indifférent de savoir que tel État occupe ou protège le territoire de Tonga, par exemple, si ce terme n'éveille dans l'esprit aucune idée précise. Il faudra dire où est situé ce territoire et déterminer quelles en sont les limites. On peut invoquer en ce sens le principe connu : *ignoranti non acquiritur possessio.* Un État ne saurait être admis à alléguer sa propre ignorance pour se dispenser de l'obligation d'indiquer clairement les limites de sa prise de possession ; car, s'il ne les connaît pas, c'est qu'il ne possède pas réellement, et s'il les connaît, il n'a pas de bonne raison pour refuser de les communiquer aux autres États.

La notification n'est rien si elle n'est précise : elle ne saurait prévenir les malentendus qu'à cette condition.

Le caractère vague de la notification a pour résultat fatal de faire naître des conflits insolubles. D'une part la Puissance occupante pourra augmenter petit à petit, sans notification nouvelle, c'est-à-dire sans fournir aux tiers lésés l'occasion de faire valoir leurs réclamations, la sphère de ses acquisitions en se couvrant de l'expression indéterminée qu'elle aura employée. D'autre part les Puissances tierces, ne trouvant sur certains points du territoire dont l'occupation leur a été notifiée, aucune manifestation extérieure de souveraineté, pourront s'en emparer. Elles soutiendront avec quelque raison que la portée de la communication qui leur a été faite leur a échappé et qu'elle aurait sans cela soulevé chez elles les plus énergiques protestations.

La déclaration de Lausanne dit en propres termes à ce

sujet : « La notification indiquera aussi exactement que « possible la situation géographique et les limites côtiè- « res et intérieures du territoire occupé. » (Art. 1). Cette disposition s'applique aussi au cas du protectorat. (Art. 2). (1)

Cette détermination approximative n'offrira de grandes difficultés que lorsqu'il s'agira de régions situées à l'intérieur d'un continent encore peu exploré. Elle sera relativement facile le long des côtes : le littoral est assez bien connu ; il suffira de donner les degrés de latitude et de longitude des deux points extrêmes. Il en sera de même pour les îles. Or ce sont là les deux cas où une délimitation exacte est chose particulièrement importante : les côtes comme les îles sont parmi les territoires les plus convoités ; facilement accessibles, les unes comme les autres sont souvent l'objet d'occupations successives. Dans l'hypothèse d'un véritable protectorat enfin, les limites seront généralement celles de l'État protégé lui-même.

L'art. 34 de l'Acte de Berlin ne nous fournit qu'une indication au sujet du contenu de la notification : celui-ci doit être tel qu'il mette les Puissances à même de faire valoir leurs réclamations. Cela suppose nécessairement tout autre chose qu'une notification conçue dans des termes vagues et généraux. On se convaincra facilement que telle

1. Cf. projet Engelhardt, art.2 et art.3. Le projet de Martitz allait plus loin sur ce point ; il exigeait (art. 3) que la prise de possession eût « des limites fixes ». A l'art. 5, il est vrai, il était dit que la notification contiendrait une détermination approximative des limites du territoire occupé. Les deux articles se contredisent ou du moins la pensée de l'auteur n'apparaît pas clairement.

était bien la pensée des diplomates si l'on se reporte au débat qui a eu lieu sur ce point au sein de la commission. On s'accorda à reconnaître « qu'une certaine détermination de limites était inséparable de la notification » ; si l'on n'en fit pas une condition nouvelle, c'est qu'il parut à certains plénipotentiaires que cela était inutile parce que toute Puissance est toujours en droit de réclamer des renseignements supplémentaires, si la notification ne lui paraît pas assez explicite. (1)

121. — Supposons maintenant que la notification de l'occupation ou du protectorat a été faite ; quelle sera l'attitude de la Puissance qui aura reçu ce document diplomatique ? On n'a pas pensé à Berlin qu'il fût conforme aux règles de la courtoisie internationale de lui imposer l'obligation d'y répondre dans un temps donné. L'avant-projet franco-allemand mettait l'État tiers dans l'alternative de reconnaître l'*effectivité* ou de faire valoir ses réclamations. (2) Mais ce texte a reçu sur ce point une modification significative qui résulte de la suppression du membre de phrase : « de le reconnaître comme effectif » et du maintien des mots : « de faire valoir, s'il y a lieu, leurs réclamations. » (3)

Trois cas peuvent donc se présenter.

122. — 1°. L'État tiers est disposé à reconnaître immédiatement et sans réserves la correction et la validité de

1. Livre jaune, Rapport, p. 215. Cf. plus bas, § 131-§ 135.
2. Livre jaune, p. 202, 1° *in fine*.
3. Livre jaune, Rapport, p. 215.

l'acte accompli par le gouvernement qui a pris possession d'un territoire ou en a assumé le protectorat. Ces deux hypothèses demandent à être examinées séparément.

*a. Notification d'une occupation proprement dite ou d'un pseudo-protectorat.* — En accusant réception de la notification sans faire de réserves, l'État reconnaît seulement qu'il n'a pas quant à lui de réclamations à formuler, de droits acquis lésés par l'occupation. Il ne peut être question à ce moment-là de reconnaître ni de contester le plus ou moins d'*effectivité* de la prise de possesssion qui ne saurait en aucun cas avoir le caractère effectif au lendemain du jour où le drapeau a été arboré. C'est là un point réservé qui pourra donner lieu à des discussions futures. L'État tiers s'engage seulement à laisser au gouvernement dont il a reçu la notification le temps matériellement nécessaire pour transformer une occupation forcément fictive à ses débuts en une occupation effective. Si un grand nombre de mois se passaient sans amener ce changement, il est impossible de préciser davantage, la notification ne lierait plus celui qui l'a reçue : le *territorium* redeviendrait *nullius* à son égard ; il aurait le droit de le traiter comme une *res derelicta* susceptible d'une occupation nouvelle. Ce qui constitue en effet l'acquisition de la souveraineté à titre définitif, ce n'est pas la prise de possession suivie de la notification, il y faut encore l'*effectivité*.

*b. Notification d'un protectorat véritable.* — Le protectorat n'exigeant pas d'autre condition que celle de la notification, d'après l'art. 34 de l'Acte de Berlin, pour être opposable aux tiers, il s'ensuit qu'il sera définitivement établi à l'égard de l'État tiers qui n'aura formulé aucune réserve. Le territoire sur lequel il s'exerce devra être considéré désormais comme rayé de la liste des territoires susceptibles de protectorat ou d'occupation.

On se souvient que cette distinction est l'un des côtés faibles de la déclaration de Berlin, et que l'Institut de droit international avec la majorité des auteurs ne l'adopte pas. (1)

123. — 2°. Au reçu de la notification, l'État tiers garde le silence. On peut présumer qu'il n'a aucune réclamation à formuler et voir dans cette attitude une sorte de consentement tacite. Cependant on n'a pas voulu fixer un délai de rigueur à l'expiration duquel toute réclamation serait non recevable. Mais la Puissance qui notifie pourra passer outre : on ne pouvait faire dépendre son action du plus ou moins d'empressement que mettraient les autres États à répondre à sa communication. Aussi n'est-elle pas obligée d'attendre, pour s'établir sur le territoire, que les différentes réponses soient arrivées. (2)

124. — 3°. L'État formule des réclamations et des réserves. Sur quoi porteront-elles le plus généralement ?

Le mot de réclamations qu'emploie l'article 34 est très large : elles peuvent avoir pour base non seulement des droits acquis mais encore de simples intérêts. On a dit au sein de la commission qu'il y avait « des situations dont

1. Déclaration de Lausanne, art. 1 et 2 ; Stengel, *op. cit.*, p. 21 ; Meyer, *op. cit.*, p. 35 ; Heimburger, p. 5 ; Martens, R. D. I. XVIII, p. 266, en sens contraire Martitz, projet, art. 6.

2. Livre jaune, Rapport, p. 214 ; Engelhardt, R. D. I. XVIII, p. 434.

il était équitable de tenir compte. » Des rapports commerciaux depuis longtemps établis seront souvent pris en considération. C'est ce qui s'est passé dans le cas des îles Carolines.

Des sujets allemands, pensant s'établir sur un *territorium nullius* qui pourrait éventuellement tomber sous la souveraineté de l'Empire, avaient fondé dans l'archipel des maisons de commerce. Ils ne pouvaient prévoir qu'ils tomberaient un jour sous l'administration coloniale de l'Espagne et avaient, en un certain sens, acquis un droit à la liberté commerciale.

Ces intérêts privés fort respectables ont été pris en considération par le médiateur qui a suggéré sous les nos 3 et 4 de sa proposition un arrangement tout à fait propre à donner satisfaction à l'Allemagne sur ce point, arrangement que le protocole définitif s'est approprié en le développant. (1)

L'État invoquera parfois dans sa réponse à la notification des titres et des droits antérieurement acquis : il fera observer que le *territorium* dont on lui communique la prise de possession, ne saurait être considéré par lui ni comme *nullius*, parce qu'il a déjà été l'objet d'une occupation qui n'a pas encore pris fin, ni comme susceptible de protectorat, parce qu'il est déjà protégé. Il pourra souvent faire remarquer qu'on lui notifie l'établissement d'un protectorat, alors qu'il s'agit dans la réalité des faits d'une véritable occupation. Ce sera là un moyen assez simple d'obvier dans une certaine

1. Cf. Calvo, § 1694, 1696, 1697. L'Allemagne a obtenu la pleine et entière liberté de commerce.

mesure aux graves inconvénients du système adopté à Berlin.

Souvent aussi on relèvera l'insuffisance de la notification, son manque de précision ; on s'efforcera d'obtenir des éclaircissements supplémentaires. (1)

Les réclamations pourraient-elles avoir pour base la violation des droits d'autrui ? M. Kasson, on s'en souvient, désirait que les Puissances examinassent toutes les circonstances de droit et de fait qui accompagneraient la prise de possession. Sa proposition fut repoussée. On peut citer un exemple ou un État avant de reconnaître la validité de nombreuses prises de possession, s'est livré à une enquête attentive des titres qui lui étaient présentés. Lorque, en 1884, le Sénat de Washington fut sollicité de reconnaître le drapeau de l'Association africaine « à l'égal de celui d'un gouvernement ami, » il examina avec grand soin la façon dont l'occupation s'était opérée, en se plaçant au point de vue des droits des indigènes. (2)

1. Livre jaune, Rapport, p. 214, remarque de Sir Ed. Malet. Voyez par exemple la dépêche du 22 septembre 1884 adressée par le gouvernement anglais au gouvernement allemand au sujet d'Angra Pequena (Banning, *op. cit.*, p. 61 et s.). « Ensuite le protectorat « doit-il s'étendre sur toute la côte,.. . ou serait-il limité à certains « points du littoral, et en ce cas, quels sont ces points et leurs li- « mites précises ? ..... »

« Pour ces raisons, une entente est désirable quant à l'extension « du protectorat en longitude comme en latitude. »

Dans la réponse qu'il fit à Lord Granville, en date du 8 octobre 1884, le baron de Plessen fut très précis quant à la côte. Mais il déclara que le gouvernement de S. M. réservait à des décisions ultérieures une délimitation plus précise vers l'intérieur, à mesure que les établissements de commerce s'y développeraient.

2. Cf. Moynier, *La Fondation*, etc. p. 11 ; Rapport (n. 393) du sénateur Morgan, au nom du Comité des affaires étrangères, 26 mars 1884.

Ce cas ne saurait constituer un précédent que l'on puisse invoquer : l'enquête du Sénat n'a été possible que parce que l'État du Congo n'était pas né et qu'il s'agissait des actes d'une Compagnie privée.

On ne pourrait la concevoir s'il s'agissait d'acquisitions faites par un État souverain. Sans doute le droit international condamne la violence, sans doute, comme l'a dit le Dr Busch, les Puissances ont la faculté de faire précéder de tel examen qu'elles jugent opportun, la reconnaissance des occupations qui leur sont notifiées ; mais l'absence de violence n'étant pas une condition de la validité de la prise de possession, la façon dont s'est effectuée l'occupation échappe au contrôle mutuel des Puissances. (1)

Bref, pour que la prise de possession d'un territoire donne ouverture à des réclamations en réponse à la notification qui en est faite, il faut que l'occupation lèse un droit ou au moins un intérêt : il se peut du reste que ces droits et intérêts soient privés de leur nature et de minime importance.

125.— Nous devons ajouter un mot encore au sujet de la sanction de la prescription de l'art. 34 de l'Acte de Berlin relative à la notification.

Quelles sont les conséquences de l'absence de notification ?

L'intitulé du chapitre VI de l'Acte de Berlin montre que la notification est une condition essentielle pour que l'oc-

1. Cf. livre jaune, p. 205.

cupation soit considérée comme effective, c'est-à-dire comme créant un titre de possession exclusive. On a dit, à grand tort selon nous, qu'elle constituait plutôt un acte de courtoisie qu'une règle de droit ! (1) C'est méconnaître les textes les plus formels et vouloir réduire à bien peu de chose l'œuvre de la Conférence africaine.

Toute occupation ou tout établissement de protectorat est comme n'existant pas à l'égard de la Puissance à laquelle notification n'a pas été faite. Celle-ci a le droit strict de considérer le territoire dont il s'agit comme étant une *res nullius,* ou comme n'étant encore soumis qu'à l'ancienne souveraineté qui seule existe à ses yeux. Cette doctrine parait parfaitement exacte lorsqu'il s'agit d'une *notification obligatoire* : elle ressort des textes de Berlin comme de la déclaration de Lausanne. (2)

Mais on sait que malheureusement l'usage de la notification n'est pas encore universellement consacré par la pratique. Il est encore des cas ou la notification est *volontaire.* Il est impossible d'attacher à l'absence de notification volontaire la sanction rigoureuse que doit entrainer l'absence de notification obligatoire. Dans ce cas, quoique non notifiée, la prise de possession doit être considérée comme valable ; elle doit être respectée par les États tiers pourvu qu'elle soit apparente et qu'elle se trans-

1. *Blue Book, Africa,* 2 (1885), n.2. *Sir E. Malet to Lord Granville,* 21 février 1885. « *The only requirement that of notification, being* « *rather an act of courtesy than a rule of law.* » La même expression se trouve sous la plume de M. Engelhardt (R. D. I. XVIII,p. 434) « la notification, acte de volonté, de franchise et de courtoisie tout à la fois »....

2. Art. 1.

forme rapidement en une occupation effective. L'absence de notification sera toujours un danger pour l'État occupant : les États tiers pourront en effet prétendre qu'ils ignoraient l'occupation ou tout au moins sa portée, et profiter de la situation équivoque ainsi créée pour planter leur pavillon national à côté du drapeau rival.

Très rapidement, selon toutes probabilités, l'usage de la notification se généralisera ; elle deviendra dans tous les cas une formalité obligatoire ayant pour unique sanction, pour ceux qui ne s'y soumettront pas, la déchéance rigoureuse indiquée plus haut.

# CHAPITRE IV

## DE L'EFFECTIVITÉ

SOMMAIRE

126 Sens des mots effectif et *effectivité*. — 127. Justification du principe que l'occupation doit être effective. — 128. Ce n'est pas un principe nouveau. Le travail légitime l'acquisition de la souveraineté comme celle de la propriété. — 129. Un État peut-il occuper plus qu'il ne peut cultiver ? — 130. La présence effective peut se manifester de différentes manières. — 131. Jusqu'où s'étend l'occupation ? Droit de vicinité, etc. 132. 1° Ile située dans les eaux territoriales. — 133. 2° Règle de la ligne médiane. — 134. 3° Cas de la prise de possession de l'embouchure d'un fleuve. — 135. L'art. 34 de la déclaration de Berlin donne la meilleure solution de cette difficulté. — 136. Le principe de l'*effectivité* n'est pas un principe nouveau. — 137. Analyse de l'art. 35 : 1° obligation de constituer une autorité sur le territoire occupé. — 138. 2° De respecter les droits acquis. — 139. Autres conditions. — 140. Sanction de l'art. 35. — 141. Comment se perd la possession. Absence de délais.

126. — Il importe tout d'abord de déterminer avec le plus de précision possible le sens que l'on doit donner aux mots : *effectif* et *effectivité*. Ces expressions sont prises, soit dans les textes diplomatiques, soit dans les livres de doctrine, dans deux acceptions différentes, et l'une des difficultés de la matière est la conséquence de l'emploi malheureux du mot *effectif* dans l'intitulé du chapitre VI de la déclaration de Berlin.

Si l'on consulte un dictionnaire, on n'y trouvera pas le terme *effectivité*, néologisme commode inventé par les auteurs et par les diplomates à la suite de la Conférence de 1884. L'*effectivité* est un certain caractère que présente l'occupation, qui peut être ou n'être pas effective. Comme l'adjectif d'où il a été tiré, on prend ce mot dans deux sens distincts :

1° *Effectif*, signifie qui produit des effets.

Une occupation effective est celle qui produit des effets. L'effet principal de l'occupation est de créer un titre de possession, d'entraîner à sa suite l'acquisition de la souveraineté au profit de l'État occupant. C'est bien ainsi que l'entend M. de Martitz (art. III), lorsqu'il dit : « Une occupation en souveraineté, pour devenir effective, *c'est-à-dire pour créer un titre de possession* », etc., et qu'il ajoute (art. VI) : « Une occupation à titre de protectorat, pour devenir effective..... » L'*effectivité* de l'occupation est, dans ce premier sens, la qualité que possède cette occupation de pouvoir être opposée aux tiers. Telle est la portée du mot *effectif* dans l'intitulé du chapitre VI dont le seul but est de déterminer quelles sont les conditions que doivent remplir les occupations pour que les États tiers soient tenus de les respecter. Ce qui le montre clairement, à notre avis, c'est que la notification est la seule condition exigée dans certains cas : le protectorat est *effectif*, c'est-à-dire opposable aux Puissances tierces, sous la seule condition d'être notifié, et bien qu'il puisse être tout *fictif* (art. 34).

2° *Effectif*, se prend dans le sens de réel, de positif, par opposition au mot fictif. L'occupation effective est celle qui n'est pas fictive. L'*effectivité* est la qualité de l'occupation qui a pour base une véritable prise de possession. C'est ainsi que l'on opposera l'art. 34, relatif à la notification, à l'art. 35, qui s'occupe de l'*effectivité*. C'est dans ce sens que M. le baron Lambermont dira que l'occupation ne saurait être effective au moment même de la prise de possession ; tel est l'emploi que fait de ce mot M. Engelhardt et après lui l'Institut de droit international (1).

Cette remarque n'aurait pas grande valeur si l'on avait maintenu le système rationnel et clair exposé dans l'avant-projet franco-allemand qui admettait que, pour être opposable aux tiers, toute occupation ou tout protectorat impliquait une prise de possession matérielle.

C'est encore le point de vue auquel s'est placée la déclaration de Lausanne : toute occupation comme tout protectorat pour créer un titre de possession exclusive, pour être effectifs, c'est-à-dire pour être opposables aux Puissances tierces, doivent être effectifs, c'est-à-dire réels, non fictifs (2).

Mais dans le système incohérent qui est résulté de l'intervention malheureuse de l'ambassadeur d'Angleterre et de l'adoption de ses vues par la Conférence, il n'en est pas ainsi.

On peut tirer du chapitre VI de la déclaration de Berlin les principes suivants :

1° Le protectorat pour être *effectif* (c'est-à-dire opposable aux États tiers), doit être notifié (art. 34) ; mais il n'a pas besoin d'être *effectif*, c'est-à-dire réel, positif, conforme aux prescriptions de l'art. 35 ;

1. Avant-projet de M. Engelhardt, art. I et II ; déclaration de Lausanne, art. I.

2. Art. I, II, III du projet Engelhardt, I et II de la déclaration de Lausanne.

2° Deux conditions sont essentielles pour que l'occupation soit considérée comme *effective* : *a.* la notification (art. 34) ; *b.* l'*effectivité* (art. 35).

On l'avouera, ces formules manquent de clarté. Aussi, croyons-nous, qu'il est avantageux de se servir des mots effectif et *effectivité* exclusivement dans le second sens que nous leur avons assigné. Nous dirons donc, d'après la Conférence africaine : 1° le protectorat, même *fictif*, est opposable aux tiers pourvu qu'il soit notifié ; 2° l'occupation au contraire n'est opposable aux tiers que si à la notification vient se joindre l'*effectivité* dont les éléments sont énumérés dans l'art. 35.

Nous avons vu précédemment comment s'opérait la prise de possession par le déploiement du drapeau ou par la conclusion d'un traité ; comment cette prise de possession devenait provisoirement opposable aux tiers par la notification ; ce que nous devons examiner maintenant c'est la question de savoir comment se conserve la possession, comment l'établissement de la souveraineté devient définitif à l'égard de tous : c'est en un mot l'art. 35 et la doctrine de l'*effectivité*.

Nous apprendrons en même temps comment se perd la souveraineté, ce que c'est qu'un *territorium derelictum*, puisque la possession et la souveraineté sont perdues lorsque les conditions nécessaires à leur conservation ne sont plus remplies.

127. — La doctrine de l'*effectivité* n'est que l'application au droit international de la théorie romaine du *corpus*. On sait que le *corpus* est le fait extérieur, l'élément

matériel dans l'acquisition de la possession ; en quoi doit consister l'acte physique que l'on désigne ainsi? Lorsqu'il s'agit d'un immeuble, la plupart des auteurs exigent que celui qui éprouve l'*animus* pose le pied sur le sol : il en résultera une acquisition de la propriété, si l'immeuble n'appartient à personne. Il faut et il suffit qu'il y ait contact physique.

En appliquant cette idée à l'occupation du droit international, on arriverait à dire que pour acquérir la souveraineté d'une île déserte, il faut et il suffit que les officiers de l'État qui éprouve l'*animus domini*, débarquent dans l'île et y plantent le pavillon. Cette conception aurait l'inconvénient de justifier l'occupation fictive et de limiter l'acquisition de la souveraineté aux endroits où les officiers auraient passé et planté leur pavillon.

Mais, comme l'a montré Savigny, l'attouchement physique n'est pas de l'essence de l'acquisition de la possession : s'il l'accompagne le plus souvent, on peut cependant s'en passer. Ce qui constitue le *corpus*, c'est : 1° la possibilité de faire de la chose ce qu'on veut ; 2° c'est aussi la possibilité d'en écarter toute action étrangère (1).

Le fait extérieur qui donne à l'État la souveraineté d'un *territorium nullius* est donc sa présence réelle sur le territoire. Sa souveraineté s'étendra à toute la portion du sol dont il pourra dire qu'il est capable d'en faire ce qu'il veut et d'en écarter tout autre État, c'est-à-dire, aux dé-

1. Savigny, *Traité de la possession*, p. 181 et s. ; p. 187.

buts, sur une fort petite étendue de pays (1). Aussi, dit-on que l'occupation ne saurait être que fictive à l'origine parce que la notification mentionne généralement les noms de vastes contrées sur lesquels l'État ne saurait faire sentir son influence dès les premiers jours de son établissement dans le pays.

On sait, d'autre part, que pour que la possession continue, il faut que les deux conditions nécessaires à son acquisition subsistent : l'*animus* et le *corpus*. La perte de l'*animus* ou du *corpus* entraîne la perte de la possession et de la souveraineté. Nous pouvons donc dire :

1° La présence réelle de l'État sur le territoire occupé est nécessaire pour l'acquisition des droits de souveraineté et indispensable aussi pour la conservation de ces droits ;

2° Le *territorium* redeviendra *nullius*, soit que l'*animus*

1. Les critiques que Sumner Maine a adressées au principe de l'occupation sont plus spirituelles que fondées. (*Ancien Droit*, traduction, p. 235 ; voyez plus haut § 11). On peut répondre au savant anglais que l'occupation en droit romain n'avait pas un domaine aussi restreint qu'il semble le supposer : on acquérait par occupation non seulement « des pierres précieuses, des objets que l'on peut couvrir avec la main » mais des immeubles (*insula nata*). Si la doctrine de l'occupation souleva, comme le dit Sumner Maine, plus de contestations qu'elle n'en termina ; si elle a eu l'inconvénient de laisser un doute soit « sur l'étendue du territoire que celui qui faisait une découverte acquérait à son souverain », soit sur « la nature des actes par lesquels il devait compléter l'*adprehensio* », il ne faut pas s'en prendre au droit romain, mais à une mauvaise application des règles qu'il a posées : le principe de l'*effectivité* qui répond à toutes les objections et qui est le seul rationnel est la conséquence de la notion du *corpus* sainement entendue. Il est tout naturel qu'on ait cherché à appliquer en droit international la doctrine romaine de l'*occupatio*. (Cf., § 4),

et le *corpus* disparaissent à la fois, soit qu'il y ait perte du *corpus* sans perte de l'*animus*. Dans le premier cas, nous serons en présence d'une *derelictio* volontaire. Le second cas, beaucoup plus fréquent, se présentera lorsque l'État ne se sera pas conformé aux principes posés par la déclaration de Berlin, qu'il n'aura pas conservé à son occupation le caractère de l'*effectivité*.

128. — En proclamant à la Conférence de Berlin le principe de l'*effectivité*, les diplomates n'ont pas introduit une nouvelle règle dans le droit international. Ils n'en ont pas eu la prétention (1). Ils n'ont fait que consacrer une idée depuis longtemps présentée par tous les auteurs qui avaient traité ce sujet.

Tous ou presque tous, en effet, enseignent depuis Vattel (2), qu'une occupation fictive ne crée pas un titre de possession qui soit opposable aux Puissances tierces ; qu'il ne suffit pas de planter un drapeau sur une île pour en devenir le souverain, que, tout au moins, il ne suffit pas d'y laisser une trace quelconque de son passage pour y conserver les droits de souveraineté ainsi acquis. Tous ont soutenu qu'il fallait de plus que l'État fût réellement présent sur le *territorium nullius*, qu'il y jetât les premières bases d'une organisation politique et administrative : exigence rationnelle et qui répond aussi bien à la véritable notion du *corpus* transportée en droit international

1. Engelhardt, R. D. I. XVIII, p. 440 ; Martens, *ibid.*, XVIII, p. 265.

2. Vattel, 1, §§ 207, 208 ; Klüber, § 120 ; Ortolan, *op. cit.*, § 66 et s. ; Heffter, § 70.

qu'à la nature même du droit fondé sur la prise de possession.

Nous avons évité jusqu'ici toute appréciation théorique et philosophique sur la légitimité de l'occupation et sur la nature du droit qu'elle crée. On a beaucoup écrit à ce sujet. Nous nous contenterons de quelques rapides indications.

On sait que les jurisconsultes romains, et après eux de nombreux publicistes, ont cherché dans la prise de possession des choses n'appartenant à personne l'origine du droit de propriété. Cependant, on l'a fait souvent remarquer, ce simple fait ne saurait à lui seul créer un droit que les tiers soient tenus de respecter.

Lorsqu'un homme s'établit sur une terre qui est *res nullius*, il agit conformément au droit puisque, en le faisant, il ne lèse pas le droit d'autrui. Mais ai-je acquis immédiatement un droit de propriété ? Et, si l'on admet ce point de vue, jusqu'où s'étendra mon domaine ?

On peut reconnaître tout au plus que celui qui arrive après moi sur l'immeuble, ne pourra pas m'expulser de l'endroit précis où je me suis arrêté, parce qu'il faudrait pour cela qu'il employât la violence et que *in pari causa melior est causa possidentis*. Le nouveau venu pourra venir à son tour s'établir tout à côté de moi. Si je veux que mon domaine ne se réduise pas au sol que recouvre ma tente, mais qu'il comprenne les terres avoisinantes et si j'ai la prétention que mon droit soit respecté, il faudra que je laisse sur mon champ des traces visibles de mon activité, que je le plante, que je le laboure, que je lui assigne des limites en le bornant. Tant que le premier occupant ne s'est pas livré à ce travail, on ne voit pas du tout pourquoi un second occupant ne s'emparerait pas de l'immeuble, si aucun signe matériel ne vient l'avertir de son erreur et le prévenir que la place qu'il croyait libre n'est déjà plus vacante.

En somme, l'occupation est un simple fait matériel ; pour qu'elle confère un titre de propriété, il faut exiger avec Ahrens qu'elle soit suivie de « l'appropriation par le travail ou l'industrie. »

On peut dire, si l'on veut, que la prise de possession confère bien le droit de propriété, mais sous la condition que le titulaire du droit reste présent sur l'immeuble et le fasse sien par son travail.

Il en est de même dans les relations des États entre eux. Chaque Puissance a un droit égal à établir sa souveraineté là ou aucune autre souveraineté n'est organisée. Mais un État ne peut avoir la prétention d'exercer des droits souverains à l'exclusion de tout autre, que là où il est réellement établi et où il fait sentir son autorité. En somme la doctrine de l'*effectivité* n'est pas autre chose que l'application dans le domaine de la souveraineté de l'idée que « le mode primitif principal d'acquérir la propriété » (1) est le travail, ou du moins la prise de possession suivie du travail d'appropriation, ce qui suppose la présence continue et permanente de l'État sur le territoire. (2)

1. Ahrens.

2. Ahrens, *Droit naturel*, II, p. 126 et s. ; Ortolan, *op cit.*, § 53 et s. ; Pradier-Fodéré, *op. cit.*, §§ 785, 786. C'est ce que Phillimore désigne sous le nom de *doctrine of beneficial use and occupation*. Leroy-

129. — Pour qu'une occupation soit effective et que les tiers soient tenus de la respecter, il n'est pas sans intérêt d'en faire la remarque, il n'est pas nécessaire que l'État tire du territoire occupé toute l'utilité que le territoire est susceptible de donner.

Certains auteurs se sont demandé si un État avait le droit d'occuper plus de territoire qu'il n'en peut cultiver ou civiliser. Vattel soutient que non, parce que ce serait aller directement contre les principes du droit naturel et contrarier les vues de la Providence. C'est là un genre d'argument, qui, de nos jours, produit peu d'effets sur la plupart des esprits. Blüntschli pense que ce serait retarder la réalisation du but que poursuit l'humanité.

Il nous semble que la question ne doit pas se poser ainsi. En vertu de quel principe contesterait-on la validité des droits de souveraineté d'un État sous le prétexte qu'il ne saurait civiliser, cultiver une si vaste étendue de territoire et en tirer un parti utile ? L'État est maître absolu de son territoire : il peut imiter un propriétaire négligent qui laisse ses champs en friche. Est-il réellement établi sur le *territorium nullius*, le possède-t-il, l'a-t-il à sa disposition physique, peut-il en faire ce qu'il veut et en écarter toute action étrangère? Nul ne peut lui en demander davantage.

Supposons, par exemple, une île déserte d'une assez grande étendue. Toute la côte est soumise à la souverai-

Beaulieu dit avec beaucoup d'exactitude : « Le monde n'appartient « pas aux curieux qui le parcourent et l'explorent : c'est aux patients « seuls et aux travailleurs qu'il finit par rester. » (*Op. cit.*, p. 154). Cf. plus haut, § 6, p. 26.

neté d'un seul État ; mais l'intérieur n'est ni cultivé ni habité. Aucune Puissance tierce ne pourra élever la prétention de s'établir au centre de l'île sous le prétexte que c'est un *territorium nullius*. En effet l'État, possesseur du littoral, a toute l'île à sa disposition physique, si considérable soit-elle. Il en est maître ; il pourrait repousser toute immixtion étrangère, car on ne saurait parvenir dans la portion inhabitée qu'en débarquant sur la côte ; en un mot il la possède entièrement, il en est donc le souverain incontesté. On peut donc occuper non seulement tout ce qu'on peut cultiver, civiliser et organiser politiquement, mais encore toute l'étendue de territoire dont on peut effectivement être maître. Nous n'irons pas jusqu'à dire avec Pradier-Fodéré : « Un État peut prendre possession de territoires inoccupés dans une proportion indéfinie. » Mais nous pensons que *la capacité d'occupation d'un État n'a pas pour limite ses facultés civilisatrices ou colonisatrices mais sa plus ou moins grande puissance matérielle* (1).

130. — L'occupation a parfois pour objet des territoires qui ne sont pas susceptibles d'être civilisés, cultivés, ou organisés administrativement à raison de leur exiguité et dont la possession offre cependant une grande importance. Aussi comprend-on que la manifestation extérieure de la présence de l'État, que l'*effectivité*, puisse varier beaucoup suivant les cas.

Il s'agira parfois de construire un phare sur un rocher

1. Blüntschli, § 281 ; Calvo, § 231 ; Pradier-Fodéré, § 792 ; Vattel, 1, § 208.

isolé au milieu de l'Océan ou encore d'installer un dépôt de charbon dans une île située sur une route suivie fréquemment par les navires, peut-être tout simplement d'exploiter un gisement de guano (1). Quelquefois on pourra se demander si la prise de possession opérée par l'État a le caractère d'une occupation du droit privé ou du droit international. Lorsque le sujet de l'occupation est un État, il est naturel de présumer, s'il n'y a pas une manifestation de volonté contraire, que la prise de possession est faite dans l'intention d'acquérir des droits de souveraineté, ce qui entraînera souvent comme conséquence l'acquisition des droits de propriété (2).

1. Voyez sur les gisements de guano, la décision du Congrès des États-Unis, rendue le 18 août 1856 ; Calvo, § 300.

2. Le 22 octobre 1887 un lieutenant de vaisseau, se conformant aux ordres de M. Genouille et de M. le capitaine de frégate Ferrat, partait avec le roi du Rio-Nunez, Dinah-Salifou, pour les îles Alcatras (côte du Sénégal). Il y plantait le drapeau français et laissait dans l'île en les constituant gardiens du pavillon national, quatre sujets du roi. Ces rochers n'ont d'importance que parce qu'ils sont recouverts d'une épaisse couche de guano. Le plus étendu a 200 mètres de long sur 100 mètres de large. Ce cas, peu important en lui-même, est assez intéressant. Deux questions se présentent. 1° La France est-elle souveraine ou seulement propriétaire de l'île ? Elle est à la fois l'une et l'autre. Mais on peut se poser la question, car, dans l'espèce, le but principal poursuivi était l'exploitation du guano. On voulait aussi éviter une prise de possession anglaise. L'intention d'acquérir les droits de souveraineté n'est pas douteuse ; le cérémonial suivi, la présence du roi nègre, le montrent clairement. 2° La prise de possession a-t-elle eu le caractère effectif? Evidemment ; et c'est ici que l'on voit que l'*effectivité* peut varier suivant les circonstances. L'établissement de 4 hommes sur une île inhabitée, d'aussi petite dimension, suffit pour rendre la prise de possession effective. Ils constituent à eux quatre une autorité suffisante : il en serait autrement si l'île était de plus grande étendue.

La présence réelle de l'État sur le territoire peut donc se manifester de bien des manières. On ne peut beaucoup préciser à ce sujet.

L'entretien de missionnaires sur le *territorium nullius*, l'action bienfaisante exercée par un État sur les indigènes, suffisent-t-ils à donner à l'occupation le caractère de l'*effectivité*? Léon XIII l'a pensé. Si la position exceptionnelle de l'illustre médiateur rend sa décision toute naturelle, on ne saurait admettre cependant qu'elle crée un précédent (1).

131. — Jusqu'où s'étend l'occupation (2)? On peut hésiter entre deux espèces de solution de cette question. On peut limiter l'effet de la prise de possession aux endroits précis où elle a eu lieu et où elle a pris un caractère de permanence et de réalité : partout où l'État est véritablement établi, dira-t-on, le territoire est sous sa souveraineté ; mais il est encore *res nullius* dans tous les endroits où son action ne se fait pas sentir. C'est se conformer strictement aux principes.

On peut, dans un autre sens, admettre que la prise de possession a un effet plus large : qu'elle agit en quelque sorte par contre-coup sur les territoires avoisinant celui qui a été le théâtre du premier établissement de l'État. C'est le point de vue de la plupart des auteurs qui recon-

1. Cf. Calvo, *op. cit.*, § 1698.

2. Cf. Martens (G. F.), *Droit des gens*, I, p. 38 ; Twiss, *Peace* § 115 et 116. Nous laissons de côté le cas assez hypothétique prévu par Vattel, dans lequel une nation occupe en ayant l'intention de limiter son acquisition à certains droits sur le territoire. (II, § 98).

naissent l'existence d'un droit de vicinité, d'un droit d'enclave, de priorité, de préférence *(ratio vicinitatis)* (1).

Cette question est l'une des plus délicates du sujet que nous traitons, l'une de celle qui, historiquement, a donné lieu au plus grand nombre de contestations; l'art. 34 de la déclaration de Berlin, ce n'est pas là le moindre de ses mérites, aura pour conséquence, lorsqu'il sera observé dans tous les cas d'occupation, de lui enlever presque toute importance : il en a donné la plus heureuse et la plus pratique des solutions.

Mais comment la question se présentait-elle avant qu'on eût inventé la formalité de la notification ?

Lorsqu'un État prend possession d'un *territorium nullius*, ses représentants, officiers, administrateurs et colons arrivent le plus ordinairement par mer : ils débarquent sur le rivage, ils s'établissent le long de la côte. Doit-on dire que l'occupation ne s'étend qu'au littoral et aux seuls points du littoral où ils sont réellement installés ?

132. — Un premier point est certain : l'occupation d'une côte entraîne l'acquisition de droits de souveraineté sur toutes les îles situées le long de la côte, dans les limites des eaux territoriales. Il n'est pas besoin, pour que ce résultat se produise, que l'occupation de chacune des îles ait le caractère effectif.

1. C'est ce que les jurisconsultes anglais désignent sous le nom de *Right of contiguity*. Cf., Twiss. *Peace*, § 123. L'Angleterre a plus d'une fois contesté aux autres États le droit de s'établir dans le voisinage de l'une de ses colonies. Cette étrange théorie, mise en avant dans l'affaire d'Angra-Pequena, a été réfutée par le prince de Bismarck. Voyez la note du 10 juin 1884.

Ce principe a été reconnu par Lord Stowell dans la décision favorable aux États-Unis que ce jurisconsulte a rendue au sujet de la question connue sous le nom de cas de l'Anna (1).

Il se justifie au point de vue pratique par des considérations tirées des nécessités de la défense des établissements nouvellement fondés : la sécurité de la colonie exige que les îles avoisinantes relèvent de la même souveraineté qu'elle-même. Théoriquement, ce principe est une conséquence nécessaire de l'idée, admise à tort croyons-nous par beaucoup de publicistes, que l'État est propriétaire de la mer territoriale ; et pour ceux qui, comme nous, la repoussent, de cette considération que l'État est souverain de l'étendue de mer qui s'étend le long de la côte, comme de tout ce qu'elle contient, parce qu'on peut dire qu'il la possède, qu'il l'a à sa disposition physique : il peut, en effet, en faire ce qu'il veut, et en défendre l'accès à toute Puissance étrangère.

133. — On peut admettre un second principe : si deux nations prennent possession de deux territoires voisins (2), et que tout l'espace qui les sépare soit *nullius*, en

1. Ortolan, § 93 ; Wheaton, I, 2e p., ch. 4, § 7 ; Heimburger, p. 108 ; Phillimore, § 241. L'*Anna* était un vaisseau capturé par les Anglais à l'embouchure du Mississipi. Lord Stowell a reconnu que les îlots situés le long de la côte ne pouvaient être considérés comme « *no man's land* » (*res nullius*). Ce sont des dépendances du territoire. La sécurité de l'État l'exige.

2. Certains auteurs prévoient le cas où deux États occupent, en même temps et d'un commun accord, un même territoire. L'hypothèse de cette colonisation à deux est chimérique ; le mariage colonial dont a parlé le comte de Bismarck n'est point aussi intime. Il

l'absence de convention contraire, pour déterminer les limites de leur occupation respective, on tirera une ligne, à égale distance des deux points extrêmes à partir desquels on peut considérer que leur prise de possession cesse d'être effective.

Il va sans dire que la configuration topographique du terrain pourrait donner lieu à une autre solution (1). Faut-il distinguer pour l'application de cette règle suivant qu'il s'agit d'un *territorium nullius* situé le long de la mer, à l'intérieur d'un continent, ou dans une île? Certains auteurs l'ont pensé : mais nous ne saurions partager leur manière de voir. Les deux centres de colonisation sont-ils sur le littoral? La règle sera assez simple à appliquer. On tirera la ligne frontière perpendiculairement à la direction générale de la côte, du côté de l'intérieur des terres. A l'intérieur des terres la règle pourra offrir quelques difficultés d'application en pratique. Il sera souvent malaisé de trouver la direction à donner à la ligne médiane. On se laissera guider par les indications que pourront fournir les chaînes de montagne ou

en résulterait un droit de souveraineté indivise : situation précaire, à laquelle un partage ou une cession viendrait rapidement mettre fin.

1. Vattel, II, § 95 ; Blüntschli, § 283. Ce principe a été mis en avant par les États-Unis, dans l'affaire de la frontière de la Louisiane ; les diplomates américains ont affirmé que c'était là une règle universellement admise par les gouvernements. Cf. Phillimore, § 238, qui cite le texte des documents diplomatiques. T. Twiss, *Peace*, § 117 ; State Papers, V, p. 327-329. Il est à peine besoin de le dire, la règle énoncée au texte n'a de valeur qu'entre les deux États établis sur la côte ; un État tiers pourrait prendre possession de la portion du littoral qui les sépare, s'il ne s'est pas engagé conventionnellement à s'abstenir de toute action dans ces parages.

le cours des fleuves de la région. Est-ce d'une île déserte qu'il est question? Dudley Field pose en principe que « l'occupation d'une partie quelconque d'une île déserte..... est censée être une occupation de l'île entière » ; et Pradier-Fodéré approuve cette décision.

Quant à nous, nous ne voyons pas pourquoi on appliquerait une règle spéciale dans le cas de l'île déserte.

Il y a des îles de toutes les grandeurs : un continent est une île immense, et l'île n'est qu'un petit continent. On ne saurait trouver là la base d'une distinction juridique. Pourquoi la possession de la totalité d'une île, parfois d'une grande étendue et d'une grande importance, résulterait-elle de l'occupation effective d'un point ou de quelques points de cette île ? (1) Nous avons admis précédemment que si tout le littoral est occupé par la même Puissance, l'intérieur de l'île peut être considéré comme dépendant déjà de la même souveraineté ou comme devant en dépendre, parce qu'aucun autre État ne saurait y avoir accès. Mais il est inutile de reconnaître sous le nom de droit d'enclave (2), un droit de priorité sur le territoire enclavé au profit de la puissance enclavante qui aurait le droit exclusif d'occuper ou d'établir son protectorat sur les régions qu'entourent ses possessions. De nombreux conflits pourraient naître de la difficulté de déterminer les véritables caractères de l'enclave. On peut

1. Cf. les remarques de Catellani à propos de Madagascar, R. D. I. XVIII, p. 152.

2. Le cas d'enclave pourrait se présenter aussi bien à l'intérieur d'un continent que dans une île. On le comprend plus facilement dans cette dernière hypothèse.

s'en remettre sur ce point à la vigilance des Puissances intéressées. Aussi doit-on approuver l'Institut de droit international d'avoir repoussé l'art. 5 du projet Engelhardt (1).

Mais supposons que l'île déserte ne soit pas entourée par une ceinture d'établissements coloniaux appartenant à une seule Puissance : la France occupe le littoral Sud et l'Angleterre la côte Nord. Il ne faudra pas appliquer le principe de Dudley Field et dépouiller de ses droits le second occupant au profit du premier occupant dont la prise de possession est fictive sauf en un point.

Conformément à notre règle, on partagera l'île en deux parties égales : la ligne médiane dans l'espèce court de l'Est à l'Ouest. Tout ce qu'on pourrait admettre, à la rigueur, serait que, lorsque l'île est d'une grandeur insuffisante pour pouvoir être occupée utilement par deux Puissances à la fois, l'État second occupant manque à un devoir de courtoisie internationale en s'y établissant à son tour lorsque la nouvelle de la première prise de possession lui est parvenue.

134. — On a, enfin, essayé de formuler un troisième principe qui paraît trop vague pour avoir une grande portée pratique et qui ne saurait en tout cas avoir qu'une valeur relative. Nous sommes enclin, quant à nous, à le repousser tout à fait.

1. Art. V. Si dans les territoires occupés ou protégés, il se trouvait des enclaves totales ou partielles restées indépendantes, l'on reconnaîtrait à la puissance enclavante un droit éventuel de priorité pour l'occupation ou la protection des enclaves.

On dit : l'État qui occupe les rivages de la mer, prend possession par cela même de toute la portion des terres qui forme avec le littoral un ensemble naturel ; de tout ce qui est nécessaire pour que la nouvelle colonie puisse se développer dans les meilleures conditions possibles. C'est, en un mot, la théorie des limites naturelles et des frontières nécessaires appliquée non plus à un État déjà formé, mais à une colonie en formation (1).

C'est ce que l'on appelle : droit de vicinité, de priorité, de préemption ou d'enclave. Les États-Unis l'ont invoqué en Amérique, l'Angleterre en Nouvelle-Zélande et dans d'autres occasions : tous les États s'en sont plus ou moins prévalu (2). Ce que les auteurs anglais appellent la « *doctrine of contiguity* », a joué un grand rôle dans les discussions qui ont été l'une des causes de la guerre de 1756 entre la France et l'Angleterre et qui portaient sur l'interprétation de certaine phrase du traité d'Utrecht (3),

1. Phillimore, § 237. L'État acquiert la souveraineté « *over all that is essential to the real use of the settlers.* »

2. Phillimore, § 244. Les États-Unis ont présenté le droit de vicinité sous la forme du droit exclusif qu'aurait l'État premier occupant de traiter avec les indigènes des territoires avoisinants. (Cf. troisième règle posée par les États-Unis dans l'affaire de la Louisiane. Phillimore, § 238 ; State Papers, V, p. 327-329).

3. Phillimore, § 236, donne les textes. Le Roi de France cédait à la couronne d'Angleterre entre autres possessions : la Nouvelle Ecosse, appelée aussi Acadie, en totalité... *caeteraque omnia in istis regionibus quæ ab iisdem terris et insulis pendent..*

La Grande-Bretagne profitait du peu de précision de ces termes pour élever des prétentions à toute sorte de territoires. La diplomatie française répondait : « Jamais on ne prouvera, que par les « appartenances et les dépendances d'un pays, on doive entendre « ceux qui en sont voisins. Proximité et dépendance sont deux

dans l'affaire de la frontière occidentale de la Louisiane entre l'Espagne et les États-Unis, et dans l'affaire de l'Orégon entre l'Angleterre et les États-Unis. Dans ces deux derniers cas internationaux, les États-Unis ont tiré les conséquences les plus exorbitantes de ce principe. L'État qui s'établit à l'embouchure d'un fleuve aurait droit à tout le bassin arrosé par ce fleuve et par ses affluents (1).

Cette règle a été présentée par les diplomates américains comme faisant partie de celles qui sont unanimement reconnues entre États civilisés (2).

Nous ne savons ce qu'il en était autrefois, mais on peut affirmer aujourd'hui que la théorie des limites naturelles

« idées différentes, distinctes: leur confusion entraînerait celle « des limites de tous les États. » (Mémoires des Commissaires de S. M. Très-Chrétienne, etc.).

1, Blüntschli, § 282. En sens contraire, F. de Martens, I, p. 465.

2. Twiss, *Peace*, § 118, fait d'excellentes observations sur ce point. L'Angleterre dans les contestations relatives à l'Orégon repoussa ce principe dans l'espèce, mais pour deux raisons spéciales : 1° il ne s'agissait pas d'un établissement mais d'une simple découverte, faite 2° par un simple particulier et non pas par l'État (State Papers, vol. III, p. 506 ; XIII, 509). Mais le gouvernement anglais et Phillimore approuvent le principe s'il s'agit d'un établissement fondé par un État. (Phillimore, § 237). Les États-Unis le présentent comme la première règle à suivre dans les questions de ce genre. (Affaire de la Louisiane, State Papers, V, p. 327-329 cités par Phillimore, § 238). Le ministre américain Gallatin l'a exposé en 1826 dans un document diplomatique important, (cité par Twiss, *Peace*, § 114). La deuxième règle à suivre disait-il est la suivante : « Le « droit que fonde la première découverte ou le premier établis- « sement n'est pas restreint à la place découverte, au lieu où l'on « s'est établi. Il est impossible de préciser. » Et le diplomate citait l'exemple de l'établissement à l'embouchure d'une rivière.

de l'occupation est en contradiction directe avec la doctrine de l'*effectivité* de l'occupation telle qu'elle résulte des art. 34 et 35 de la déclaration de Berlin.

On ne voit pas pourquoi l'État qui s'installe à la source d'un fleuve n'aurait pas droit à tous le pays qu'il arrose comme celui qui a pris possession de son embouchure. L'intérêt est le même : il s'agit dans un cas de pénétrer au centre des terres, dans l'autre d'avoir libre accès à la mer. Les auteurs du reste, qui admettent le principe, disent qu'il ne faudrait pas l'appliquer au Mississipi par exemple : qui jugera, on se le demande, de la question de savoir si l'étendue de territoire parcouru par le fleuve est trop considérable pour qu'on puisse lui appliquer la règle que l'on essaye de formuler ?

Enfin il est aisé de concevoir que des conflits insolubles puissent s'élever entre ces prétendus principes. Supposez par exemple une côte orientée de l'Ouest à l'Est : un fleuve, dont la direction générale est du Nord-Est au Sud-Ouest, s'y jette dans la mer. Sur ce littoral deux États sont établis : l'un possède l'embouchure ; l'autre s'est fixé à l'Est de celle-ci. Il est évident que la règle de la ligne médiane tracée perpendiculairement à la côte dans la direction de l'intérieur se trouvera inconciliable avec celle qui attribue à l'État possesseur des bouches du fleuve, la souveraineté de tous le bassin qu'il arrose. (1)

135. — Nous l'avons dit plus haut, la notification permettra d'éviter la plupart des difficultés qu'entraîne la

1. Twiss, *Peace*, § 119.

question de savoir jusqu'où s'étend l'occupation. Entendre trop strictement le principe que l'occupation n'est opposable aux tiers que là où elle est effective, pourrait, cela est évident, entraîner de graves inconvénients pratiques. Mais si l'État est obligé d'indiquer quelles sont les limites futures qu'il assigne dans sa pensée à la nouvelle colonie lorsqu'il prend possession d'un territoire, il résulte de l'échange de vues, provoqué par cette communication, une entente entre les États intéressés qui déterminera non pas jusqu'où s'étend l'occupation mais jusqu'où elle pourra s'étendre. On signera un de ces arrangements, si fréquents depuis quelques années, que l'on appelle, traités de délimitation des sphères d'influence respective de deux États. (1) On sera guidé dans ce travail par des considérations géographiques, économiques et politiques.

En résumé, nous repoussons l'idée que, du fait de la possession réelle d'un point déterminé, naisse un droit sur une portion du territoire autre que celle où l'État est établi réellement. Nous repoussons la théorie des limites naturelles de l'occupation : les droits de vicinité, de priorité, de préemption et d'enclave ne peuvent résulter que d'un traité librement consenti entre les États intéressés.

136. — Si avant la Conférence de Berlin, la doctrine était unanime à penser que l'*effectivité* était une condition essentielle de la validité de l'occupation, si les considérations théoriques s'accordaient sur ce point avec les intérêts généraux de la colonisation, la pratique même

1. Cf. § 94.

de plusieurs États était conforme à cette idée et certains gouvernements, comme ceux de la France et de l'Allemagne, l'invoquaient dans leurs négociations diplomatiques et en faisaient l'application dans leurs propres établissements coloniaux (1).

Dans les instructions qu'il adressait, le 8 novembre 1884 à l'ambassadeur de France à Berlin, le Ministre des affaires étrangères d'alors constatait que la prise de possession devait être effective pour entraîner l'acquisition de la souveraineté d'un *territorium nullius*. Elle aura ce caractère si elle est « accompagnée ou suivie de certains actes équivalant à un commencement d'organisation ». M. Jules Ferry faisait remarquer que ce principe était celui qui avait présidé à la formation du domaine colonial français en Afrique. On peut dire d'une façon plus générale que partout où la France s'est établie elle a installé sous le titre de résident ou de commandant un représentant du gouvernement central disposant à la fois du pouvoir militaire et judiciaire. Il faut en faire la remarque, la doctrine de l'*effectivité* rigoureusement appliquée mène tout droit au système de la colonisation par l'État : on peut dire tout au moins qu'elle se concilie mal avec le système de la colonisation par les Compagnies. La France n'avait tout naturellement aucune objection à formuler lorsque

1. En 1826, au cours de négociations engagées entre l'Angleterre et les États Unis, Gallatin, diplomate américain, formulait ainsi la première règle à observer en matière d'occupation : « La priorité « de la découverte donne le droit d'occuper pourvu que l'occupation prenne place dans un temps raisonnable et soit suivie d'un « établissement permanent par la culture du sol. » Cf. Twiss, *Peace*, § 114.

le prince de Bismarck l'invita à faire prévaloir une doctrine qui était depuis longtemps la sienne. L'étendue de ses possessions était assez considérable pour qu'il n'y eût pas lieu de chercher à se « réserver des facilités en vue d'acquisitions nouvelles. » (1)

Puissance exclusivement européenne jusqu'à ces dernières années, l'Allemagne n'avait guère eu d'occasion avant 1885 de se former un système colonial. Cependant elle ne se contenta pas de hisser son pavillon sur les territoires dont elle prit possession en 1884 : au Kamerun, à Angra Pequena, par exemple, elle installa un commissaire impérial. (2) Depuis de nombreuses années du reste, la chancellerie allemande se refusait à reconnaître aucune valeur aux occupations théoriques ou fictives, qu'elle appelait aussi occupation sur le papier. (3)

Les intérêts du gouvernement impérial dans cette question étaient complexes et contradictoires ; on s'en aperçut à l'hésitation de son attitude. Très ardent pour le principe de l'*effectivité* dans les négociations préliminaires engagées avec la France, désireux, non pas comme le cabinet

1. Livre Jaune, p. 53.

2. Meyer, *op. cit.*, p. 37.

3. Stengel, *op. cit.*, p. 30 et n. 1. Cf. une note adressée le 4 mars 1875 au gouvernement espagnol par l'ambassadeur d'Allemagne à Madrid au sujet des Palaos. La chancellerie de Berlin exige déjà toutes les conditions de l'*effectivité* telle que les développera la Conférence de 1885. Le gouvernement anglais se joint au gouvernement allemand pour conclure avec l'Espagne le protocole du 11 mai 1877 et le traité du 7 mars 1885 relatifs à l'archipel des Sulu. On lit à l'art. IV, n° 2, *in fine* :

« Le gouvernement espagnol doit notifier aux gouvernements « anglais et allemands dans chaque occasion où il occupera effec« tivement une portion de l'Archipel des Sulu. »

de Paris, de réduire au strict nécessaire les obligations que l'on imposerait à l'État occupant, le gouvernement allemand finit, au cours des discussions, par prendre le parti de l'Angleterre et par faire admettre la distinction du cas de l'occupation et de celui du protectorat.

On peut penser que la diplomatie allemande avait été frappée tout d'abord par l'idée que, dernière venue entre les Puissances coloniales, l'Allemagne avait tout intérêt à se montrer difficile sur les conditions que devrait remplir l'occupation pour être opposable aux tiers. Elle augmenterait ainsi le nombre des territoires qu'elle pourrait considérer comme *nullius* et dont elle pourrait s'emparer. La liste des *res nullius* tenue avec tant de soin à la chancellerie de Berlin en serait allongée.

Si l'Allemagne a renoncé à ses premières exigences en matière d'*effectivité*, c'est qu'elle s'est aperçue que ce principe se traduirait en fait par une grande dépense d'hommes et d'argent et se concilierait assez mal avec le système de colonisation par les Compagnies et les simples particuliers, prôné par le prince de Bismarck. Ce sont là les raisons qui probablement ont déterminé l'évolution de la diplomatie allemande qui, après avoir commencé la négociation des bases préliminaires de la Conférence d'accord avec la France et en laissant complètement de côté l'Angleterre, a fini par adopter, en partie du moins, dans la matière que nous étudions, les vues de la diplomatie anglaise.

137. — On ne s'est pas contenté à Berlin d'exiger, pour que l'occupation crée un titre de possession exclusive, la

présence de l'État occupant sur le territoire occupé : on lui a imposé certaines obligations précises que nous devons étudier. Elles étaient beaucoup plus nombreuses dans l'avant projet franco-allemand que dans le texte définitif qui n'en contient que deux :

1° Obligation pour l'État occupant d'assurer sur le territoire occupé l'existence d'une autorité ;

2° Obligation de respecter les droits acquis.

Nous examinerons successivement ces deux points.

1° En prenant possession d'un *territorium nullius,* l'État assume l'obligation d'y assurer l'existence d'une autorité. (art. 35).

Comme le dit M. Engelhardt et après lui la déclaration de Lausanne : « L'occupant devra instituer un pouvoir « local responsable, pourvu de moyens suffisants pour « assurer l'exercice régulier de son autorité. » (1) C'est là le trait qui caractérise l'occupation effective, la condition essentielle et primordiale qui doit être remplie pour que le fait même de la prise de possession soit reconnu par les Puissances tierces comme fondant un droit pour l'État occupant. Un gouvernement ne saurait raisonnablement prétendre empêcher les autres États de protéger et de juger leurs nationaux établis sur un territoire désert qu'à la condition de remplir lui-même ce rôle.

Le texte de l'art. 35, avant de parvenir à sa forme définitive, a subi de nombreuses modifications.

Le projet franco-allemand reconnaissait comme incom-

1. Art. I, de la déclaration de Lausanne ; II, b., du projet Engelhardt ; IV, du projet de Martitz.

bant aux Puissances, l'obligation « d'établir et de main-« tenir dans les territoires ou endroits occupés ou pris « sous leur protection une juridiction suffisante.... » (1)

Le projet provisoire de la commission distinguait déjà, contrairement à celui que nous venons de citer, le cas du protectorat du cas de l'occupation. Il imposait à l'État l'obligation d'établir et de maintenir une *juridiction* suffisante dans les territoires occupés, ou une *autorité* suffisante dans le territoire protégé, pour y rendre la justice. (2)

Lorsque la mention du protectorat fut supprimée du paragraphe provisoire qui devait devenir l'art. 35, M. le baron de Courcel proposa et obtint qu'on effaçât les mots « d'établir et de maintenir une autorité suffisante », pour les remplacer par ceux « d'assurer l'existence d'une autorité suffisante ». On sent toute la valeur de cette substitution de termes : on a admis ainsi que l'occupation porterait parfois sur des régions où les institutions seraient assez développées pour être conservées par l'État occupant. (3) Il résulte, en outre, de ce changement fort habile obtenu par l'ambassadeur de France, que les États sont soumis à cette première obligation dans des cas où ils cherchent volontiers à y échapper en prétendant que les institutions locales

1. Livre Jaune, p. 218.

2. *Ibid.*, p. 219.

3. *Ibid.*, Rapport, p. 216; *ibid.*, Rapport Engelhardt, p. 27 et 28; Le projet Martitz, art. IV ; Engelhardt, art. II, *b* : la déclaration de Lausanne, art. I, admettent aussi que les moyens d'assurer l'existence d'une autorité suffisante pourront être empruntés au pays occupé.

sont trop développées pour qu'il y ait lieu à une occupation proprement dite et en appelant protectorat ce qui n'est qu'une occupation déguisée, un pseudo protectorat.

On a refusé de fixer le délai dont jouira l'occupant pour remplir cette obligation : on lui accordera le temps raisonnablement nécessaire. (1)

Les différents États se sont généralement soumis à cette première condition imposée par la Conférence de 1885 pour que leurs occupations soient considérées comme effectives. Les auteurs allemands affirment que le cabinet de Berlin a eu le soin d'installer, partout où l'Empire a fait des acquisitions territoriales, des représentants du gouvernement central, des commissaires impériaux. Il en existe à Kamerun, au Togo, aux îles Marschall. La charte de la Compagnie de la Nouvelle-Guinée n'est concédée que sous la condition que la Compagnie établira et maintiendra une administration de la justice suffisante. Pareille stipulation ne se retrouve pas, il est vrai, dans la charte de la Compagnie allemande de l'Afrique orientale ; et l'on ne saurait dire que cette société ait assuré dans ces parages l'existence d'une autorité suffisante. On peut relever une lacune semblable dans le pays de Witu. (2)

138. — 2° L'État occupant est obligé de respecter les droits acquis. (art. 35).

Cette seconde obligation imposée à l'occupant était déjà mentionnée par l'avant-projet et avait été main-

1. *Ibid.*, Rapport, p. 217.
2. Meyer, *op. cit.*, p. 37 ; pour les détails, p. 168 et s. ; Stengel, *op. cit.*, p. 1-15.

tenue par la commission ; elle fait l'objet de l'art. V de la déclaration de Lausanne.

Il ressort de la discussion qui s'est élevée sur la portée de l'expression droits acquis, qu'il ne s'agit point seulement des droits acquis par l'État occupant ; mais que les droits qui doivent être respectés sont aussi bien ceux des indigènes que ceux des Européens, aussi bien ceux des gouvernements que ceux des simples particuliers, qu'ils soient des droits civils ou qu'ils soient des droits publics, qu'ils aient été acquis antérieurement ou postérieurement à l'occupation. (1)

En un mot ce sont *tous les droits*, de quelque nature qu'ils soient et quels qu'en soient les titulaires, que l'autorité constituée conformément à la prescription précédente respectera ou fera respecter. (2)

On peut les diviser en trois catégories suivant la qualité de celui auquel ils appartiennent.

*a. Droits acquis par un gouvernement autre que le gouvernement occupant ou par des ressortissants d'États civilisés autres que les sujets de celui qui a pris possession du territoire.* — Nous avons déjà vu que l'un des grands avantages que présente la notification, est que cette formalité permet de faire valoir immédiatement toutes les réclamations que peut soulever l'occupation. Elles ne manqueront pas de se produire dans la plupart des cas. On a dit

1. Livre Jaune. p. 204 ; *ibid.*, Rapport, p. 217.

2. Elle les respectera ou les fera respecter suivant les cas : la première expression prévoit une occupation, la seconde un protectorat.

spirituellement que la Conférence africaine avait consacré le droit du second occupant. Le premier occupant, qui a négligé de rendre sa prise de possession effective, ou qui n'a pas su lui conserver ce caractère, ne manquera pas de protester hautement contre la spoliation dont il se prétendra la victime. De nos jours, il n'y a plus beaucoup de territoires qui aient toujours été *nullius*, il y a surtout des *territoria derelicta*.

Presque partout l'État occupant se trouvera en présence de droits acquis par de simples particuliers, par des maisons de commerce, quelquefois par de grandes Compagnies commerciales : il sera tenu de les respecter ; il sera équitable et politique qu'il tienne grand compte de situations et d'intérêts souvent fort respectables (1).

*b. Droits acquis par les sujets de l'État occupant.* — Nous sortons ici du domaine du droit international : c'est une question qui lui est étrangère que celle de savoir dans quelle mesure l'État respectera les droits de ceux de ses sujets qui se sont établis avant lui sur le territoire. On peut rappeler à cet égard que le gouvernement allemand n'a accordé la charte de la Nouvelle-Guinée qu'après que les deux maisons de commerce allemandes établies dans ces régions furent entrées dans la Compagnie (2).

Si une Compagnie ne remplit pas toutes les obligations que lui impose la charte qu'elle a reçue de son gouvernement, celui-ci pourra s'emparer des territoires qu'elle occupe : dans notre opinion, en effet, tous les droits pu-

1. Voyez plus haut, § 124.
2. Voyez plus haut, § 59 le texte de la charte.

blics qu'elle exerce, elle les tient de la charte. Il faudrait, sans doute, donner une autre solution si l'on admettait avec certains auteurs que la charte est une sorte de traité, qu'elle est un accord passé entre deux puissances souveraines (1).

*c. Droits acquis par des indigènes.* — C'est ici que la prescription de l'art. 35 a toute sa portée. Si dans le premier cas en effet, la formalité prescrite par l'art. 34 est une garantie suffisante, si dans le second cas le droit international est incompétent, dans le troisième un texte formel est nécessaire pour condamner et prévenir de graves abus, pour faire du respect des droits des indigènes une obligation de l'État occupant que les autres États peuvent et doivent lui rappeler s'il vient à ne pas la remplir.

Il s'agit ici tant des droits publics que des droits privés des habitants primitifs du sol. Souvent la conclusion d'un traité aura précédé l'occupation : toutes les stipulations devront en être fidèlement observées. On laissera notamment les chefs indigènes exercer les droits de souveraineté qu'ils se seront, dans bien des cas, réservés. En l'absence de traité, la vie, les droits de propriété, tant individuelle que collective, tous les droits des sauvages devront être scrupuleusement respectés (2).

1. Joël et Pann, cité par Meyer, *op. cit.*, p. 155. Cf. plus haut, §§ 45, 68 et s.

2. Voici comment la déclaration de Lausanne a développé la prescription contenue dans l'art. 35 : « Dans les territoires visés « par la présente déclaration, l'autorité respectera ou fera respec- « ter tous les droits privés. Elle respectera notamment et fera res- « pecter la propriété privée, tant indigène qu'étrangère, tant indi- « viduelle que collective. » (Art. V). Voyez l'Appendice.

C'est à peu de chose près l'art. VII du projet Engelhardt. Le pro-

139. — Ce sont là les deux seules conditions qui doivent être remplies par l'État occupant pour que son occupation soit considérée comme effective (art. 35). Mais il faut remarquer que, si l'obligation de rendre la justice n'a pas été mentionnée, c'est qu'on l'a considérée comme découlant naturellement de l'obligation de respecter les droits acquis (1). Si enfin on n'a pas maintenu dans le texte définitif l'obligation de faire observer la paix et si l'on a refusé d'y substituer l'obligation de maintenir l'ordre, c'est que l'on a sagement pensé qu'il serait dangereux de fournir aux États tiers un prétexte commode qui leur permettrait, dans presque tous les cas d'occupation, de mettre en question les droits de l'État occupant. Il sera rare en effet que la paix et l'ordre règnent sans interruption aux débuts d'un établissement dans des pays sauvages (2).

140. — Ceci nous amène à nous demander quelle est la sanction de l'art. 35; quelle est la situation de l'occupant et du territoire occupé lorsque la prise de possession n'a pas eu le caractère d'une occupation effective. La réponse est très simple : l'occupation non effective n'est pas opposable aux États tiers; ceux-ci auront le droit de s'emparer du territoire ou un autre État s'était établi

jet de Martitz, art. VIII s'exprimait ainsi : « L'autorité établie dans « les territoires occupés est tenue de faire respecter les droits ac- « quis soit antérieurement, soit postérieurement, par des indigènes « ou des ressortissants des États civilisés. Par conséquent, pour « acquérir des biens-fonds en domaine, le transfert de propriété de « la part des titulaires est indispensable. »

1. Livre Jaune, Rapport, p. 216.

2. Livre Jaune, Rapport, p. 126; *ibid.*, Rapport Engelhardt, p. 26.

avant eux, parce qu'il est redevenu un *territorium nullius*. Sans doute, il faudra user de certains ménagements. L'État a-t-il négligé d'assurer une autorité suffisante? On le mettra en demeure de le faire. A-t-il méconnu des droits acquis? on cherchera à obtenir satisfaction par la voie diplomatique.

141. — Ainsi, si l'on se demande comment se perd la possession et la souveraineté du *territorium nullius*, il faudra répondre : par la disparition des conditions essentielles pour l'acquérir. Le territoire redeviendra *nullius*, soit parce que l'État l'a abandonné et a perdu à la fois à son égard l'*animus* et le *corpus* ; soit parce que, tout en conservant l'*animus*, l'État n'est plus présent sur le territoire ou que, du moins, il ne remplit plus les conditions exigées par le droit international pour qu'il y ait vraiment *corpus* (1).

Une interruption momentanée de l'exercice de l'autorité de l'État sur le territoire ne serait évidemment pas suffisante pour consommer la perte de la possession. La Conférence de Berlin n'a voulu préciser aucun de ces délais qu'il aurait été si important de déterminer avec exactitude. Elle n'a pas dit combien de temps pouvait s'écouler entre la prise de possession, qui résulte du déploiement du drapeau, et la notification ; ni quel intervalle pouvait séparer cette dernière formalité de l'établissement d'une autorité sur le territoire : on s'est contenté de reconnaître que les conditions de l'*effectivité* im-

1. Voyez plus haut. § 91 ; Heffter, § 72 ; Blüntschli, § 288, n° 2.

pliquaient une idée de durée et de permanence. Elle n'a pas précisé non plus, lorsque les conditions essentielles qui constituent l'*effectivité* ont été remplies, mais ont cessé de l'être, quel serait le délai après lequel le territoire pourrait être considéré comme étant redevenu une *res nullius* (1).

Ce sont là de graves lacunes ; elles pourront être la cause de nombreux conflits dont il faudra demander la solution à la diplomatie. On recourra parfois à l'arbitrage

1. Nous ne voulons pas examiner la question de savoir si la prescription est en droit international un mode d'acquisition de la souveraineté (Voyez Heimburger, *op. cit.*, p. 141 et s.). Mais nous devons attirer l'attention sur un point : il faut prendre garde de confondre la prescription avec l'occupation (*ibid.*, p. 145 et s.).

Lorsqu'un État s'établit sur un territoire qui a toujours été *nullius*, son titre d'acquisition est, cela est certain, l'occupation. Mais s'il prend possession d'un territoire qui a été soumis à la souveraineté d'un autre État, une confusion peut se produire.

Supposons que le *territorium* était véritablement un *territorium derelictum*, c'est-à-dire une *res nullius* : la prise de possession elle-même entraîne l'acquisition de la souveraineté ; le titre est l'occupation. Si le *territorium* n'était *derelictum* qu'en apparence, l'écoulement du temps ne viendra point changer cette prise de possession de fait en une prise de possession de droit ; les réclamations du premier occupant devront être écoutées ; le second occupant n'aura rien acquis. Mais si le premier titulaire ne fait aucune objection à la prise de possession dont le territoire qu'il a possédé a été l'objet, on présumera qu'il y a véritablement *derelictio*, que le territoire est *nullius*. L'acquisition de la souveraineté aura lieu au moment de la prise de possession et le titre de l'État sera l'occupation ; l'écoulement du temps n'aura qu'un effet : il consolidera en fait la situation du second occupant en rendant de jour en jour plus probable la perte chez le premier occupant de l'*animus domini*, et moins recevables les réclamations qu'il pourrait un jour avoir l'idée de formuler.

d'une Puissance amie (1). Mille circonstances pourront amener l'arbitre à reconnaître qu'il y a *derelictio* ou au contraire que le territoire litigieux n'est pas redevenu une *res nullius*. Ce qu'on peut dire de plus précis, c'est que la *derelictio* ne résulte pas de l'impuissance passagère où se trouve la puissance occupante de maintenir son autorité. C'est ce qu'a jugé le Président de la République française le 24 juillet 1875, dans l'affaire de la baie de Delagoa (2).

1. Cf. plus bas, § 155.
2. Calvo, § 1720. Cf. plus haut, p. 81. M. Crispi a soutenu la thèse contraire dans l'affaire de Massaouah. Cf. plus haut, § 91.

# CHAPITRE V

## DES CONSÉQUENCES DE L'OCCUPATION EFFECTIVE

SOMMAIRE

142. Généralités. — 143. De quand date l'occupation ? — 144. Effets de l'occupation sur la propriété du sol. — 145. La liberté commerciale est-elle une condition de l'*effectivité* ? — 146. Devoir de l'occupant vis-à-vis des habitants du territoire occupé : — 147. Esclavage et traite. — 148. Liberté religieuse. — 149. Commerce des boissons fortes. — 150. De la juridiction sur le territoire occupé : — 151. *A*. Occupation par une Compagnie. — 152. 1° qui obtient une charte d'un gouvernement ; — 153. 2° qui se transforme en État. — 154. *B*. Occupation par un État.

142. — Quelles sont les conséquences de la prise de possession d'un *territorium nullius*, lorsque toutes les conditions que nous avons étudiées ont été observées. L'État acquiert des droits de souveraineté sur le pays et sur ses habitants : celui-là devient partie intégrante du territoire national ; ceux-ci sont désormais les sujets de la puissance occupante ; le territoire comme les indigènes tombent sous l'application des lois de la métropole.

Il semble que nous pourrions en rester là : ce n'est plus désormais le droit international, mais le droit colonial qui sera compétent pour régler les questions relatives à la nouvelle colonie. Cela est vrai dans une certaine mesure. Le droit international ne se désintéresse pas cependant immédiatement du territoire récemment approprié. Dans l'intérêt de la civilisation et de l'humanité, il veille sur les débuts de l'œuvre colonisatrice. L'article 6 de l'Acte de Berlin répond à cette préoccupation; sa portée géographique est strictement limitée par l'article 1. Mais on peut cependant considérer qu'il exprime les vœux des Puissances sur la façon dont les États doivent administrer leurs nouvelles acquisitions en quelque partie du monde qu'elles soient situées. Aussi M. Engelhardt a-t-il généralisé et développé cet article 6 et la déclaration de Lausanne l'a suivi dans cette voie.

D'autre part, l'occupation une fois effectuée entraîne des conséquences à l'égard des États tiers et de ceux de leurs ressortissants qui étaient établis sur le territoire avant la prise de possession.

Nous étudierons donc les conséquences de l'occupation dans les rapports : 1° de l'État occupant et des indigènes; 2° de l'État occupant, des États tiers et de leurs ressortissants.

143. — *De quand date l'occupation ?* — Le principal effet de l'occupation est de placer le territoire occupé avec tout ce qu'il contient sous la souveraineté de l'État occupant dont la législation devient seule applicable (1). Ce changement se produit à l'égard des indi-

1. Nous ne pensons ici qu'au cas de l'occupation proprement dite. Est-on en présence d'une occupation *qualifiée*, les traités qui l'ont précédée peuvent avoir stipulé le maintien au profit des indigènes de leurs coutumes et de leurs usages. Il en est ainsi, *a fortiori*, dans le cas de l'établissement d'un protectorat.

gènes du jour où le drapeau a été arboré sur le territoire, ou du jour de la conclusion d'un traité avec leur chef ; à l'égard des États tiers et de leurs sujets, du jour de la notification : cette formalité n'est en effet exigée que dans l'intérêt des Puissances tierces qui sont censées ignorer jusque-là le fait de la prise de possession. (1) Rappelons que dans le cas d'un mandat général, comme dans celui d'un mandat tacite, l'acquisition de la souveraineté n'aura lieu qu'au moment où l'État saura quelle est l'étendue et la situation des territoires occupés ; et dans celui de la *negotiorum gestio*, au moment de la ratification. (2)

Si nous supposons que le sujet de l'occupation est un État, ces quelques indications peuvent suffire. S'il s'agit d'une Compagnie, il faut dire que l'occupation en souveraineté n'aura pas lieu avant le moment où une charte lui sera concédée, ou, si de la société privée naît un État, avant celui où cette transformation se sera opérée.

Deux effets de l'occupation se produisent alors définitivement : 1° le territoire occupé cesse d'être *nullius* à l'égard de tous les États ; ce point ne demande pas de développements ; 2° il devient territoire de la nation occupante. C'est là une conséquence que nous devons examiner.

1. La législation de l'État occupant devient-elle *ipso facto* applicable dans tout le territoire occupé. Ne faut-il pas qu'il y ait une promulgation ? La question est délicate. La seconde solution paraît être cependant la seule qui soit rationnelle.

2. Cf. § 40, § 43.

144. — *Effets de l'occupation sur la propriété du sol.* — Nous avons vu plus haut que l'occupant était obligé de respecter les droits acquis et qu'il faut entendre sous ce mot aussi bien les droits de propriété mobilière et immobilière des indigènes que ceux des Européens. L'occupation n'a donc aucun effet relativement à la partie du sol qui est appropriée. Les droits de tous seront mieux définis et plus assurés de trouver protection s'ils viennent à être lésés. En vertu de son pouvoir souverain, l'État occupant donnera l'organisation qu'il lui plaira au régime des terres, question capitale en matière de colonisation, sauf le respect qu'il doit : 1° aux droits acquis ; 2° aux stipulations du traité qu'il aura peut-être conclu avec les chefs locaux et qui le plus souvent contiendront certaines dispositions sur ce point.

Mais que deviendront les terres qui n'appartiennent à personne ? resteront-elles *nullius* au point de vue de la propriété après comme avant l'occupation ? tomberont-elles dans le domaine privé de l'État ?

La souveraineté territoriale n'implique point la propriété du sol : cependant le plus souvent l'État se considérera comme propriétaire de tous les biens sans maître que contient le territoire où il s'est établi (1). Ce sera, si la France est le sujet de l'occupation, une conséquence qu'il faudra tirer de l'article 713 du Code civil.

1. Cela résulte de l'occupation même pour les publicistes qui pensent que la souveraineté emporte la propriété du sol. Cf. plus haut, § 2 et 3. Vattel dit par exemple que la nation qui occupe un pays désert, occupe en même temps l'Empire et le domaine (I, § 201). Grotius de même, L. II, Ch. III, § XIX, n° 2. Cf. Heimburger, *op. cit.*, p. 18 ; p. 29, n° 1.

L'Angleterre et les États-Unis sont arrivés à la même conclusion, mais en vertu de la théorie fausse du domaine éminent et de ce droit de propriété supérieur que le souverain possède sur tous les biens de ses sujets.

On comprend l'importance, au point de vue de la question coloniale, de la règle qui attribue à l'État la propriété des biens sans maître. Les colons devront acheter ou recevoir gratuitement leurs terres du gouvernement : ils seront les ayants cause de l'État ; leur titre sera dérivé et non pas originaire. L'acte de concession pourra contenir des clauses relatives à la culture du sol, imposer des conditions que le titulaire devra remplir sous peine de voir tomber son titre (1).

Ce système est celui qui est le plus généralement suivi dans la colonisation moderne. Au budget de presque tous les États colonisateurs figure, comme prévision de recette, le produit d'aliénations du domaine colonial.

Lorsque la colonie s'est développée, l'État a parfois à compter avec les prétentions de l'administration locale au sujet de la propriété des portions du territoire que l'on peut considérer comme vacantes. Depuis 1884, le conseil général de Nouméa, par exemple, est en conflit perpétuel avec les représentants de la métropole à propos de la question du domaine en Nouvelle-Calédonie. Jusqu'à cette époque, l'administration locale s'était arrogé le droit de vendre et de louer tous les terrains de l'île qui n'étaient occupés ni par des particuliers, ni par les ser-

1. Bluntschli, § 277. Leroy-Beaulieu dit : « Le régime des terres « vacantes et leur mode d'appropriation est peut-être le point prin- « cipal de tout système colonial » (*op. cit.*, p. 101).

vices pénitenciers. L'art. 2 du décret du 16 août 1884 décida que les terres actuellement occupées par des indigènes, qui deviendraient libres et vacantes, feraient retour à l'État. Le droit de l'État paraît incontestable s'il n'en a pas fait cession, à un moment donné, à la colonie (1).

145. — *Quelle est la situation du territoire occupé au point de vue commercial ?* — Il faut prendre garde sur ce point de commettre une erreur : plusieurs auteurs se sont figuré à tort que, parmi les conditions essentielles de l'*effectivité*, suivant l'art. 35 de la déclaration de Berlin, figurait la liberté du commerce et du transit. M. de Martens semble le supposer (2). Les termes assez ambigus de l'art. 35 expliquent facilement que l'on puisse en tirer cette conclusion erronée : « L'État occupant reconnaît l'obligation de faire respecter, le cas « échéant, la liberté du commerce et du transit dans « les conditions où elle serait stipulée. »

Le mot « garantie », employé par l'avant-projet, a été remplacé dans le projet de la commission par celui d' « établie », auquel on a substitué celui de « stipulée. »

Quelle est au juste la portée de cette disposition ? Que signifient notamment les mots « le cas échéant ? » Pour le comprendre, il faut dire un mot des négociations préliminaires auxquelles donna lieu, entre le cabinet de

1. Cf. à propos de ce conflit, *Débats* du 30 janvier 1889.
2. Martens, R. D. I. XVIII, p. 265.

Berlin et celui de Paris, la question de savoir quel serait le régime commercial des territoires occupés le long de la côte d'Afrique. L'Allemagne désirait étendre le plus possible le système libéral que les Puissances allaient appliquer au bassin du Congo : elle demandait à faire rentrer parmi les conditions essentielles de l'occupation, le principe de la liberté commerciale.

Le sentiment du gouvernement français fut différent. Il pensa qu'il n'était pas possible d'imposer par anticipation une pareille servitude aux gouvernements qui s'établiraient en Afrique. On aurait pu être tenté d'invoquer cette disposition pour l'appliquer même en dehors du littoral africain. Les mots « le cas échéant » signifient d'après le témoignage du diplomate le mieux qualifié pour en donner l'interprétation : « en prévision du cas où le territoire occupé aurait été ouvert au commerce par convention spéciale » (1).

On ne s'explique plus très bien alors le but du maintien de ce membre de phrase dans l'art. 35. En effet, l'occupant a-t-il signé une convention, il est lié par la convention et non pas par l'art. 35 ; est-il libre de tout engagement, il pourra, sauf dans la région déterminée par l'art. 1, établir tel régime commercial qu'il lui plaira sur le territoire par lui occupé. On pourrait dire cependant que la Conférence de Berlin a voulu simplement consacrer pour l'État occupant, « le cas échéant », c'est-à-dire s'il s'y est engagé par traité, l'obligation d'assurer en fait en prenant les dispositions nécessaires, l'exercice de la liberté

1. Engelhardt, R. D. I. XVIII, p. 436 ; Livre jaune, p. 27 et p. 217.

commerciale sur le territoire dont il a pris possession. La déclaration de Lausanne ne fait pas mention de la liberté commerciale.

L'État occupant a le droit d'établir des taxes de toute espèce, commerciales ou autres, sur le territoire occupé : rien ne vient en principe limiter sa liberté d'action à ce point de vue. Il devra respecter les traités qu'il aura signés avec les chefs locaux : ceux-ci se seront souvent réservé la faculté d'imposer leurs sujets. Avant d'avoir notifié sa prise de possession aux Puissances, l'État ne saurait lever, sur les ressortissants d'États tiers, de taxes autres que celles qu'il a trouvées établies sur le territoire (1). Les Compagnies obtiennent le plus souvent avec leur charte le droit de percevoir des impôts (2).

146. — *Devoirs de l'occupant vis-à-vis des habitants du territoire occupé.* — L'art. 35 de la déclaration de Berlin est d'un laconisme regrettable sur ce point ; il faut suppléer à son silence au moyen de l'art. 6 du même Acte : on peut admettre qu'à l'heure actuelle le droit international reconnaît à la charge de l'État occupant, *l'obligation d'améliorer le sort de ses sujets* (3). C'est là une

1. C'est le cas qui s'est présenté à Massaouah.
2. Cf. sur ce sujet Meyer, *op. cit.*, p. 225, 226 et 227 pour les Compagnies ; p. 227, 228, 229 pour le droit qu'a l'Empire allemand en ce domaine même dans les territoires concédés à des Compagnies ; p. 230 pour les chefs indigènes.
3. Cf. Meyer, *op. cit.*, Ch. V « *Die rechtliche Stellung der Bevolkerung der deutschen Schutzgebiete* ». Le § 3 est consacré aux indigènes. Meyer reconnaît qu'ils ont droit quant à leur personne et à leurs biens à la protection de l'Empire (p. 109).

obligation positive pour celles d'entre les Puissances qui s'établissent dans le bassin du Congo : elles ne sauraient trouver de bonnes raisons pour s'y soustraire ailleurs. Aussi l'Institut de droit international a-t-il pu poser le principe suivant dans son article VI : « Ladite autorité « veillera à la conservation des populations indigènes, à « leur éducation et à l'amélioration de leur condition « morale et matérielle. »

Nous dirons quelques mots de la situation du territoire occupé au point de vue de l'esclavage et de la traite, de la liberté religieuse et du commerce des boissons fortes (1).

147. — *Esclavage et traite.* — Parmi les conditions essentielles de l'*effectivité* que devait énumérer l'art. 35 de la déclaration de Berlin, le plénipotentiaire portugais proposa d'imposer à l'État occupant « l'obligation de rendre effective l'abolition de l'esclavage. » Le comte de Launay se joignit à son collègue pour soutenir cet amendement que la commission a repoussé, non sans raison semble-t-il (2).

Un État ne peut pas changer du jour au lendemain les institutions du pays où il s'établit : il n'aura pas toujours une complète liberté d'action ; il sera souvent lié sur ce point par les stipulations du traité qui aura précédé son occupation (3). La déclaration de Lausanne qui dans son article IX s'est inspirée des articles 6 et 9 de

1. Cf. sur l'art. 6, Moynier, *la fondation de l'État du Congo*, p. 31 et s.

2. Livre jaune, p. 198 et 218.

3. Livre jaune, p. 191 ; *ibid.*, Rapport, p. 217.

l'Acte de Berlin, a gardé la juste mesure ; elle n'a pas perdu de vue les nécessités pratiques et a pensé avec raison qu'il ne fallait pas demander trop si l'on veut obtenir quelque chose.

Il faut distinguer la traite de l'esclavage.

La traite est absolument interdite : le territoire occupé ou seulement protégé ne pourra servir ni de marché ni de voie de transit aux marchands d'esclaves. (1)

L'esclavage, en tant qu'institution locale est toléré : il sera graduellement aboli. Les indigènes seuls auront le droit d'avoir des esclaves ; ceux qui n'appartiennent pas au pays ne pourront pas même en employer pour leur propre service. Le commerce des instruments de supplice dont se servent les propriétaires pour châtier leurs esclaves sera interdit. (2) Sur le territoire occupé, l'esclavage doit donc disparaître à brève échéance; en attendant, les esclaves seront sous la protection de l'État civilisé qui cherchera à améliorer leur situation. C'est dans cet esprit qu'est conçu l'art. 10 de la charte concédée à la Compagnie anglaise de l'Afrique orientale (3).

Il faut relever au point de vue de l'esclavage la différence qui existe entre le cas de l'annexion et celui du protectorat. Y a-t-il occupation pure et simple, la législation du pays occupant devient applicable sur le territoire occupé ; c'est dire que lorsque le sujet de l'occupation sera un État civilisé, l'esclavage disparaîtra. Il y

1. Acte de la Conférence africaine, art. 6 et 9 ; déclaration de Lausanne, art. IX; Projet Engelhardt, art. XI; Projet de Martitz, art. IX.

2. *Ibid.*

3. Voyez à l'Appendice.

aura lieu de prendre des mesures transitoires qui seront presque toujours nécessaires. Y a-t-il établissement d'un simple protectorat, la souveraineté intérieure de l'État protégé reste intacte en principe. Aussi l'esclavage subsistera-t-il si la législation locale consacre cette institution. Mais l'État civilisé ne remplirait pas tous ses devoirs internationaux s'il n'usait pas de la grande influence qu'il exerce à raison de sa situation, pour amener, si les circonstances le permettent, un changement dans les institutions du pays qu'il protège. Il va sans dire que, quel que soit le cas dans lequel on se trouve, les ressortissants d'un État civilisé ne peuvent devenir propriétaires d'esclaves.

148. — *Liberté religieuse* (1). — L'État occupant doit couvrir de sa protection toutes les entreprises religieuses, scientifiques ou charitables. Il ne doit faire aucune différence entre elles à raison du culte ou de la nationalité de leurs promoteurs : mais il a naturellement à leur égard un droit de surveillance et veillera à ce que leur action ne porte pas atteinte en définitive à ses intérêts politiques.

L'article VII de la déclaration de Lausanne consacre au profit de tous les habitants du territoire occupé la li-

1. Cf. Lausanne, art. VII; Engelhardt, art. VIII et IX; de Martitz, art. VIII; Acte de Berlin, art. 6. Le Reichstag allemand a repoussé à deux reprises différentes la proposition qui lui était faite d'étendre l'art. 6 de l'Acte de Berlin aux colonies allemandes en général. L'expulsion de deux religieux français du territoire de Kamerun a donné lieu à une vive discussion au parlement allemand, le 28 novembre 1885. Cf. Meyer, p. 215-217.

berté de conscience et la faculté d'exercer librement tous les cultes. Cependant les pratiques contraires aux lois de la morale et de l'humanité seront proscrites. Cette dernière disposition paraît inutile et dangereuse; la notion de l'ordre public fournit au gouvernement une arme suffisante sans qu'il soit nécessaire de consacrer son droit par un article spécial. Ce texte pourrait servir de base à toutes sortes de persécutions.

Tous les gouvernements souscriraient-ils à cet art. VII comme ils le feraient certainement pour celui qui concerne la traite et l'esclavage? On peut en douter: pour beaucoup d'entre eux ce serait accorder aux colonies un régime beaucoup plus libéral que celui de la métropole. Ce ne serait pas il est vrai la première fois que pareille anomalie se produirait: l'histoire des colonies anglaises et françaises en fournit des exemples (1).

149. — *Commerce des boissons fortes.* — Le principe de la liberté commerciale aurait dû recevoir sur ce point une atteinte justifiée par les maux incalculables que cause l'alcool aux populations indigènes. La Conférence de Berlin n'a pas voulu écouter ceux qui lui demandaient au nom de l'humanité d'entraver le commerce des spiritueux dans le bassin du Congo. (2) L'alcool a trouvé ses défenseurs : on peut citer comme l'un d'eux l'ancien gouver-

1. Il faut citer l'article 11 de la charte anglaise de l'Afrique orientale qui est inspiré par l'esprit le plus libéral. Cf. à l'Appendice.

2. Les plénipotentiaires ont cependant émis le vœu de voir une entente s'établir à ce sujet. Cf. projet de M. de Martitz, note de l'article IX.

neur de Kamerun, M. Büchner, qui prétend que le « schnaps » ne fait aucun mal aux nègres de la région et que c'est même un excellent moyen de les exciter au travail. (1)

Tant que les Puissances civilisées, qui aiment à se parer du nom de Puissances chrétiennes, n'auront pas pris des mesures énergiques pour arrêter l'alcool sous toutes ses formes à la frontière des territoires qu'elles occupent, on pourra douter de la sincérité de leur désir d'améliorer les conditions morales et matérielles d'existence des sauvages.

L'Institut a voté à l'unanimité l'art. suivant : « Le débit « des boissons fortes sera règlementé et contrôlé de façon « à préserver les populations indigènes des maux prove- « nant de leur abus. » (Art. X). (2)

Ce vœu sera-t-il entendu ? Il faut l'espérer ; mais combien de fois les intérêts du commerce n'ont-il pas prévalu sur ceux de l'humanité : notre siècle a vu l'opium imposé à la Chine par l'Angleterre. (3)

150. — *De la juridiction sur le territoire occupé.* — En prenant possession d'un territoire sans maître, l'État acquiert un droit de juridiction sur tous ceux qui l'habitent : c'est l'une des manifestations de son droit de souveraineté. Toutes les autres juridictions qui pouvaient exister sur le territoire disparaissent devant la sienne.

1. *Col. Zeitung*, 1886, p. 162.
2. Engelhardt, art. XIII ; Martitz, art. IX.
3. Cf. Moynier, *la Fondation de l'État du Congo*, p. 37.

Tel est le principe : il n'est pas absolu.

L'installation d'un pouvoir judiciaire est bien l'une des obligations que doit remplir l'occupant, elle résulte de l'obligation de respecter les droits acquis. Mais il faut remarquer d'une part que l'occupant ne pourra pas toujours se conformer à la prescription de l'art. 35 : en fait, nous l'avons vu, ce rôle est souvent joué par une Compagnie ; c'est une première situation que nous devons examiner. Même lorsque c'est l'État qui prend possession du territoire, il se passera le plus souvent un temps assez long avant que l'administration de la justice y soit organisée d'une façon satisfaisante. Pendant un temps, plusieurs lois pourront coexister sur le territoire : situation délicate dont il faudra dire quelques mots.

D'autre part, il ne faudra pas perdre de vue que tous les habitants du territoire ne seront pas, dans tous les cas, justiciables des mêmes autorités : il faut distinguer, à cet égard, les indigènes (1) des ressortissants d'États civilisés et, parmi ceux-ci, les sujets de l'État occupant des sujets d'un État tiers.

151. — A. *Occupation par une Compagnie.* — Une Compagnie privée n'étant pas une personne du droit international, ne saurait, en principe, exercer aucun droit de souveraineté ni, par conséquent, avoir aucune juridiction

1. Il serait intéressant de donner une définition exacte du mot : indigènes. Il n'est pas facile de le faire. Le Reichstag allemand n'y est pas parvenu. Cf. sur ce point, Meyer, *op cit.*, p. 178. Les indigènes restent très souvent soumis à la juridiction de leurs chefs. Leur situation à cet égard varie à l'infini suivant les termes des traités. Cf. Meyer, *op. cit.*, p. 166 et s.

sur les habitants du territoire qu'elle occupe. Elle ne peut juger en son nom, elle ne peut le faire qu'au nom d'autrui. La plupart des traités que les associations privées ont l'habitude de passer avec les chefs indigènes leur confèrent, il est vrai, un droit de juridiction générale. Une pareille convention ne saurait avoir d'effet qu'entre ceux qui l'ont passée; elle n'entraîne aucune conséquence relativement aux sujets des États civilisés. En effet, le chef indigène ne saurait céder plus de droits qu'il n'en a, et aucun État n'a jamais admis que ses sujets fussent soumis à la juridiction de petits princes nègres à demi-sauvages. Or, ce n'est qu'au nom et comme représentant du cédant ou en qualité de cessionnaire de droits de souveraineté et non pas en vertu d'un doit propre qu'elle tirerait de sa prise de possession, qu'une Compagnie pourrait prétendre exercer des droits de juridiction.

Prenons un exemple. Par le traité de Palaballa, l'Association africaine a obtenu, le 19 octobre 1884, de différents petits rois du centre de l'Afrique, entre autres prérogatives, le droit d'arbitrage entre les chefs et les indigènes. Sur ce point, il n'y a point d'objection à présenter. Mais l'article continue et reconnaît ce droit à l'égard de « tous les étrangers de n'importe quelle couleur ou de quelque nationalité qu'ils soient », ainsi que le droit de « décider les affaires » entre tous les habitants du territoire. Il est évident que ces stipulations étaient absolument dénuées de valeur.

Nous pouvons citer un traité récent dans lequel les véritables principes paraissent avoir été observés. L'art. 2

du traité conclu le 28 avril 1888 entre Seyyd Khalifa-bin-Said et le consul allemand agissant pour le compte de la Compagnie de l'Afrique Orientale autorise la société allemande à établir des cours de justice en différents endroits de la côte de Zanzibar. Mais la nomination de ces magistrats sera faite au nom du Sultan et la justice sera rendue en son nom. Qui sera justiciable de ces tribunaux? Ceux d'entre les habitants de la côte qui étaient précédemment soumis à l'autorité du Sultan de Zanzibar : les droits des sujets des Puissances étrangères sont formellement réservés (art. 1er).

152. — La Compagnie peut obtenir une charte d'un gouvernement ; il se peut aussi qu'elle se transforme en un État indépendant et qu'elle finisse par être reconnue comme tel par les autres États. Ces deux cas demandent à être examinés séparément.

*Premier cas.* — La concession d'une charte équivaut à la prise de possession du territoire par l'État qui la concède, ou à la ratification de la prise de possession opérée auparavant par la Compagnie agissant en qualité de *negotiorum gestor* ; la notification de la concession remplace la notification de la prise de possession.

A partir de ce moment le pays est soumis en droit à la souveraineté de l'État : elle s'exerce par l'intermédiaire d'une Compagnie. Celle-ci jusqu'ici n'a pu avoir aucune juridiction sauf sur les indigènes en vertu des traités passés avec les chefs. La charte lui imposera l'obligation de satisfaire à l'art. 35 de la déclaration de Berlin, d'établir une organisation de la justice suffisante sous la haute surveillance, le plus souvent, d'un représentant de l'État. Il est évident que la juridiction de la Compagnie, qui n'est autre que celle de l'État, s'étend à tous les habitants du territoire, à tous ceux d'entre eux du moins qui y seraient soumis si la colonie au lieu d'être une *Charter-Colony* était une *Crown-Colony*.

Dans la charte de la Compagnie allemande de l'Afrique orientale, l'Empereur d'Allemagne octroie à la société « la juridiction sur les indigènes, ainsi que sur les sujets de l'Empire ou d'autres nations. » La charte de la Nouvelle-Guinée impose pareillement à la société l'obligation « d'organiser une administration judiciaire. » (1)

153. — *Deuxième cas.* — Il se peut que la Compagnie se transforme en État. Souvent elle sera reconnue comme tel avant d'être parvenue a un degré de développement suffisant pour pouvoir rendre une justice impartiale et prompte et assurer protection à tous les intérêts. C'est ce qui s'est présenté pour l'Association africaine. Les gouvernements n'étaient pas disposés pour la plupart à reconnaître sans réserves la nouvelle souveraineté. Il en serait résulté que tous les Européens établis au Congo se seraient trouvés soumis aux autorités et aux lois congolaises : en fait ils auraient été absolument privés de protection juridique. Aussi les différentes Puissances réglè-

1. Voyez pour les détails, Meyer, *op, cit* , p. 159 et s. La Compagnie de la Nouvelle-Guinée agissant conformément à sa charte et à l'ordonnance du 7 juillet 1888 vient d'établir deux tribunaux et de promulguer un Code très sévère dont les Européens sont justiciables comme les indigènes, *ibid.*, p. 171. Cf. charte de la *Royal Niger Company* et de l'*East African Bristih Association*, à l'Appendice.

rent-elles cette situation dans une série de traités passés avec l'Association. (1)

Jusqu'au moment où le service de la justice aura été organisé au Congo, chacune des Puissances réserve à ses consuls respectifs le droit d'établir un tribunal consulaire exclusivement compétent au civil comme au criminel, à l'égard de la personne de ses sujets comme de leurs propriétés et appliquant leur loi nationale.

Il est inutile d'entrer dans l'examen de ces dispositions : il suffit d'en avoir indiqué le principe. On ne peut se dissimuler qu'il y a là une grave atteinte portée à la souveraineté de l'État naissant : c'est quelque chose comme le régime des capitulations appliqué pour des raisons analogues à celles qui le rendent nécessaire dans les pays musulmans.

On peut donc dire que pendant un temps, la juridiction sur le territoire occupé sera partagée entre les consuls et les autorités du nouvel État : celles-ci n'auront juridiction pleine et entière qu'à l'égard des indigènes et de leurs propres sujets.

C'est là un état de choses anormal et forcément transitoire.

154. — B. *Occupation par un État*. — L'une des conséquences de l'occupation est de transformer les indigènes en sujets (2) de l'État occupant et de les rendre par con-

1. Voyez Livre jaune, annexe 1, au protocole IX. Il suffira de lire un de ces traités ; par exemple la convention entre les Pays-Bas et l'Association internationale du Congo, art. 5 et s.

2. Cf. Meyer, *op. cit.*, 100 et 109. Les indigènes deviennent des sujets mais non pas des citoyens de l'État occupant.

séquent justiciables des tribunaux qu'il installe dans le pays. Le plus souvent on créera une législation spéciale appropriée à la situation de la nouvelle colonie : il sera habile de respecter le plus possible les mœurs et les traditions du pays (1). On trouve à cet égard d'excellentes dispositions dans les chartes anglaises : la *Royal Niger Company*, par exemple, si elle se conforme aux ordres du gouvernement anglais, doit avoir égard dans l'administration de la justice aux lois et aux coutumes du peuple auquel les parties appartiennent ; et l'art. 10 de la charte accordée récemment à la société anglaise de l'Afrique orientale contient une prescription analogue. On doit penser que le gouvernement anglais règle sa conduite personnelle sur les excellents principes qu'il professe dans ces documents.

Souvent du reste les chefs locaux stipulent, avant de consentir à l'occupation, que l'organisation et les coutumes existantes seront conservées. Sans s'y être engagé par traité, l'État trouvera parfois qu'il est de son intérêt de maintenir pour un temps les institutions établies.

Provisoirement, le système de la personnalité des lois régnera sur le territoire occupé : les indigènes seront soumis à leurs anciennes coutumes, soit qu'elles soient appliquées par leurs propres chefs comme auparavant, soit que l'État lui-même, par tolérance, les fasse respecter par ses magistrats ; les sujets de l'État occupant sont naturellement soumis à leur loi nationale qui est devenue la loi territoriale. Mais ce qui est véritablement embarras-

1. Meyer, p. 177. Voyez le chapitre IX de son ouvrage : « *Die Gesetzgebung in den deutschen Schutzgebieten.* »

sant, c'est la situation juridique des sujets d'États civilisés autres que l'État occupant.

Lorsque des sujets anglais, par exemple, s'établissent sur une côte, qui n'est soumise à l'exercice d'aucune souveraineté, la question se pose de savoir à quelles lois, à quelle juridiction, ils seront dorénavant soumis. En principe, ils devraient échapper à toute application des lois anglaises ayant un caractère territorial ; et quant à celles qui ont un caractère personnel, on ne voit pas, sur une côte déserte, qui serait en état de les faire respecter. Les sujets d'États civilisés établis sur un *territorium nullius* seraient donc dépourvus de toute protection juridique. Cette solution est inadmissible en pratique : aussi considère-t-on qu'ils restent soumis, soit à leur loi nationale, soit à la législation spéciale en vigueur dans la colonie la plus voisine de l'endroit où ils se trouvent qui est une dépendance de leur patrie. Avant les récentes acquisitions faites par l'Allemagne dans le Sud de l'Afrique, par exemple, l'application des lois de la colonie du Cap et la compétence de ses cours de justice s'étendaient à tous les sujets britanniques établis dans l'Afrique australe, au Nord du 25e parallèle, pour autant toutefois qu'ils ne s'y trouvaient pas sous la juridiction d'un autre gouvernement civilisé.

Mais les lois sont comme n'existant pas lorsque personne n'a le droit d'en faire l'application : de là la nécessité d'installer sur tous les points où quelques sujets européens se trouvent établis, des sortes de consuls investis de pouvoirs judiciaires, chargés de juger les cas urgents ou peu graves et de soumettre à la décision des tribunaux coloniaux voisins les affaires plus importantes.

Lorsqu'une Puissance civilisée vient à établir sa souveraineté sur ce pays jusqu'alors désert, on ne peut maintenir l'extension d'une juridiction que justifiaient auparavant l'absence de toute souveraineté et les nécessités pratiques. On peut donc dire : l'établissement d'une Puissance sur un territoire inoccupé a pour effet de soustraire les habitants civilisés de ce territoire à la juridiction de leurs tribunaux d'origine et de les soumettre à sa propre juridiction. On comprend donc que le premier devoir de l'État occupant soit d'assurer, dans le plus bref délai possible, une protection juridique efficace à tous ceux qu'il trouve établis sur le territoire. Il devra, conformément à l'art. 35 de la déclaration de Berlin, créer des pouvoirs propres à assurer le respect des propriétés acquises et la sécurité des opérations commerciales, établir une juridiction et une force armée suffisante pour faire exécuter ses décisions et maintenir l'ordre et la tranquillité. (1)

Ce ne sera pas l'œuvre d'un jour : quelle sera la situation juridique des habitants, sujets d'États étrangers, en attendant qu'elle soit achevée ?

On n'a pas résolu la question à Berlin bien qu'elle eût été prévue et examinée au cours des négociations qui précédèrent la réunion de la Conférence. La diplomatie allemande proposait d'admettre un principe qui paraît fort raisonnable : tant que l'État occupant n'aurait pas installé une juridiction nationale, les États tiers auraient eu

1. Voyez la correspondance diplomatique échangée entre les cabinets de Berlin et de Londres au sujet d'Angra Pequena et de Kamerun. On trouvera notamment deux dépêches intéressantes dans l'ouvrage de Banning, *op. cit.*, p. 61 et s.

le droit de maintenir une juridiction consulaire sur le territoire occupé. Tant que le gouvernement étranger n'aura pas pris les mesures nécessaires à une bonne organisation de la justice, aurait-on dit, les consuls étrangers garderont le pouvoir qu'ils avaient auparavant sur leurs nationaux. Il n'y aura pas ainsi de solution de continuité fâcheuse entre l'ancien état de choses et celui qui doit lui succéder.

La Conférence de Berlin n'a pas eu à se prononcer sur la question. La suggestion allemande n'avait pas été bien accueillie au quai d'Orsay. On faisait observer que « la « déclaration qui autoriserait l'exercice d'une juridiction « étrangère porterait atteinte à la souveraineté territo- « riale et serait le plus souvent une cause de conflits en- « tre le résident et les consuls magistrats. » (1)

Remarquons que l'occupation n'étant pas opposable aux États tiers avant la notification, les gouvernements, au moment où communication de la prise de possession leur sera faite, trouveront une occasion favorable pour refuser de reconnaître la validité de l'occupation si l'État occupant ne consent pas à signer une convention consacrant le maintien de la juridiction consulaire. Il ne saurait être question d'une atteinte portée à la souveraineté de l'occupant puisque les consuls ne conserveront leurs attributions que de son plein gré et d'une façon provisoire. Les conflits pourront être évités si la convention détermine avec quelques détails la compétence respective des consuls et des résidents.

1. Engelhardt, R. D. I, XVIII. p. 437.

# CONCLUSION

SOMMAIRE

155. Importance actuelle et dans l'avenir de la théorie de l'occupation. Conflits qui naissent de l'occupation ; comment on peut les régler.

155. — Au moment de terminer ce travail, il nous vient une inquiétude : notre sujet présente-t-il un intérêt assez actuel et assez pratique pour justifier le développement que nous lui avons donné ?

L'occupation a-t elle encore dans l'avenir un rôle à jouer ? Nous le croyons. Il y aura longtemps des territoires qui seront *nullius* au point de vue du droit international ; nous dirions volontiers qu'il y en aura toujours, car on peut s'attendre à voir la doctrine et la pratique des États devenir de plus en plus exigeantes en matière d'*effectivité*. Ensuite, il ne faut pas oublier que le percement des isthmes et les exigences de la navigation à vapeur ont donné, depuis quelques années, une importance réelle à de nombreux îlots, à de simples rochers, dédaignés jusque-là par tous les gouvernements. On tient à planter son pavillon sur les routes nouvelles ouvertes aux navires ; on se voit forcé de multiplier le plus possible les dépôts de charbon. Un rocher comme Obock prend soudain de l'importance. L'ouverture du canal de Panama, escomptée longtemps à l'avance, a été la cause depuis dix ans de nombreuses prises de possession d'îles situées dans l'Océan Pacifique. Le même phénomène peut se reproduire.

Enfin, la naissance de nouveaux États; chez les anciens États, restés durant des siècles exclusivement européens, l'éveil du désir d'avoir des colonies; chez tous les peuples le besoin insatiable, et irraisonné parfois, d'augmenter le nombre de leurs possessions et de se créer un empire dont on puisse dire que le soleil ne s'y couche jamais; la noble ambition chez le Français de contribuer à la formation d'une « plus grande France » et le rêve chez l'Anglais de faire une « plus grande Angleterre » (1); permettent d'affirmer que longtemps encore la théorie de l'occupation des territoires sans maître sera utile à connaître et trouvera l'occasion de s'appliquer.

Cette théorie, il faut l'avouer, n'est pas encore définitivement formée, mais elle est en voie de formation et la Conférence de Berlin lui a fait faire un pas décisif. La pratique laisse beaucoup à désirer. Si l'on s'entend sur les principes, on trouve trop facilement des prétextes pour les violer, des détours pour y échapper. Presque toutes les difficultés à l'heure actuelle proviennent du peu de précision et de détermination qu'offrent en fait les différents éléments qui doivent servir à résoudre le problème: tel territoire est-il susceptible d'occupation?

On accordera facilement, en théorie, que l'État seul peut occuper; qu'il ne peut occuper un territoire soumis

1. Expression de Seeley, *Expansion of England.*

à une souveraineté ; que l'*effectivité* est une condition de l'occupation etc... Mais en fait on sera souvent embarrassé pour décider si l'on se trouve en présence d'une occupation privée ou d'une occupation publique, si telle île est véritablement l'objet de droits souverains, si l'on est en face d'une occupation effective ou d'une occupation fictive. Il en résulte qu'à une théorie simple, libérale, généreuse, correspond une pratique flottante, arbitraire aussi, parce que le plus souvent l'occupant est seul juge dans sa propre cause et que les habitants du pays occupé n'ont aucun moyen de se faire rendre justice.

Les principes théoriques sont donc souvent violés par l'occupant. Il peuvent l'être : 1° soit à l'égard d'un autre État civilisé ; 2° soit à l'égard des peuples indigènes. C'est là une distinction qu'il importe de faire lorsque l'on se demande comment on peut empêcher de pareils faits de se produire ou du moins quel est le moyen d'y apporter un prompt remède.

1° Les contestations qui s'élèvent entre États civilisés à propos d'une occupation portent toutes sur des questions de fait. On ne s'entendra pas sur la question de savoir à qui appartient l'avantage de la priorité de l'occupation, quelles en sont les limites, si elle a véritablement le caractère effectif, etc. Ce sont là des divergences de vue qu'il sera le plus souvent facile d'écarter au moyen de négociations diplomatiques. On pourra, au besoin, avoir recours « soit aux bons offices, soit à la médiation, soit à « l'arbitrage d'une ou plusieurs puissances tierces. » (1)

1. Voyez Engelhardt, art. IV ; déclaration de Lausanne, art.III Martitz, art. VII.

A la Conférence de Berlin, l'ambassadeur de Turquie suggéra une clause d'arbitrage. (1) On repoussa cette proposition. Il est cependant probable que les États auront souvent recours à ce moyen d'éviter un conflit. C'est ce qui s'est présenté plusieurs fois durant ces dernières années.

Il ne s'agit pas en effet de questions où l'honneur et l'indépendance de deux pays soient engagés. En pareille matière, on peut parfaitement concevoir que deux États s'en remettent à la décision d'un tiers. D'une part en effet, les principes juridiques à appliquer sont suffisamment certains et généralement adoptés ; d'autre part, la question de fait, quoique souvent délicate, n'est pas insoluble si l'on a recours à une enquête approfondie sur toutes les circonstances de la cause. Rappelons la médiation du Pape Léon XIII, l'arbitrage du Président de la République Française en 1875 ; on pourrait citer d'autres exemples qui permettent d'espérer que de plus en plus les États éviteront de recourir aux armes pour résoudre les questions que feront naître à l'avenir les prises de possession de territoires sans maître.

2° Souvent un État civilisé viole les principes de justice dans ses rapports avec les peuplades sauvages ; par exemple il s'emparera violemment de leur pays ou leur imposera un traité qui les dépouille. Les indigènes n'ont que des moyens insuffisants de résistance matérielle ; auprès de quelle juridiction pourraient-ils protester ? On ne saurait chercher à empêcher ces abus de se produire en éta-

1. Livre jaune, p. 215.

blissant, comme le voulait M. Kasson, un contrôle mutuel des États relativement à leurs prises de possession. Il faut espérer que la conscience des gouvernements civilisés deviendra plus délicate et que sous la pression de l'opinion publique, ils reculeront de plus en plus devant l'emploi de la force à l'égard de sauvages sans défense. Il reste à cet égard d'immenses progrès à accomplir. La conduite des Européens et des Américains à l'égard des communautés politiques inférieures, même de celles dont ils reconnaissent la souveraineté, est le plus souvent répréhensible. Les déclarations théoriques les plus généreuses abondent. Tout dernièrement le nouveau Président des États-Unis, M. le général Harison, dans le message qu'il adressait au Congrès s'exprimait ainsi :

« Des ports, des stations de charbon utilement placés, « nous sont nécessaires. Mais nous avons le devoir de ne « chercher à obtenir ces priviléges que par des moyens « pacifiques, quelque faible que puisse être le gouverne- « ment duquel nous aurions à les solliciter.... » La ligne de conduite suivie à l'égard des Indiens de l'Amérique du Nord concorde-t-elle avec ce principe? Que dire des procédés de l'Allemagne dans l'affaire des îles Samoa? (1). Quelle force n'y a-t-il pas dans cette simple observation du Roi Malietoa : « Vous avez tous deux », faisait-il dire à l'amiral et au consul général allemand, « fomenté la ré- « bellion contre moi, contre moi Roi avec lequel l'Empe-

1. On trouvera les détails les plus complets dans la *Fortnightly Review*, nov. 1888, article de Mr. W. L. Rees. Le témoignage de l'auteur de cet article a une importance réelle ; il a été témoin oculaire des événements.

« reur d'Allemagne a signé un traité solennel. Si un fonc « tionnaire d'une grande Puissance avait joué un rôle « pareil en Europe, n'aurait-il pas été certainement dis « grâcié, n'aurait-il pas probablement même été mis à « mort ? » (1). Dans la lettre qu'il adressait le 16 septembre 1887 à M. Sewall, consul américain, pour lui reprocher l'abandon où il le laissait, le même prince s'exprimait ainsi : « Moi Malietoa, le roi de Samoa... etc... »

« Je ne sais pas ce que j'ai fait de mal et par ceci je « proteste contre la conduite de l'Allemagne. Mais le « gouvernement allemand est fort et en vérité je suis « faible, c'est pourquoi je cède à leur force afin que mon « peuple vive et ne soit pas massacré. »

Cette dernière phrase est bien l'expression de la réalité : la force prime le droit. Peut-être au XX^e^ siècle observera-t-on en fait le principe que la fin du XIX^e^ siècle, à son honneur, a vu consacrer théoriquement : la reconnaissance du droit pour les civilisations inférieures de se développer librement. Seulement on peut douter si, dans quelques années, celles-ci n'auront pas presque partout complètement disparu.

1. Ceci se passait en 1886. Voyez, *l. c.*, la belle proclamation de Malietoa à son départ de Samoa, lorsque les Allemands eurent proclamé Roi le rebelle Tamasese, le 25 août 1887.

# APPENDICE

Nous donnons ici le texte original de trois documents auxquels nous avons fait souvent allusion dans les pages précédentes ; ce sont: 1° le traité du 28 avril 1888 entre le Sultan de Zanzibar et la Compagnie allemande de l'Afrique orientale pour lequel le texte anglais fait foi ; 2° la charte octroyée le 3 septembre 1888 par la Reine d'Angleterre à la Compagnie de l'Afrique orientale ; 3° le texte de la déclaration de Lausanne du 7 septembre 1888. Le mot de déclaration ne doit pas faire illusion : il s'agit, on le sait, d'une déclaration de principe, sans portée pratique, mais dont l'importance scientifique est incontestable. Nous y ajoutons 4° les art. 34 et 35 de l'Acte général de la Conférence africaine.

### 1. Traité du 28 avril 1888.

HIS Highness Seyyid Khalifa-bin-Said, Sultan of Zanzibar, and the German East African Association, having, with the approbation of his Highness Prince Bismarck, Chancellor of the German Empire, appointed as their Plenipotentiary Dr. Jur Gustav Michahelles, Imperial German Consul-General at Zanzibar, have concluded the following Treaty :—

ARTICLE I.

His Highness the Sultan makes over to the German East African Association all the power which he possesses on the mainland on the Mrima, and in all his territories and dependencies south of the Umba River, the whole administration of which he concedes to and places in their hands to be carried out in His Highness' name and under his flag and subject to His Highness' sovereign rights, but it is understood that the Association is to be responsible for all affairs and administration of that part of His Highness' dominions included in this Concession, and that His Highness the Sultan shall not be liable for any expenses connected with the same, nor for any war or « diya » (blood money), or for any claims arising therefrom, none of which His Highness shall be called upon to settle. No other but themselves shall have the right of purchasing public land on the mainland or anywhere in His Highness' territories, possessions, or dependencies within the limits above named, except through them, as is the case now with His Highness. He also grants to the Association the faculty of levying taxes upon the people of the mainland within the limits above named. His Highness further agrees to do all acts and deeds that would be necessary to give full effect to the terms of this Concession, to aid and support the Association with all his authority and force, so as to secure to them the rights and powers hereby granted. It is further agreed upon by the Contracting Parties that nothing contained in the following Articles of Concession shall in any way infringe or lessen the rights accorded by His Highness to the subjects or citizens of Germany, France, Great Britain, the United States of America, or any other foreign Powers having Treaty relations with His Highness, or the obligations which are or may be imposed upon him by his adhesion to the Berlin General Act.

## ARTICLE II.

His Highness authorizes the Association to appoint in his name and on his behalf Commissioners to administer over any districts in His Highness' possessions included in the limit of territories named above, except as hereinafter provided; to appoint such subordinate officers as may be required, to pass laws for the government of districts, to establish Courts of Justice, and generally to adopt such measures as may be necessary for the protection of the districts and interests under their rule. His Highness further authorizes the Association to make Treaties with subordinate or other native Chiefs, such Treaties and engagements to be ratified and confirmed by him in such cases as they are made in the name of His Highness. His Highness also agrees to cede to the Association all the rights which he himself possesses over the lands in the whole of his territory on the mainland of Africa within the limits of this Concession, only excepting the private lands and Schambas, and give the Association all forts and unoccupied public buildings excepted as His Highness may wish to retain for his own private use ; a schedule of such buildings, plantations, or properties to be drawn up and agreed to between His Highness and the Association. Further, he authorizes them to acquire and regulate the occupation of all lands not yet occupied, to levy and collect local and other taxes, dues and tolls, to do all these and such other acts as may be necessary for the maintenance and support of such local governments, forces, administration of justice, the making and improvements of roads or water communications or other public works, defensive or otherwise, and for the liquidation of debts and payment of interest upon capital expended.

The Judges shall be appointed by the Association subject to the Sultan's approval, but all « Kadis » shall be nominated by His Highness. In aboriginal tracts the law shall be administered by the Association or their officials. The stipends of the Governors and all other officials in the territories occupied and controlled by the Association shall be paid by them.

## ARTICLE III.

His Highness grants to the Association the right to trade, to hold property, to erect buildings, and to acquire lands or buildings by purchase or negotiation anywhere within His Highness' territories included in the limits of this Concession with the consent of the proprietors of any such lands and houses.

## ARTICLE IV.

His Highness grants to the Association special and exclusive privileges and powers to regulate trade and commerce, also the navigation of rivers and lakes and control of fisheries, the making of roads, tramways, railways, canals, and telegraphs, and to levy tolls and dues on the same ; also the power to control or prevent the importation of any merchandize, arms, ammunition of all sorts, intoxicating liquors, or any other goods which, in the opinion of the Association, are detrimental to law, order, and morality, and in whatsoever His Highness is not bound towards the Governments. But it is clearly understood that all exercise of these privileges and powers shall be in conformity with existing Treaties between His Highness and foreign States.

### ARTICLE V.

His Highness authorizes the Association to occupy in his name all forts at the mouth or mouths of any river or rivers or elsewhere in his dominions included in the limits of this Concession, with the right to establish custom-houses and to levy and collect dues on any vessels, goods, etc., arriving at or departing from such port or ports, and to take all necessary measures for the persecution of smuggling, subject, in all cases, to the Treaties above named.

### ARTICLE VI.

His Highness grants to the Association the exclusive privilege to search for and work, or to regulate, lease, or assign in any part of His Highness' territories within the limits of this Concession any mines or deposits of lead, coal, iron, copper, tin, gold, silver, precious stones, or any metal or mineral or mineral oils whatever, also the exclusive right to trade in the same free from all taxes and dues excepting such moderate royalty on minerals only not exceeding 5 per cent. on the first value of the article less the working expenses, as may be hereinafter agreed by the Association to be paid to His Highness, also the right to use all forest trees and other woods and materials of any kind whatsoever for the purpose of the works aforesaid, and also for trade; but the wood used for building and for burning, commonly known as « borti, » may be cut on the mainland by others, as now, by payment of such dues to the Association as they may agree upon, but no such dues shall be required for wood cut for His Highness' use.

### ARTICLE VII.

His Highness grants to the Association the right to establish a bank or banks anywhere in His Highness' territories above mentioned, with the exclusive privilege of issuing notes.

### ARTICLE VIII.

All the aforesaid powers and privileges to extend over and be available for the purposes and objects of the Association during the whole of the term of fifty years next, and dating from the time of this Concession being signed. At the conclusion of the said term all the public works, buildings, etc., shall revert to the Sultan, his heirs and successors, if desired, at a valuation to be fixed by Arbitrators chosen by both parties.

## ARTICLE IX.

His Highness grants to the Association the « Régie, » or lease, of the customs of all the ports throughout that part of His Highness' territories above defined for an equal period of time to the other Concessions upon the following terms, namely : —

At the beginning of their administration the Association pay to His Highness an advance of 50,000 rupees in cash, which is to be refunded in equal monthly quotations within the first six months. For the first year the Association hand over to His Highness at the end of every month according to the European reckoning the whole amount of the customs duties levied from the import and export trade in His Highness' territories above defined, after deduction of a certain sum for the expenses incurred by collecting the duties. These expenses are not allowed to exceed the sum of 170,000 rupees in the first year, and if the Association are not able to prove by their books that, in fact, they expended the above-mentioned sum, they have to pay to His Highness also the difference between their real expenses and the amount of 170,000 rupees.

The only profit the Association shall have in the first year is a commission of 5 per cent. from the net revenues paid to His Highness. After the first year's experience the annual average of the sum to be paid to His Highness by the Association shall be fixed. The Association, however, shall have the right at the end of every third year, according to the results of the previous three years as shown by their books, to enter into fresh negotiations with His Highness in order to fix a revised average. His Highness shall be authorized to appoint an officer who can control the revenues made in the custom-houses of all ports included in this Concession.

Further, it is understood that His Highness shall not claim the duty of any part of the trade twice over, and that the Association, therefore, shall be entitled to control the Customs officers of His

Highness at Zanzibar to this effect, and to claim a drawback for the amount of any duties which may hereinafter be paid direct to His Highness on any imports to or exports from the ports included in this Concession. The Association further guarantee to pay to His Highness 50 per cent. of the additional net revenue which shall come to them from the customs duties of the ports included in this Concession, and His Highness grants to the Association all rights over the territorial waters in or appertaining to his dominions within the limits of these Concessions, particularly the right to supervise and control the conveyance, transit, landing, and shipment of merchandize and produce within the said waters by means of a coastguard service both on land and water.

## ARTICLE X.

In consideration of the foregoing Concessions, powers, and privileges being granted by His Highness, the Association guarantee to His Highness the dividend on the value of twenty shares of 10,000 marks each of the German East African Association, equal to about 10,000*l.*, which Concession shall entitle him to such proportions of the net profits as shown by the books of the Association, after interest at the rate of 8 per cent. shall have been paid upon the shareholders' paid-up capital, as shall attach to the said part of the Association's capital.

## ARTICLE XI.

The German East African Association shall enjoy all the rights, privileges, immunities and advantages as are or hereafter may be enjoyed by or accorded to any other Company or particular person to whom His Highness may have given or may give similar Concessions in any other part of his dominions as those granted by this Treaty to the German East African Association.

## ARTICLE XII.

These Concessions do not relate to His Highness' possessions in the Islands of Zanzibar and Pemba, nor to his territories north of the Umba River; and it is understood that all public, judicial, or Government powers and functions herein conceded to the Association shall be exercised by them only in the name and under the authority of the Sultan of Zanzibar.

ARTICLE XIII.

It is hereby agreed by both parties that these Concessions and the corresponding obligations as set forth shall be binding for both parties, their heirs, successors, and assigns, during the term of fifty years for which they have been agreed upon.

ARTICLE XIV.

His Highness is willing to transfer the customs, lands, and buildings aforesaid to the German East African Association at any date after the 15th August, 1888, which will be convenient to the Association.

ARTICLE XV.

The present Treaty has been made out in four copies, two of which are written in the English and two in the Arabic language. All those copies have the same sense and meaning. Should, however, differences hereafter arise as to the proper interpretation of the English and Arabic text of one or orther of the Treaty stipulations, the English copy shall be considered decisive.

In faith whereof, His Highness Seyyid Khalifa bin-Said and Dr. G. Michahelles have signed this Treaty, and have affixed thereto their seals.

Done at Zanzibar, the 28th day of April, in the year of our Lord 1888, corresponding with the 16th Shaban, 1305, of the Hidjerat.

(L.S.) (Signed in Arabic.)
(L.S.) (Signed) G. MICHAHELLES.

---

**2. Charte de la Compagnie anglaise de l'Afrique orientale.**
(3 septembre 1888).

Victoria, by the grace of God, of the United Kingdom of Great Britain and Ireland, Queen, Defender of the Faith. To all to whom these presents shall come, Greeting :

WHEREAS a humble Petition has been presented to us in our Council by — . . . . . . . . . . . . . . . . . . . . . . . . . .

And whereas the said Petition states amongst other things : —

That the petitioners and others are associated for the purpose of forming a Company or Association, to be incorporated, if to us should seem fit, for the objects in the said Petition set forth under the corporate name of the Imperial British East African Company.

That His Highness the Sayyid Barghash-bin-Saïd, Sultan of Zanzibar and its East African dependencies, by his Grants or Concessions, dated the 24th May, 1887, granted and conceded to the petitioners, or some of them, under the name or description of the British East African Association, all his powers, and the rights and duties of administration, and other privileges specially named on the mainland of East Africa, in the territory of the Mrima,* and also on the islands embraced in such territory, and in all his territories and dependencies on the coast of East Africa, fron Wanga to Kipini, both inclusive, such powers, rights, and duties to be exercised and performed in his name and under his flag, and subject to the provisions of the said Grants and Concessions.

That divers preliminary agreements have been made on behalf of the petitioners with Chiefs and tribes in regions which adjoin or are situate to the landward of the territories included in the said Grants or Concessions, and which are included in the sphere of British influence, agreed on behalf of ourselves and the Government of His Majesty the Emperor of Germany in 1886, by which powers of government and administration in such regions are granted or conceded to or for the benefit of the petitioners.

That the petitioners desire to carry into effect the said Grants, Concessions, and Agreements, and such other Grants, Concessions, Agreements, and Treaties as they may hereafter obtain within the districts already referred to as being within the sphere reserved for British influence and elsewhere as we may be pleased to allow, with the view of promoting trade, commerce, and good government in the territories and regions which are or may be comprised in such Grants, Concessions, Agreements, or Treaties as aforesaid, and the petitioners believe that, if the said Grants, Concessions, Agreements, or Treaties can be carried into effect, the condition of the natives inhabiting the aforesaid territories and regions would be materially improved, and their civilization advanced, and an organization established, which would tend to the suppression of the Slave Trade in such territories, and

. . . . . . . . . . . . . . . . . . . . . . . . . .

* Mrima signifies « mainland. »

the said territories and regions would be opened to the lawful trade and commerce of our subjects and of other nations.

That the possession by a British Company of the coast-line, as above defined, and which includes the port of Mombasa, would be advantageous to the commercial and other interests of our subjects in the Indian Ocean, who may otherwise become compelled to reside and trade under the government or protection of alien Powers.

That the success of the enterprise in which the petitioners are engaged would be greatly advanced if it should seem fit to us to grant them our Royal Charter of Incorporation as a British Company under the said name or title, or such other name or title, and with such powers as to us may seem fit for the purpose of more effectually carrying out the objects aforesaid.

That the petitioners have already subscribed large sums of money for the purposes of the intended Company, and are prepared to subscribe or to procure such further amount as may hereafter be found requisite for the development of the said enterprise in the event of our being pleased to grant to them our Royal Charter of Incorporation as aforesaid.

Now, therefore, we, having taken the said Petition into our Royal consideration in our Council, and being satisfied that the intentions of the petitioners are praiseworthy and deserve encouragement, and that the enterprise in the Petition described may be productive of the benefits set forth in the said Petition by our prerogative Royal, and of our especial grace, certain knowledge and mere notion have constituted, erected, and incorporated, and by this our Charter for us and our heirs and Royal successors do constitute, erect, and incorporate into one body politic and corporate by the name of the Imperial British East Africa Company the said William Mackinnon, the Right Honourable Lord Brassey, K.C.B., General Sir Donald Stewart, Bart., G.C.B., G.C.S.I., C.I.E., Sir John Kirk, G.C.M.G., William Burdett-Coutts, M.P., Robert Palmer Harding, George Sutherland Mackenzie, and such other persons and such bodies as from time to time become and are members of that body, with perpetual succession and a common seal, with power to break, alter, or renew the same at discretion, and with the further authorities, powers, and privileges conferred, and subject to the conditions imposed by this our Charter, and we do hereby accordingly will, ordain, grant, and declare as follows (that is to say) :—

I. The said Imperial British East Africa Company (in this our Charter referred to as « the Company ») is hereby authorized and empowered to hold and retain the full benefit of the several Grants, Concessions, Agreements, and Treaties aforesaid, or any of them, and all rights, interests, authorities, and powers necessary for the purposes of government, preservation of public order in, or protection of the said territories, or otherwise, of what nature or kind soever, under or by virtue thereof, or resulting therefrom, and ceded to or vested in the Company, in, over, or affecting the territories, lands, and property comprised in those several Grants, Concessions, Agreements, or Treaties, or in, over, or affecting any territories, lands, or property in the neighbourhood of the same, and to hold, use, and exercise the same lands, property, rights, interests, authorities, and powers respectively for the purposes of the Company, and on the terms of this our Charter.

2. The Company is hereby further authorized and empowered, subject to the approval of one of our Principal Secretaries of State (herein referred to as our Secretary of State) to acquire and take by any Grant, Concession, Agreement, or Treaty, other rights, interests, authorities, or powers of any kind or nature whatever in, over, or affecting the territories, lands, or property comprised in the several Grants, Concessions, Agreements, or Treaties, as aforesaid, or any rights, interests, authorities, or powers of any kind or nature whatever in, over, or affecting other territories, lands, or property in Africa, and to hold, use, enjoy, and exercise the same for the purposes of the Company and on the terms of this our Charter.

3. Provided that none of the powers of this our Charter shall be exercised under or in relation to any Grant, Concession, Agreement, or Treaty as aforesaid, until a copy of such Grant, Concession, Agreement, or Treaty, in such form and with such Maps or particulars as our Secretary of State approves and verified as he requires, has been transmitted to him, and he has signified his approval thereof, either absolutely or subject to any conditions or reservations.

4. The Company shall be bound by and shall fulfil all and singular the stipulations on their part contained in any such Grant, Concession, Agreement, or Treaty, as aforesaid, subject to any subsequent Agreement affecting those stipulations approved by our Secretary of State.

5. The Company shall always be and remain British in character and domicile, and shall have its principal office in Great Britain, and the Company's principal representative in East Africa, and all the Directors shall always be natural-born British subjects, or persons who have been naturalized as British subjects by or under an Act of Parliament of our United Kingdom.

6. The Company shall not have power to transfer wholly or in part the benefit of the Grants, Concessions, Agreements, or Treaties aforesaid, or any of them, except with the consent of our Secretary of State.

7. In case at any time any difference arises between the Sultan of Zanzibar, or the Chiefs or tribes which are included in the sphere of British influence, as hereinbefore recited, and the Company, that difference shall on the part of the Company be submitted to the decision of our Secretary of State, if he is willing to undertake the decision thereof.

8. If at any time our Secretary of State thinks fit to dissent from or object to any of the dealings of the Company with any foreign Power, and to make known to the Company any suggestion founded on that dissent or objection, the Company shall act in accordance therewith.

9. If at any time our Secretary of State thinks fit to object to the exercise by the Company of any authority or power within any part of the territories comprised in the several Grants, Concessions, Agreements, or Treaties aforesaid, or otherwise acquired by the Company, on the ground of there being an adverse claim to that part, the Company shall defer to that objection until such time as any such claim has been withdrawn or finally dealt with and settled by our Secretary of State.

10. The Company shall, to the best of its power, discourage and, so far as may be practicable and as may be consistent with existing Treaties between non-African Powers and Zanzibar, abolish by degrees any system of Slave Trade or domestic servitude in the Company's territories.

11. The Company as such, or its officers as such, shall not in any way interfere with the religion of any class or tribe of the peoples of its territories, or of any of the inhabitants thereof, except so far as may be necessary in the interests of humanity, and all forms of religious worship or religious Ordinances may be exercised within the said territories, and no hindrance shall be offered thereto except as aforesaid.

12. In the administration of justice by the Company to the peoples of its territories, or to any of the inhabitants thereof, careful regard shall always be had to the customs and laws of the class or tribe or nation to which the parties respectively belong, especially with respect to the holding, possession, transfer, and disposition of lands and goods, and testate or intestate succession thereto, and marriage, divorce, and legitimacy, and other rights or property and personal rights.

13. If at any time our Secretary of State thinks fit to dissent from or object to any part of the proceedings or system of the Company relative to the peoples of its territories, or to any of the inhabitants in respect of slavery or religion, or the administration of justice or other matter, he shall make known to the Company his dissent or objection, and the Company shall act in accordance with his directions duly signified.

14. The Company shall freely afford all facilities requisite for our ships in the harbours of the Company without payment, except reasonable charges for work done or services rendered, or materials or things supplied.

15. Except in the dominions of His Highness the Sultan of Zanzibar (within which it is required to use His Highness' flag), the Company may hoist and use on its buildings and elsewhere in its territories, and in its vessels, such distinctive flag indicating the British character of the Company as our Secretary of State and the Lords Commissioners of the Admiralty shall from time to time approve.

16. Nothing in this our Charter shall be deemed to authorize the Company to set up or grant any monopoly of trade, provided that the establishment of or the grant of Concessions for banks, railways, tramways, docks, telegraphs, waterworks, or other similar undertakings, or any undertakings or system of patents or copyright approved by our Secretary of State, shall not be deemed monopolies for this purpose.

17. Subject to the customs duties and taxes hereby authorized, and subject to such restrictions as may be imposed by the Company on importation of spirits, opium, arms, and ammunition, and to restrictions on other things similar to those restrictions which may be applied in our United Kingdom, or in our Indian Empire, or as may be approved by our Secretary of State, there shall be no differential treatment of the subjects of any Power as to trade or settlement, or as to access to markets; provided that

foreigners, as well as British subjects, shall be subject to administrative dispositions in the interest of commerce and of order.

18. The Company shall in Zanzibar territory conform to all the restrictions and provisions with respect to export and import, or other duties or taxes, which are contained in any Treaty for the time being in force between Zanzibar and any other Power in relation to the Zanzibar territories of the Company.

19. The Company shall not in Zanzibar territory levy on foreigners any other duty or taxes than such as are authorized in Zanzibar territory by such Treaties as last mentioned, and shall not in their other territories, without the approval of our Secretary of State, levy on foreigners any duties or taxes other than duties and taxes similar to those authorized to be levied in Zanzibar territory by the Treaties in force between us and the Sultan of Zanzibar at the date of this our Charter; and if any such other taxes are levied with the approval of our Secretary of State, accounts of their nature, incidence, proceeds, and application shall from time to time, if required, be furnished to our Secretary of State at such times, and in such form, and in such manner as he directs.

20. For the more effectual prevention of the Slave Trade the Company may, notwithstanding anything hereinbefore contained, levy within the territories administered by the Company, other than their Zanzibar territory, a tax on caravans and porters or carriers carrying merchandize or other goods passing through the Company's territories, provided such tax shall not be imposed in contravention of any Treaties between Great Britain and Zanzibar.

21. For regulating the hunting of elephants, and for their preservation for the purpose of providing means of military and other transport in our Indian Empire or elsewhere, the Company may, notwithstanding anything hereinbefore contained, impose and levy within any territories administered by them other than their Zanzibar territory a licence duty, and may grant licences to take or kill elephants, or to export elephants' tusks or ivory.

22. The Company shall be subject to and shall perform and undertake all the obligations contained in or undertaken by ourselves under any Treaty, Agreement, or Arrangement between ourselves and any other State or Power, whether already made or hereafter to be made.

In all matters relating to the observance of this Article, or to the exercise within the Company's territories for the time being of any jurisdiction exercisable by us under the Foreign Jurisdiction Acts, the Company shall conform to and observe and carry out all such directions as may from time to time be given in that behalf by our Secretary of State, and the Company shall appoint all necessary officers to perform such duties, and shall provide such Courts and other requisites as may from time to time be necessary for the administration of justice.

23. The Company is hereby further specially authorized and empowered for the purposes of this our Charter—

(1.) To fix the capital of the Company and to increase the same from time to time, and for the purpose of raising such sums of money as it may find necessary for the proper working of the Company as the field of its operations extend, to issue shares, and to borrow moneys by debentures or other obligations.

(2.) To acquire and hold, or charter, or otherwise deal with steam-vessels and other vessels.

(3.) To create Banks and other Companies, and authorize persons and Companies, and establish undertakings or Associations for purposes consistent with the provisions of this our Charter.

(4.) To make and maintain therein roads, harbours, railways, telegraphs, and other public and other works, and carry on therein mining and other industries.

(5.) To make therein Concessions of mining, forestal, or other rights.

(6.) To improve, develop, clear, plant, and cultivate any territories and lands comprised in the several Grants aforesaid or otherwise acquired under this our Charter.

(7.) To settle any such territories and lands as aforesaid, and to aid and promote immigration into the same.

(8.) To grant any lands therein for terms or in perpetuity absolutely, or by way of mortgage or otherwise.

(9.) To make loans or contributions of money's worth, for promoting any of the objects of the Company.

(10.) To acquire and hold personal property.

(11.) To carry on any lawful commerce, trade, or dealing whatsoever, in connection with the objects of the Company.

(12.) To establish and maintain agencies in our Colonies and possessions, and elsewhere.

(13.) To sue and be sued by the Company's name of incorporation, as well in our Courts in our United Kingdom, or in our

Courts in our Colonies or possessions, or in our Courts in foreign countries, or elsewhere.

(14.) To take and hold without licence in mortmain or other authority than this our Charter messuages and hereditaments in England, and subject to any local law in any of our Colonies or possessions, and elsewhere, convenient for carrying on the management of the affairs of the Company, and to dispose from time to time of any such messuage and hereditaments when not required for that purpose.

(15.) To do all lawful things incidental or conducive to the exercise or enjoyment of the authorities and powers of the Company in this our Charter expressed or referred to, or any of them.

24. Within one year after the date of this our Charter there shall be executed by the members of the Company for the time being a deed of settlement, providing so far as necessary for—

(1.) The further definition of the objects and purposes of the Company.

(2.) The amount and division of the capital of the Company, and the calls to be made in respect thereof.

(3.) The division and distribution of profits.

(4.) The number, qualification, appointment, removal, rotation, and powers of Directors of the Company, and the time when the first appointment of Directors under such deed is to take effect.

(5.) The registration of members of the Company.

(6.) The preparation of annual accounts, to be submitted to the members at a general meeting.

(7.) The audit of those accounts by independent auditors.

(8.) The making of bye-laws.

(9.) The making and using of official seals of the Company.

(10.) The winding-up (in case of need) of the Company's affairs.

(11.) Any other matters usual or proper to be provided for in respect of a Chartered Company.

25. The deed of settlement shall, before the execution thereof, be submitted to and approved by the Lords of our Council, and a certificate of their approval thereof, signed by the Clerk of our Council, shall be indorsed on this our Charter, and on the deed of settlement, and such deed of settlement shall take effect from the date of such approval.

26. The provisions of the deed of settlement may be from time

to time varied or added to by a supplementary deed, made and executed in such manner and subject to such conditions as the deed of settlement prescribes.

27. Such deed of settlement may provide for the creation of founders' shares, and for assigning to the holders of such shares a right to a proportion of the profits or revenues of the Company, to be defined by the Company's deed of settlement, to be approved, as aforesaid, without contribution to the capital of the Company.

28. The members of the Company shall be individually liable for the debts, contracts, engagements, and liabilities of the Company to the extent only of the amount for the time being unpaid on the shares held by them respectively.

29. Until such deed of seetlement as aforesaid takes effect, the said William Mackinnon shall be the President; the said the Right Honourable Lord Brassey, K.C.B., shall be Vice-President; and the said General Sir Donald M. Stewart, Bart., G.C.B.; Sir Thomas Fowell Buxton, Bart.; Sir John Kirk, G.C.M.G.; General Sir Arnold Burrowes Kemball, R.A., K.C.S.I.; Lieutenant-General Sir Lewis Pelly, M.P., K.C.B.; K.C.S.I.; Colonel Sir Francis de Winton, R.A., K.C.M.G., C.B.; W. Burdett-Coutts, M.P.; Alexander Low Bruce; Robert Palmer Harding; George Sutherland Mackenzie; and Robert Ryrie, shall be Directors of the Company, and may, on behalf of the Company, do all things necessary or proper to be done under this our Charter by or on behalf of the Company.

And we do further will, ordain, and declare that this our Charter shall be acknowledged by our Governors, and our naval and military officers, and our Consuls, and our other officers in our Colonies and possessions, and on the high seas, and elsewhere, and they shall severally give full force and effect to this our Charter, and shall recognize and be in all things aiding to the Company and its officers.

And we do further will, ordain, and declare that this our Charter shall be taken, construed, and adjudged in the most favourable and beneficial sense for and to the best advantage of the Company, as well in our Courts in our United Kingdom, and in our Courts in our Colonies or possessions, and in our Courts in foreign countries or elsewhere, notwithstanding that there may appear to be in this our Charter any non-recital, mis-recital, uncertainty, or imperfection.

And we do further will, ordain, and declare, that this our Charter shall subsist and continue valid, notwithstanding any lawful change in the name of the Company or in the deed of settlement thereof, such change being made with the previous approval of our Secretary of State signified under his hand.

And we do lastly will, ordain, and declare, that in case at any time it is made to appear to us in our Council that the Company have substantially failed to observe and conform to the provisions of this our Charter, or that the Company are not exercising their powers under the recited Grants, Concessions, Agreements, and Treaties, so as to advance the interests which the petitioners have represented to us to be likely to be advanced by the grant of this our Charter, it shall be lawful for us, our heirs and successors, and we do hereby expressly reserve and take to ourselves, our heirs, and successors, the right and power by writing under the great seal of our United Kingdom to revoke this our Charter without prejudice to any power to repeal the same by law belonging to us or them, or to any of our Courts, Ministers, or officers, independently of this present declaration and reservation.

In witness whereof we have caused these our letters to be made patent.

Witness ourself at Westminster the 3rd day of September, in the 52nd year of our reign.

By warrant under the Queen's sign manual.

(Signed) MUIR MACKENZIE.
(L.S.)

---

### 3. Projet de déclaration internationale relative aux occupations de territoires

Lausanne, 7 septembre 1888 (1).

#### ARTICLE I

L'occupation d'un territoire à titre de souveraineté ne pourra être reconnue comme effective que si elle réunit les conditions suivantes :

(1) Nous n'avons pas réussi à nous procurer le texte définitif. Celui que nous donnons est celui qui a été voté à Lausanne. Il n'a subi depuis que des modifications de forme, sans aucune importance. Cf. *Revue*, XX, nº 6, p. 604 et s.; *Annuaire*, t. X.

1° La prise de possession d'un territoire enfermé dans certaines limites, faite au nom du gouvernement ;

2° La notification officielle de la prise de possession.

La prise de possession s'accomplit par l'établissement d'un pouvoir local responsable, pourvu de moyens suffisants pour maintenir l'ordre et pour assurer l'exercice régulier de son autorité dans les limites du territoire occupé. Ces moyens pourront être empruntés à des institutions existantes dans le pays occupé.

La notification de la prise de possession se fait, soit par la publication dans la forme qui, dans chaque État, est en usage pour la notification des actes officiels, soit par la voie diplomatique. Elle contiendra la détermination approximative des limites du territoire occupé.

## ARTICLE II

Les règles énoncées dans l'article ci-dessus sont applicables au cas où une puissance, sans assumer l'entière souveraineté d'un territoire et tout en maintenant avec ou sans restrictions l'autonomie administrative indigène, placerait ce territoire sous son protectorat.

## ARTICLE III

Si la prise de possession donnait lieu à des réclamations fondées sur des titres antérieurs, et si la procédure diplomatique ordinaire n'amenait pas une entente entre les parties intéressées, celles-ci feraient appel, soit aux bons offices, soit à la médiation, soit à l'arbitrage d'une ou plusieurs tierces puissances.

## ARTICLE IV

Sont proscrites, toute guerre d'extermination des tribus indigènes, toutes rigueurs inutiles, toutes tortures, même à titre de représailles.

## ARTICLE V

Dans les territoires visés par la présente déclaration, l'autorité respectera ou fera respecter tous les droits, notamment la propriété privée, tant indigène qu'étrangère, tant individuelle que collective.

## ARTICLE VI

Ladite autorité a le devoir de veiller à la conservation des populations indigènes, à leur éducation et à l'amélioration de leurs conditions morales et matérielles.

Elle favorisera et protégera, sans distinction de nationalité, toutes les institutions et entreprises particulières créées et organisées à ces fins, sous la réserve que les intérêts politiques de l'Etat occupant ou protecteur ne seront point compromis ou menacés par l'action ou par les tendances de ces institutions et entreprises.

## ARTICLE VII

La liberté de conscience est garantie aux indigènes comme aux nationaux et aux étrangers.

L'exercice de tous les cultes ne sera soumis à aucune restriction ni entrave.

On proscrira, toutefois, les pratiques contraires aux lois de la morale et de l'humanité.

## ARTICLE VIII

L'autorité préparera l'abolition de l'esclavage.

L'achat ou l'emploi des esclaves pour le service domestique, par d'autres que par les indigènes, seront immédiatement interdits.

## ARTICLE IX

La traite sera interdite dans toute l'étendue des territoires visés par la présente déclaration.

Ces territoires ne pourront servir ni de marchés, ni de voie de transit pour la vente des esclaves, et les mesures les plus rigoureuses seront prises contre ceux qui se livreraient ou qui seraient intéressés à ce trafic.

On empêchera l'introduction et le commerce intérieur des cangues et autres instruments de supplice à l'usage des propriétaires d'esclaves.

## ARTICLE X

Le débit des boissons fortes sera réglementé et contrôlé de façon à préserver les populations indigènes des maux résultant de leur abus.

**4. Articles de l'Acte général de la Conférence africaine relatifs aux occupations.** (1)

## CHAPITRE VI.

Déclaration relative aux conditions essentielles à remplir pour que des occupations nouvelles sur les côtes du Continent africain soient considérées comme effectives.

### Art. 34.

La Puissance qui, dorénavant, prendra possession d'un territoire sur les côtes du Continent africain situé en dehors de ses possessions actuelles, ou qui, n'en ayant pas eu jusque là, viendrait à en acquérir, et de même la Puissance qui y assumera un protectorat, accompagnera l'Acte respectif d'une notification adressée aux autres Puissances signataires du présent Acte, afin de les mettre à même de faire valoir, s'il y a lieu, leurs réclamations.

### Art. 35.

Les Puissances signataires du présent Acte reconnaissent l'obligation d'assurer, dans les territoires occupés par elles, sur les côtes du Continent africain, l'existence d'une autorité suffisante pour faire respecter les droits acquis et, le cas échéant, la liberté du commerce et du transit dans les conditions où elle serai stipulée.

1. Nous croyons devoir donner encore ce texte auquel nous avons si souvent renvoyé.

# TABLE DES MATIÈRES



PREMIÈRE PARTIE

**Introduction**

*Section I*

NOTIONS PRÉLIMINAIRES



*Section II*

HISTORIQUE



CHAPITRE Ier

PÉRIODE DES BULLES



CHAPITRE II

PÉRIODE DU DROIT DE DÉCOUVERTE ET DE L'OCCUPATION FICTIVE

## CHAPITRE III

### PÉRIODE DE L'OCCUPATION EFFECTIVE



# DEUXIÈME PARTIE

# Du sujet de l'occupation



## CHAPITRE Ier

### QUELLES SONT LES DIFFÉRENTES HYPOTHÈSES DANS LESQUELLES L'ÉTAT ACQUIERT PAR OCCUPATION LA SOUVERAINETÉ D'UN TERRITOIRE ?



## CHAPITRE II

### TOUT ÉTAT PEUT-IL OCCUPER ?



## CHAPITRE III

### LES ÉTATS SONT-ILS SEULS A AVOIR LE DROIT D'OCCUPER ? DES COMPAGNIES DE COMMERCE

### SECTION I.

SECTION II. — *Les précédents.*



SECTION III. — *Les Compagnies et les simples particuliers sont incapables d'acquérir des droits de souveraineté soit par occupation, soit par la conclusion d'un traité.*



## TROISIÈME PARTIE

## De l'objet de l'occupation

CONDITIONS RELATIVES A L'OBJET DE L'OCCUPATION



### CHAPITRE II

LES PEUPLADES SAUVAGES ONT DROIT A LEUR TERRITOIRE

## CHAPITRE III

LES PEUPLADES SAUVAGES PEUVENT CONCLURE DES TRAITÉS QUI RENDENT L'OCCUPATION JUSTE



## CHAPITRE IV

EXAMEN DE QUELQUES DIFFICULTÉS RELATIVES A LA DÉTERMINATION EXACTE DU TERRITOIRE QUI EST SUSCEPTIBLE D'OCCUPATION



## QUATRIÈME PARTIE

## Des conditions et des effets de l'occupation



## CHAPITRE PREMIER

QUELLES SONT LES OCCUPATIONS OU LES PROTECTORATS QUI TOMBENT SOUS L'APPLICATION DU CHAPITRE VI DE L'ACTE GÉNÉRAL DE LA CONFÉRENCE AFRICAINE



## CHAPITRE II

DE LA PRISE DE POSSESSION

## CHAPITRE III

### DE LA NOTIFICATION



## CHAPITRE IV

### DE L'EFFECTIVITÉ



## CHAPITRE V

### DES CONSÉQUENCES DE L'OCCUPATION EFFECTIVE



## CONCLUSION



## APPENDICE

# TABLE ALPHABÉTIQUE DES MATIÈRES

## D



## E



## G



## I



## J



## K



## L



## M

## N



## O



## P



## R



## S

# ERRATA

---

P. 55, l. 1, au lieu de *commerce*, lisez *commercer*.
P. 63, n. 3, au lieu de *1529*, lisez *1629*.
P. 191, l. 8, au lieu de *comporte*, lisez *emporte*.
P. 227, l. 1, supprimez le renvoi.
P. 229, n. 2, au lieu de *XIII*, lisez *XVIII*.
P. 237, l. 17, au lieu de *prouvent*, lisez *prouveront*.
P. 250, l. 6, après les mots *le premier*, suppléer *État*.
P. 282, l. 18, au lieu de *ses*, lisez *des*.

Les articles du projet de déclaration de l'Institut de droit international, cités dans les pages suivantes, devront être comparés avec le texte reproduit à l'Appendice.

---

Paris. — Imprimerie des Ecoles Henri JOUVE, 23, rue Racine.

www.ingramcontent.com/pod-product-compliance
Lightning Source LLC
Chambersburg PA
CBHW060954220326
41599CB00023B/3714

* 9 7 8 2 0 1 2 5 8 3 8 8 7 *